놀이치료자를 위한
임상실습 가이드

서귀남 · 김현희 · 강민정 · 이명성 지음

Σ시그마프레스

놀이치료자를 위한 임상실습 가이드

발행일 2021년 9월 10일 1쇄 발행

지은이 서귀남, 김현희, 강민정, 이명성
발행인 강학경
발행처 ㈜ 시그마프레스
디자인 우주연
편 집 이호선

등록번호 제10-2642호
주소 서울특별시 영등포구 양평로 22길 21 선유도코오롱디지털타워 A401~402호
전자우편 sigma@spress.co.kr
홈페이지 http://www.sigmapress.co.kr
전화 (02)323-4845, (02)2062-5184~8
팩스 (02)323-4197

ISBN 979-11-6226-350-1

우리가 놀이치료를 처음 공부하던 시절은 '놀이치료'라는 용어가 지금처럼 널리 알려지지 않았다. 사랑스러운 아이들을 이해하는 공부가 마냥 재미있어 놀이치료가 무엇인지도 모르고 시작하였다. 놀이치료가 우리나라에 알려지게 된 것은 딥스(*Dibs in Search of Self*)를 통해서였다. 이 책에서 만난 '딥스'는 매우 인상적이었으며 액슬린 선생님처럼 아이들과 함께 하는 사람이 되고 싶었다. 처음에는 놀이치료와 관련된 서적이 많지 않아 지도교수님이 소개해 주신 외국 서적으로 공부하면서 아동중심놀이치료 이외의 다양한 놀이치료의 접근도 알게 되었다.

대학원 시절에는 대구대학교 놀이치료 실습실에서 놀이치료를 하면서 많은 아이와 부모를 만났다. 놀이치료뿐만 아니라 심리평가와 부모-아동 상호작용 평가를 실시하고 사례회의를 하면서 송영혜 교수님께 지도를 받았다. 놀이치료 실습과 교수님의 지도로 우리는 현재 놀이치료를 배우고자 하는 학생을 지도하고 안내하는 자리에 있다.

놀이치료는 아동을 대상으로 하는 심리치료 접근으로, 놀이치료자가 되려면 이론적인 지식을 익히고 실제 놀이평가 및 치료 과정을 훈련해야만 한다. 이에 놀이치료자의 자격을 갖추기 위한 요건으로 놀이치료 관찰 및 임상실습을 필수과정으로 규정하고 있다. 놀이치료 임상실습을 통해서 아동의 문제가 어떤 모습으로 나타나는지, 문제를 이해하기 위해 어떤 정보를 수집해야 하는지, 문제를 어떤 과정으로 평가하는지, 문제를 어떻게 사례개념화하는지, 문제해결을 위한 치료계획을 어떻게 구성하는지, 관계 형성을 위해 치료자는 어떻게 반응하는지, 문제해결을 위해 놀이를 어떻게 치료적으로 활용하는지, 언제 종결하고 어떻게 종결하는지 등 놀이치료의 전반적인 진행 과정에 대한 이해와 놀이치료자의 치료적 반응 및 역할을 배우고 익힌다. 즉, 놀이치료 임상실습을 통해 놀이치료자의 전문성을 발달시켜 나간다.

놀이치료를 가르치고 있는 대학 및 대학원, 또는 자격증 취득 과정을 가지고 있는 기관에서도 놀이치료 임상실습을 강조하고 있지만 임상실습 과정을 이해하고 참고할 만한 책이 많지 않다. 그래서 이 책은 놀이치료를 공부하고 있는 학부 및 대학원생이나 놀이치료자의 자격을 갖추기 위해 임상실습을 하는 사람, 또는 놀이치료자의 자격을 갖추었지만 경력이 적은 치료자에게 조금이나마 도움이 되고자 하는 목적으로 만들어졌다.

놀이치료는 각 이론마다 주안점과 치료적 개입방법 등에서 차이가 있지만 이 책에서는 통합적인 접근으로 현장에서 주로 많이 사용하는 입장과 방법을 소개하였고 정서적인 문제와 발달장애를 가지고 있는 아동 모두에게 적용할 수 있는 놀이치료 과정을 소개하였다. 또한 놀이치료 진행 과정에 대한 실제를 보여주고자 임상 현장에서 자주 만날 수 있는 사례를 제시하였고 개인 정보가 노출되지 않게 아동의 이름을 가명으로 하여 인적사항 및 내용을 재구성하였다.

이 책은 놀이치료의 진행 과정에 따라 총 12장으로 구성하였다. 제1장은 놀이치료 임상실습이 필요한 이유와 임상실습 과정 및 내용을 소개한다. 제2장은 놀이치료에 있어서 관찰의 목적과 필요성, 관찰방법, 관찰내용에 대해 다룬다. 제3장은 놀이치료에서 윤리적 문제를 다루고 놀이치료 진행 과정에서 사용할 수 있는 각종 문서를 소개한다. 제4장은 내담 아동과 부모를 처음 만나는 초기면접에 대해 다룬다. 면접의 목적 및 방법, 면접 시 수집해야 할 정보와 그 정보의 필요성에 대하여 논한다. 제5장, 제6장, 제7장은 초기면접 이후 내담 아동과 부모에 대한 객관적인 정보를 수집할 수 있는 놀이 및 발달평가로 구성되어 있다. 임상 현장에서 주로 사용하는 평가 도구를 소개하고 사례를 통해 평가에서 얻을 수 있는 정보와 활용성에 대해 논한다. 제8장은 놀이치료에 있어서 핵심과정인 사례개념화에 대해 다룬다. 초기면접과 평가에서 수집한 정보를 통해 의뢰된 아동의 문제를 정의하고 해결을 위한 치료목표와 전략에 대해 논한다. 제9장, 제10장, 제11장은 놀이치료의 초기와 중기, 말기 과정에 대한 치료자의 역할을 다룬다. 내담 아동과 관계형성을 위한 치료자의 태도, 문제해결을 위해 현장에서 주로 사용하는 놀이기법 및 활동, 종결과정에서 다루어야 하는 내용을 소개한다. 마지막 제12장은 부모 상담에 대한 내용이다. 아동을 대상으로 하는 놀이치료는 부모의 참여와 역할이 치료 효과에 많은 영향을 미치므로 놀이치료에서 부모

상담의 중요성과 내용에 대해서 논한다.

　놀이치료의 진행 과정에서 치료자가 무엇을 해야 하는지에 대한 치료자의 역할을 설명한 이 책은 다음과 같은 장점이 있다.

- 임상실습 지침서로 활용할 수 있다.
- 놀이치료 치료 과정을 한눈에 볼 수 있다.
- 놀이치료자의 역할을 치료 단계별로 제시한다.
- 놀이치료를 위한 실질적인 지침을 제시한다.
- 놀이치료의 실제를 이해하기 위한 사례를 제시한다.
- 놀이치료자의 윤리적 의무를 소개한다.
- 현장에서 사용하는 놀이치료 관련 양식을 제시한다.

　이 책이 섬세하고 민감한 작업인 놀이치료에 입문하는 놀이치료자에게 조금이나마 도움이 되기를 바란다. 또한 놀이치료자뿐만 아니라 아동과 함께하는 일에 종사하는 분들도 유용하게 사용할 수 있는 지침서가 되었으면 한다.

　마지막으로, 오랜 세월 동안 놀이치료 분야에서 든든한 버팀목으로 우리를 이끌어주신 송영혜 교수님께 감사의 마음을 전한다.

저자 일동

차례

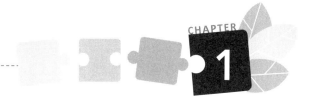

놀이치료 임상실습

놀이치료는 훈련받은 놀이치료자가 아동의 심리적 어려움을 해결하도록 돕기 위해 놀이의 치료적 힘을 적용하는 상호과정이다(Schaefer, 1993). 아동에게 놀이는 생활의 일부이자 자신의 경험과 감정을 표현하는 매체이다. 자신의 내적 갈등과 경험을 놀이로 표현함으로써 심리적 어려움을 치유한다. 놀이를 통한 치유 경험은 아동 혼자만으로 이루어지는 과정이 아니라 아동을 있는 그대로 수용하고 의사소통하는 놀이치료자와 함께 이루어진다. 그러므로 아동을 대하는 놀이치료자의 역할과 전문성에 따라 치유 경험과 치료 성과는 달라질 수 있다. Corey와 Corey(2005)도 성인상담에서 상담자가 치료 성과에 중요한 변수가 되며, 상담 도구로서의 상담자 역할을 강조하였다.

하지만 치료자의 역할과 전문성은 하루아침에 습득할 수 있는 성질이 아니므로 초보 놀이치료자는 전문지식과 경험 부족으로 치료 수행을 어려워하며 숙련된 치료자와 비교했을 때 더 많은 좌절을 경험한다. 놀이치료자의 전문성을 발달시키기 위해서는 놀이치료에 대한 이론과 기법을 습득하는 것뿐만 아니라 놀이치료 실제를 경험할 수 있는 임상실습이 필요하며 놀이치료자 자신의 개인적 특성을 이해하고 미해결된 과제를 해결할 수 있는 교육분석이 필요하다. 이 책은 이론적인 지식과 기법보다는 놀이치료의 실제를 이해하고 치료 진행 과정에 따른 놀이치료자의 역할에 초점을 두고 있다. 놀이치료는 이론을 실제에 연결하고 적용해야 하므로 임상실습이 무엇보다 중요하고 놀이치료를 직접 체험하고 다양한 기술을 익히는 임상실습을 통해 놀이치료자의 역할을 익히고 전문성을 함양시킬 수 있다.

놀이치료에서 임상실습은 숙련된 놀이치료자의 치료를 관찰하는 관찰실습과 아동에게 놀이치료를 실시하여 슈퍼비전을 받는 개별 임상실습으로 이루어진다. 이 장에서는 임상실습이 필요한 이유와 임상실습 과정 및 내용을 소개한다.

임상실습의 필요성

초보 놀이치료자는 놀이치료에 대한 이론적 지식은 있으나 실제 치료장면에 적용해 본 경험이 부족하고, 이론과 실제의 차이로 적용을 어려워한다. 이들은 이론의 실제적인 측면을 이해하여 치료 회기에 적용하는 유연성이 부족하다는 특징을 가지고 있다(방기연, 2002). 무엇보다도 자신이 내담 아동을 이해해서 놀이치료를 잘 진행하고 있는지 확신이 없어 아동을 만날 때 긴장하고 불안해한다. 초보 놀이치료자는 치료 수행에 대해 걱정이 많고 높은 수준의 불안을 경험하기 때문에 내담자에게 주의를 기울이기보다는 자신의 치료 수행에 더 몰두하는 경향이 있다(최은실, 2001). 이에 놀이치료 수행에 대한 확신이 부족한 치료자는 점차 자신에 대한 신뢰가 부족해서 역전이 감정에 쉽게 빠지기도 하고 아동과 부적절한 상호작용을 하기도 한다.

놀이치료자는 내담자의 문제행동이 발달해나가는 각각의 과정을 객관적으로 이해하고, 치료자의 입장이 아닌 내담자의 입장에서 치료 과정의 전체적인 흐름을 이해하고 이끌어가야(송영혜, 2002) 하는데 치료 수행에 대한 확신 부족과 역전이 감정은 치료 과정을 효과적으로 이끄는 데 방해되는 요인이다. 놀이치료는 아동과 치료자 간의 촉진적인 관계 경험이 바탕이 될 때 더 큰 치료 효과가 나타나기 때문에 놀이치료자의 치료 수행에 대한 확신과 심리적 안정이 중요하다.

초보 치료자가 자신이 수행 중인 놀이치료에 대한 불안과 긴장감을 줄이고 확신과 자신감을 얻기 위해서 놀이치료 실제에 대한 임상실습이 필요하다. 숙련된 놀이치료자가 수행하는 치료를 관찰하여 이론을 실제 장면에 적용하는 법을 배우고 자신이 실시한 놀이치료에 대한 슈퍼비전을 통해 한 회기의 치료가 효과적으로 진행되었는지, 내담 아동에게 적절하게 반응하였는지 등을 점검받는다. 이런 과정은 적절한 치료자의 역할 수행이 무엇인지 학습하고 자신의 반응을 점검함으로써 치료 수행에 대한 확신을 얻게 되고 치료자 자신이 아닌 아동에게 집중하고 민감하게 반응하여 촉진적인 관계가 이루어지게 된다.

O'Connor(1991)는 놀이치료자가 갖추어야 할 조건으로 효과적인 치료 관계를 형성하고 치료적 개입의 질적 수준을 높이기 위해서는 놀이치료에 대한 기법과 기술에 대한 훈련과 더불어 다양한 임상적 경험과 슈퍼비전을 통해 놀이치료자의 전문적 자질을 갖추어야 한다고 하였다. 미국 놀이치료학회(APT)에서 제시하고 있는 놀이치료자 자격 요건 또한 이론 및 학문적 훈련과 임상훈련으로 구분하고 있다. 이렇듯 놀이치료자의 전문성을 발달시키기 위해서는 이론과 기법에 대한 학습뿐만 아니라 놀이치료 실제 사례에 대한 이해와 기술 습득을 위한 관찰실습과 개별 임상실습이 필요하다.

Landreth(2002)는 적응적 아동 및 부적응적 아동에 대한 관찰과 그들에 대한 사례분석을 경험해야 하며, 숙련된 놀이치료자의 놀이치료를 관찰하고 그 회기에 대한 토론 및 평가 기회를 가지며 역량 있는 놀이치료자에 의한 슈퍼비전 경험을 가져야 한다고 하였다. 놀이치료 관찰실습에서는 임상 현장의 다양한 아동의 사례를 관찰하고 관찰한 내용을 토대로 아동의 반응, 치료자 태도와 기법, 아동과 치료자 간의 상호작용을 분석하여 놀이치료 과정에 대한 실제적인 역량을 함양한다. 개별 임상실습에서는 직접 치료를 실시하고 이에 대한 슈퍼비전을 받는다. 슈퍼비전을 통해 내담 아동을 이해하기 위한 탐색과 절차를 배우게 되고, 아동과 긍정적인 관계를 형성하고 치료 중재를 제공하는 실제적인 기술을 배운다. 이는 아동과의 신뢰로운 관계 형성을 저해하거나 치료적 성과를 방해할 수 있는 놀이치료자의 요인을 최소화하고 자신의 개인 문제에 대한 이해를 돕기 때문에 놀이치료자의 개인적 성장과 전문성 향상에 도움이 된다. 임상실습은 실습과정을 지도하고 안내해주는 임상실습 감독자가 있어야 한다.

임상실습 과정 및 내용

놀이치료자로서 자격을 받으려면, 두 가지 과정을 이수해야 한다. 하나는 학문적인 교과목을 이수하는 과정이고, 다른 하나는 학문적 지식을 실제 놀이치료 대상자에게 적용해 보는 임상실습 과정이다. 임상실습은 교과목에서 배운 학문적 지식을 적용하고 경험을 확장하는 과정으로 관찰실습과 개별 임상실습으로 나뉜다. 관찰실습은 개별 임상실습에 임하기 위한 선수과정으로 놀이치료자의 전문적인 역할과 기술을 학습한다. 관찰실습을 통해 놀이치료가 어떻게 이루어지고 있으며, 이전에 학습한 이론과 기법을 통합하여 실제 사례에 적용하는 연습을 간접적으로 한다. 놀이치료 개별 임상실습은 아동에게 직접적으로 놀이치료를 실시하고 슈퍼비전을 받아 놀이치료자의 역할과 태도를 배운다. 놀이치료 임상실습은 치료 진행 과정에 따른 놀이치료자의 역할에 초점 맞춰져 있다. 따라서 이 책 또한 치료 진행 과

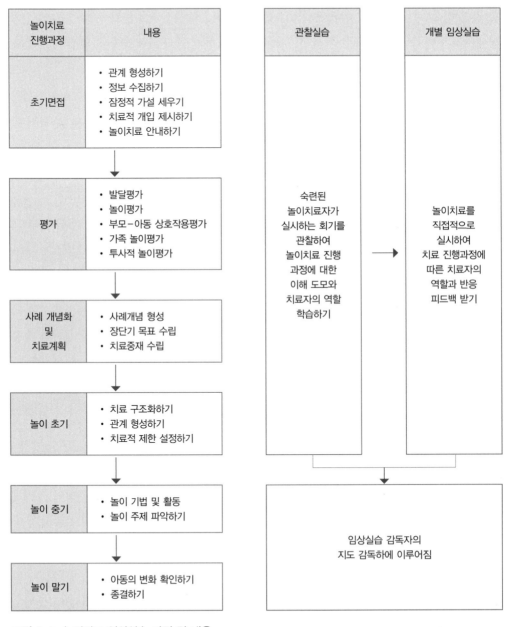

그림 1-1 놀이치료 임상실습 과정 및 내용

정의 순으로 각 장을 구성하여 놀이치료의 실제를 소개하였다. 임상실습 내용 또한 놀이치료 진행 과정에 따라 달라지며 〈그림 1-1〉과 같다.

기초 지식

임상실습을 위해서는 놀이치료와 관련된 이론적인 기초 지식이 있어야 한다. 아동의 일반적인 발달양상, 심리적 부적응 및 병리, 의뢰된 문제에 대한 발달진단 및 심리평가, 가족환경과 성격 형성, 심리치료 접근방법 등에 대한 이론적인 지식을 통해 놀이치료에 의뢰되는 내담 아동에 대한 이해와 치료 개입에 대한 방법을 얻을 수 있다. 놀이치료를 실시하기 위해 필요한 교과목 및 내용을 정리하면 〈표 1-1〉과 같다.

표 1-1　놀이치료 임상실습을 위한 기초 지식

과목명	내용
놀이치료 개론	놀이치료의 기본 개념과 다양한 이론을 이해하고, 놀이치료 과정과 치료기법 및 사례를 통해 놀이치료에 대한 기본 지식과 놀이치료자의 역할에 대해 학습한다
발달심리학	인간 발달과정의 변화와 특성에 대해 이해하고 신체적 · 인지적 · 정서적 · 사회적 측면에서 발달의 주요 이론과 연구 결과에 대한 기본 지식을 습득한다.
발달정신병리학	정상발달과 이상발달 간의 관계를 통해 이상발달에 대한 통합적 관점을 기른다. 이상발달의 유형별 진단기준, 특성, 병인, 발달경로 등을 익힘으로써 이상발달에 대한 치료적 시각을 증진시킨다.
발달진단 및 심리평가	임상 현장에서 사용되는 아동 발달진단 및 심리평가와 측정방법을 알 수 있다. 각종 심리검사를 실시하고, 채점하며, 해석할 수 있는 기술을 익히고, 진단적 평가를 위한 평가 자료들을 통합하는 능력을 발달시킨다.
심리치료 이론	치료와 관련된 각종 이론을 통해 이론의 철학적 배경, 인간관, 발전 과정, 치료 과정 등을 구체적으로 살펴봄으로써 치료 실제에 필요한 기초 지식과 기술을 학습한다.
성격심리학	인간의 성격 형성 및 발달에 관한 대표적인 이론을 공부하고, 특히 성격 형성 및 발달에 영향을 미치는 심리 · 사회적인 요인을 학습한다.
부모교육 및 상담	부모됨 및 부모자녀 관계에 대한 이해를 기반으로 아동의 성장과 발달을 돕는 바람직한 부모 역할을 탐색한다.

놀이치료 관찰실습

관찰실습은 살아 움직이는 생동감 있는 놀이치료를 경험하게 한다. 이론으로 배운 지식을 실제에 적용한 방법을 눈으로 확인할 수 있는 시간이 놀이치료 관찰실습이다. 관찰자가 놀이치료 회기를 관찰하더라도 아동과 치료자의 반응이 무엇을 의미하는지, 서로에게 어떠한 영향을 미치는지 알지 못할 뿐만 아니라 무엇을 관찰해야 하는지 알지 못한다. 따라서 놀이치료 관찰실습에서는 무엇을 관찰해야 하며 그 내용이 무엇을 의미하는지 구체적으로 학습해야 한다. 놀이치료는 내담 아동과 치료자의 상호작용으로 이루어지는 과정이므로 아동의 반응과 치료자의 반응, 아동과 치료자의 상호작용에 대한 관찰이 필요하다. 또한 놀이치료의 진행 과정도 관찰해야 한다. 아동의 문제가 의뢰되는 초기면접, 문제 진단을 위한 놀이평가, 놀이치료자와 아동의 관계가 형성되는 초기단계, 문제해결에 중점 두는 중기단계, 치료의 종결을 준비하는 말기단계에 대한 관찰실습이 이루어져야 한다.

관찰실습을 통해 관찰자는 아동의 심리적 어려움과 부적응을 이해하고 이를 평가하고 진단하는 방법과 아동과 치료적으로 관계하고 문제해결을 위해 중재하는 치료자의 역할을 학습한다. 놀이치료 한 회기에서 관찰해야 하는 내용은 아동이 놀이치료실에 입실하는 과정에서부터 놀이 방식, 언어 표현, 신체 활동, 정서 표현, 치료자에 대한 반응, 치료실 퇴실까지 치료실에서의 아동의 전반적인 모습과 아동에게 반응하는 치료자의 반응과 태도, 그리고 아동과 치료자의 상호작용이 포함된다. 놀이치료 한 회기에서의 아동의 반응, 치료자 반응, 아동과 치료자의 상호작용에 대한 관찰 내용과 방법은 제2장에서 소개하고, 놀이치료의 각 진행단계별 치료자의 역할은 이 책 각 장에서 전반적으로 소개한다.

놀이치료 개별 임상실습 및 슈퍼비전

놀이치료 관찰실습을 통해 놀이치료의 실제를 경험하고 학습한 치료자는 아동에게 실제로 놀이치료를 실시하는 개별 임상실습을 한다. 이론을 배우고 관찰을 통해 놀이치료의 진행 과정을 이해하였지만 실제 임상 장면에서 치료 수행은 그대로 이루어지지 않을 가능성이 있다. 아동은 나이도 다양하고 보이는 심리적 어려움도 다양하다. 치료자는 놀이치료를 잘 할 수 있을지에 대한 걱정과 근심으로 가득 차 있어 아동에게 집중하기보다는 무엇을 해야 할지에 대한 생각과 고민에 빠지게 되는 경우가 많다. 그렇다 보면 아동이 보이는 정서와 반응을 놓치거나 간과하게 된다. 이는 내담 아동과의 치료적인 관계 형성에 방해가 되고 불안정한 관계를 감지한 치료자는 불안으로 자의에 빠지거나 자신의 반응에만 열중하여 부적절한 관계가 되풀이된다. 이러한 부적절한 관계를 방지하고 내담 아동과 신뢰로운 관계를 형성하여 치료적으로 놀이를 이끌어가기 위해 개별 임상실습에 대한 슈퍼비전이 함께 이루어져야 한다.

슈퍼비전은 전문가가 되고자 하는 치료자에게 적절한 직업적 행동을 습득할 수 있도록 슈퍼바이저가 도와주는 계속적인 교육과정이다(방기연, 2011). 슈퍼비전은 이론과 실습과정을 통합하여 치료자가 실제적인 놀이치료 지식을 습득하도록 도와주는 것이다. 즉, 슈퍼비전은 경험이 풍부한 슈퍼바이저가 초보 치료자를 숙련되도록 준비시켜, 치료를 잘하도록 도와주는 방법이다. 치료가 효과적으로 진행되었는지, 내담 아동에게 적절히 반응하였는지, 회기 진행이 목표에 맞게 이루어졌는지, 치료적 개입이 적절하였는지 등을 점검한다. 놀이치료자는 자신의 부적절한 반응을 이해하고 실수가 일어날 때 피드백을 통해 적절한 반응으로 수정할 기회를 가져야 놀이치료 수행 능력을 향상시킬 수 있다(Dawes, 1994). 그러므로 슈퍼비전은 치료자의 전문성을 향상시키고 자격을 갖춘 놀이치료전문가로 성장하는 데 반드시 필요한 작업이다. 슈퍼비전은 놀이치료자의 전문성을 향상시키기 위한 목적으로만 이루어지지 않는다. 슈퍼비전을 통해 치료자가 더 효과적으로 놀이치료를 수행하게 된다면, 슈퍼비전은 내담자가 진정으로 얻고자 하는 치료 효과를 제공함으로써 내담자를 도와줌과 동시에 치료 수행 실패로부터 치료자를 보호하는 역할을 겸하게 된다(Bernard & Goodyear, 1992).

그렇다면 놀이치료자는 개별 임상실습 및 슈퍼비전을 통해서 무엇을 배우는가? 놀이치료 관찰실습에서 관찰했던 내용을 제대로 이해하여 놀이치료를 적절히 수행하였는가에 대한 피드백을 받는다. 초기면접에서 내담자와 적절히 관계형성을 하였는지, 아동을 이해하기 위한 정보수집이 제대로 되었는지, 놀이평가를 통해 아동을 객관적으로 평가하였는지, 아동의 심리적 부적응과 특성을 적절히 이해하였는지, 심리적 부적응과 특성이 어떠한 과정으로 형성되었는지, 치료 목표와 전략은 적절히 이루어졌는지, 아동과 신뢰로운 관계를 형성하기 위한 치료적 반응이 이루어졌는지, 아동의 핵심문제를 해결하기 위한 중재가 적절히 이루어졌는지, 아동과의 종결작업이 적절히 이루어졌는지에 대해 피드백을 받게 된다. 이를 통해 놀이치료자는 적절한 치료적 반응을 배우고, 자신의 부적절한 반응을 수정하고 긍정적인 반응을 연습하여 전문적인 역할을 학습한다.

　슈퍼비전 과정으로 치료자는 아동에게 반응하는 반복된 태도에서 자신의 개인적 특성과 미해결 과제를 깨달을 수 있다. 구체적으로 자신의 미해결 과제가 치료 과정에 어떻게 영향을 미치는지, 어떻게 해결해야 하는지 등 치료자 자신에 대한 이해를 높일 수 있다. 하지만 슈퍼비전의 본래 목적이 개인의 문제해결을 돕는 것이 아니므로 효과적으로 치료를 수행하는 데 방해가 되는 부분만 다루고 이외는 개인 상담 및 교육 분석으로 해결하도록 한다.

놀이치료 임상실습 감독자

놀이치료 임상실습은 실습을 지도하고 감독하는 슈퍼바이저와 함께 이루어진다. 슈퍼바이저는 놀이치료자가 내담자에게 최적의 치료를 제공하고 성공적인 학습경험을 하도록 직간접적으로 감독을 한다. 슈퍼바이저는 인간적인 관계를 유지하면서 치료자가 임상실습 동기를 유지하고 자신의 잠재능력을 발휘할 수 있도록 돕는다. 슈퍼바이저는 놀이치료자의 역할을 모델링하고 제시해 주어 치료자가 전문가로 성장하도록 한다. 슈퍼바이저의 역할과 자격 기준은 다음과 같다.

- 임상실습 과정을 감독한다.
- 임상실습의 동기를 유도한다.
- 전문성을 갖도록 도와준다.
- 임상실습 진전을 평가한다.
- 놀이치료자의 역할을 이해하도록 도와준다.
- 놀이치료자의 역할을 모델링 한다.
- 장단기 치료계획을 세우도록 도와준다.
- 치료 효과를 평가하도록 도와준다.
- 심리 및 발달문제를 진단 평가하도록 도와준다.
- 각종 문서를 기록하고 정리하는 것을 도와준다.
- 내담자에 대한 윤리적 의무를 알려준다.
- 임상실습이나 자격증 취득 관련 정보를 알려준다.

> **놀이심리재활영역 임상실습 슈퍼바이저 자격 기준**
>
> • 놀이심리재활영역 관련 박사학위를 소지하고 대학 및 대학원에서 조교수 이상으로 재직 중인 자로서 놀이심리재활영역 분야의 슈퍼바이저 자격증을 소지한 자
> • 놀이심리재활영역 관련 박사 이상이면서 5년 이상의 경력이 있는 자로서 놀이심리재활영역 분야의 슈퍼바이저 자격증을 소지한 자
> • 놀이심리재활영역 관련 석사 이상이면서 10년 이상의 경력이 있는 자로서 놀이심리재활영역 분야의 슈퍼바이저 자격증을 소지한 자

출처 : 발달재활서비스 자격관리사업(2021).

놀이치료자 자격 요건

놀이치료자의 자격은 교과목을 이수하고 임상실습 과정을 마친 후, 심사 과정을 통해 자격증을 부여받게 된다. 놀이치료자 자격증은 보건복지부에서 인증해주는 발달재활서비스 자격인증 이외에는 민간기관에서 자격증을 발급하고 있다. 민간 자격증으로 한국아동심리재활학회와 한국놀이치료학회에서 발급하는 놀이치료자 자격증이 대표적이다. 여기에서는 발달재활서비스의 놀이심리재활 영역의 제공인력자가 되기 위한 과정과 한국아동심리재활학회의 자격 취득 요건을 소개한다.

발달재활서비스 놀이심리재활 영역의 제공인력자

보건복지부에서는 장애아동 가족지원사업으로 발달재활서비스를 제공하고 있다. 발달재활서비스는 성장기 장애아동의 인지, 의사소통, 적응행동, 감각, 운동 등의 기능향상과 행동발달을 위한 적절한 서비스를 지원하는 사업으로, 장애아동 및 가족의 복지적 욕구에 적합한 서비스 지원과 정보를 제공하여 경제적 부담 경감에 목적을 두고 있다. 만 18세 미만의 시각 · 청각 · 언어 · 지적 · 자폐성 · 뇌병변 장애가 있는 아동은 발달재활서비스를 통해 언어 · 청능 · 미술심리 · 음악 · 행동 · 놀이심리 · 재활심리 · 감각발달재활 · 운동발달재활 · 심리운동 등의 치료교육 서비스를 제공받을 수 있다(발달재활서비스 자격관리사업, 2021). 장애아동 복지지원법 제21조, 보건복지부 고시 제2018-167호에 따르면, 발달재활서비스

를 제공할 수 있는 제공인력 자격 규정은 다음과 같다.

- 보건복지부 장관이 정하여 고시하는 발달재활서비스 관련 분야의 국가자격증 또는 국가 공인 자격증을 소지한 사람
- 「고등교육법」에 따른 학교나 「학점인정 등에 관한 법률」에 따라 평가인정을 받은 학습과정을 설치 · 운영하는 교육훈련기관에서 보건복지부 장관이 고시하는 발달재활서비스 관련 과목 중 14과목 이상(42학점)을 이수한 사람
- 「고등교육법」에 따른 대학원에서 보건복지부 장관이 고시하는 발달재활서비스 관련 과목 중 7과목 이상(21학점)을 이수한 사람

놀이심리재활 영역의 교육과정 및 실습 내용은 다음과 같다.

놀이심리재활 영역에서는 대학교(학사 기준)에서 이수해야 하는 과목 수는 공통필수 1과목, 공통선택 1과목, 전공필수 5과목, 전공선택 7과목으로 총 42학점을 이수하여야 한다. 대학원(석 · 박사 기준)은 공통필수 1과목, 전공필수 5과목, 전공선택 1과목으로 총 21학점을 이수해야 발달재활서비스의 놀이심리재활서비스를 제공할 수 있는 자격인증을 받을 수 있다. 발달재활서비스는 장애아동에게 놀이치료를 실시하기 위해 필요한 전문적인 지식을 이론으로만 학습하는 데 그치지 않고 실습에 대한 기준도 명시하고 있다. 놀이심리재활 영역에서는 '놀이치료 관찰 및 실습'과 '놀이치료 실습 및 슈퍼비전'의 교과목이 배정되어 놀이치료 실제에 대한 경험적인 학습을 강조하고 있다. '놀이치료 관찰 및 실습'은 놀이치료실 현장과 전반적인 놀이치료 과정에 대한 이해를 도모하기 위한 실습과정으로, 놀이치료 회기 및 아동평가 과정에 대한 직접 또는 간접 관찰과 분석에 대한 실습이 이루어지며, '놀이치료 실습 및 슈퍼비전'에서는 직접 아동평가 및 놀이치료를 실시하고 이에 대한 슈퍼비전을 받는 과정으로 이루어진다. 이때 관찰 및 임상실습은 총 140시간 이상이며, 장애아동 관찰실습 40시간 이상과 장애아동을 대상으로 한 1:1 개별 임상실습 40시간 이상이 포함되어야 한다. 개별 임상실습은 10회기 이상 진행된 두 사례가 포함되어야 하며 모든 실습과정은 슈퍼바이저의 지도 감독하에 이루어져야 한다.

한국아동심리재활학회의 놀이상담심리사

한국아동심리재활학회는 아동심리 진단·치료 관련 분야의 상호 연계적 연구 활동을 통하여 학문의 발전과 교육현장 개선에 기여함을 목적으로 1997년 설립되었다. 학회에서는 심리치료가 필요한 아동의 놀이치료 프로그램 개발, 놀이치료의 이론적 배경 연구 및 보급, 아동 심리진단 및 치료자의 감독활동, 연차학술대회 개최, 학회지 및 기타 출판물 간행, 아동심리 재활전문가의 양성 및 훈련 등을 실시하고 있다. 학회에서 취득 가능한 자격증은 '놀이상담심리사 2급', '놀이심리상담사 1급', '놀이상담심리 교육수련감독전문가'가 있다. 여기에서는 놀이상담심리사 2급을 취득하기 위한 수련 내용을 소개한다(한국아동심리재활학회, 2021).

- 놀이상담심리 관찰 : 놀이상담심리 교육수련감독전문가 및 놀이상담심리사 1급이 지도하는 놀이상담심리 30시간 이상 관찰(단, 1사례 관찰시간은 10회기 이상이어야 하며 관찰실습 및 반응분석이 포함되어야 함)
- 놀이상담심리 수련 : 3사례 이상 최소 50회기 이상 수련(단, 1회기당 수련시간은 50분 이상임, 놀이상담심리사 1급으로부터 받은 수련시간은 최대 30회기까지 인정되며, 50회기 중 집단 수련시간은 최대 25회기까지 인정됨)
- 놀이상담심리 사례발표회 참석 : 20시간 이상
- 놀이상담심리 임상 : 5사례 50시간 이상 실시
- 공개사례발표 : 학회 인정 사례발표회에서 1회 이상 발표
- 놀이상담심리 사례보고서 제출 : 2사례(단, 1사례당 10회기 이상 치료한 사례이어야 하며 1회기의 완전어록과 녹음 또는 녹화 파일이 포함되어야 함)
- 심화과정 및 학술대회 참석 : 80시간 이상(단, 본 학회에서 주관하거나 본회에서 인정하는 기관에서 개최하는 과정에 한함)

놀이상담심리사 2급은 자격 취득 후 자격을 유지하기 위해서는 5년 내 매년 학술대회 혹은 심화과정 1회 이상 총 5회 참석, 윤리교육 1회 이상 총 5회 이수, 월례회 1회 이상 총 8회 참석해야 한다. 자격증을 취득하기 위해서는 놀이심리상담사 1급 및 놀이상담심리 교육수

련감독전문가에게 지도 및 감독을 받아야 하고 학술대회 및 사례발표회에 참가하여 놀이치료 진행에 필요한 이론과 기법을 교육받는 등 많은 수련과정을 밟는다.

놀이치료 관찰

관찰(observation)은 어떤 대상을 능동적이고 목적의식을 갖고 주의 깊게 바라보는 행위를 뜻한다. 놀이치료 관찰은 놀이치료가 이루어지는 동안 내담 아동과 놀이치료자의 언어, 비언어적 반응 및 치료 활동을 관찰하는 것이라 할 수 있다. 그리고 내담 아동의 자료를 고찰하고, 진단, 부모 상담 등의 놀이치료와 관련된 부가적인 영역을 관찰하고 정보를 파악하여 기술하는 것도 포함된다. 관찰은 놀이치료 장면을 이론에 적용하고 해석하는 과정이므로 관찰자는 놀이치료, 정상 발달과 발달정신병리, 발달진단 및 심리평가, 심리치료 접근방법 등 이론적 지식이 선행되어야 한다. 치료자가 놀이치료 회기를 관찰하는 것은 내담 아동을 심층적으로 이해할 수 있고, 치료 진전을 관찰할 수 있으며 전문적인 놀이치료자의 역할과 태도를 심화 학습할 수 있다. 관찰방법에는 놀이치료를 실시하는 공간에서 이루어지는 직접관찰과 오디오, 비디오 및 치료 기록 고찰을 통한 간접관찰이 있다.

관찰내용

놀이치료 관찰은 아동이 표현하고 전달하고 싶은 언어를 성인이 이해할 수 있는 방법으로 해석하여 아동을 이해하게 한다. 놀이의 주체인 아동은 자신의 감정과 생각, 욕구 등을 언어로 정확하게 전달하는 능력이 부족하기 때문에 아동에게 의사소통의 특별한 형태인 놀이를 관찰하는 것은 아동을 이해하기 위한 중요한 수단이다. 그리고 치료자는 아동과 놀이를 하면서 놀이 안에 내포되어 있는 의미 및 감정을 공유하며 아동이 자신의 문제를 해결하고 성장하는 과정을 함께하는 사람이다. 놀이치료 관찰은 치료자가 놀이 활동의 패턴과 놀이 활동에서 나타나는 여러 요소를 명확히 인식하고, 놀이 활동의 내적인 과정을 파악하게 한다.

놀이치료 관찰은 아동-놀이와 아동-치료자가 상호작용하는 방식과 의미를 이해하고 치료 과정 단계를 평가할 수 있는 근거를 제공한다. 치료자는 아동의 반응, 치료자의 태도 및 기법, 아동과 치료자 간의 상호작용, 놀이 주제 등에 대한 구체적인 반응을 관찰하여 아동의 정서 문제와 행동 문제를 평가할 수 있다. 아동이 놀이치료실에서 모와 떨어지지 않으려고 "싫어, 싫어"라며 모의 팔에 매달리는 행동을 할 경우에 치료자는 아동의 분리 불안을 추측해 볼 수 있다. 또 놀이치료 관찰은 치료 단계마다 반응을 확인하여 현재 어떠한 단계인지 알 수 있게 하며 나아가 종결을 고려할 때에도 유용하게 사용될 수 있다. 초기에 놀이실 입실 시 모와 분리를 거부하던 아동이 중기로 접어들면서 "엄마 보고 싶어요"라고 가끔 문을 열어 모를 확인하는 행동을 보이고 말기에 치료자에게 "안녕하세요"라고 미소를 지으며 들어가기도 하고 치료자보다 먼저 입실하여 문 뒤에 숨어서 치료자를 놀라게 한다.

이처럼 놀이치료 관찰은 치료 과정 단계에 따라서도 어떠한 변화가 나타나는지, 변화가 일어나는 아동 놀이의 구체적인 반응은 무엇인지 이해할 수 있게 하고, 치료자가 아동을 이해하고 이런 과정을 촉진하기 위해 어떤 역할을 하는지 명료화해 준다. 즉, 놀이치료 관찰은 상징적인 의사소통 방법인 아동의 놀이에 대한 해석을 가능하게 하고, 아동의 주호소 문제를 해결하기 위한 이해를 확장시키고, 놀이치료 과정이 구체적으로 어떻게 진행되고 있는지 탐색할 수 있게 하고, 치료 과정을 평가하고 효과를 검증할 수 있게 한다.

다음은 놀이치료 한 회기에서의 아동, 치료자, 아동-치료자의 상호작용에 대한 관찰내용을 소개한다.

아동 관찰

치료자는 놀이치료 회기를 세분화하여 놀이 활동의 특징을 분명하게 인식하고, 놀이 활동의 내재적인 과정을 파악해야 한다. 치료자는 아동의 행동 속에 나타난 공통점을 확인함으로써 관찰한 아동의 행동을 목록화할 수 있다. 아동을 이해하기 위해서는 아동의 놀이 활동을 파악하는 것이 중요하다. 아동의 놀이 활동을 이해하기 위해 치료자는 놀이하는 아동을 관찰하면서 놀이 그 자체, 지속 시간, 내용, 그리고 기능에 초점을 맞추고, 놀이 활동에 대한 깊이 있는 분석을 위해 놀이 활동을 계속 식별할 수 있어야 한다.

놀이 활동 범주

놀이치료 회기는 놀이 활동, 전 놀이(pre-play) 활동, 비놀이(non-play) 활동, 그리고 중단 (interruption)으로 구성되고 각 활동은 최소한 20초 동안 지속되어야 한다(Chazan, 2002). 여기에서는 놀이 활동의 좀 더 분명한 특징과 누가 그 놀이에 참여하고 있고, 어떻게 참여하고 있는지가 포함된다.

놀이 활동 놀이 활동은 아동이 몰두하고 있는 태도를 통해 확인할 수 있다. 목적이 있는 집중 상태는 놀이 활동의 중요한 속성이다. 놀이 활동은 무한하게 변화하며 초점화된 집중이 나타나고 놀잇감이나 대상에 대한 목적 있는 선택 그리고 특별한 정서표현이라는 비언어적 속성을 보인다. 놀이 활동의 속성은 모두 나타날 수도 있고, 한 가지만 나타날 수도 있다.

전 놀이 활동 놀이치료에서 아동이 놀이 활동을 준비하는 전 놀이 활동을 볼 수 있다. 예를 들어 인형놀이를 하는 아동이 인형의 집을 꾸미기 위해 놀잇감을 집어 들고, 그것을 탐색하고, 조작하는 데 시간을 보낼 수 있다. 어떤 아동은 놀이 활동을 하지 않고 치료 회기의 모든 시간을 준비하는 것에 써버릴 수도 있다. 전 놀이는 놀이 활동이 세분화된 부분의 초반에서만 나타나는 것이 아니라 진행되고 있는 놀이의 맥락 속에서 계속 나타날 수도 있다. 예를 들어 아동은 놀이 활동 중간에 잠시 멈추고, 새로운 놀잇감을 선택하고, 치료자에게 집중하기도 한다.

비놀이 활동 비놀이 활동은 전 놀이와 놀이 활동 이외의 모든 활동을 포함한다. 읽기, 먹기, 치료자와 이야기 나누기, 어떤 사건에 대해 자세하게 말하기, 또는 활동 계획하기 등이 있다. 비놀이는 일상적인 사건의 영역이고, 매일 진행되고 있는 정보처리 과정이고, 필요한 과업을 수행하는 것이다. 치료 회기에서 비놀이 활동은 쉽게 놀이 활동으로 또는 놀이 활동에서 비놀이 활동으로 연결된다. 치료 회기의 효과를 위해 필수적인 것은 비놀이 활동과 놀이 활동 사이의 연결이 어떤 형태로 이어지는지 치료자가 알아차리는 것이다.

중단 중단은 아동이 회기 안에서 활동을 계속할 수 없을 때 발생한다. 중단은 놀이하는 동안이나 비놀이 활동을 하는 동안 발생할 수 있는데, 예를 들면 아동이 화장실을 가고 싶어 하거나 대기실에 양육자가 있는지 보고 올 때 발생할 수 있다. 이런 행동은 회기 안에서 긴장이 발생하고 있다는 것을 나타낸다. 아동은 긴장을 견디지 못해서 방을 떠나는 것을 통해 이를 이완하는 것이다. 치료자는 이렇게 아동이 놀이를 중단하는 행동을 주관적인 고통의 신호로 보아야 한다.

아동 놀이관찰

치료자는 회기에 대해 놀이 활동 범주로 세분화하고 놀이 안에서 일어나는 아동의 놀이 활동의 의미를 더욱 분명하게 파악하고 이해하려는 목적으로 다음의 세부적인 사항을 고려하여 관찰해야 한다.

아동 놀이관찰로 알 수 있는 사항
- 아동의 놀이 수준
- 아동의 언어적 의사소통 방식
- 아동의 정서 상태
- 아동의 행동 특성
- 아동의 대인관계 양상
- 자기에 대한 개념
- 아동의 욕구 및 바람

아동의 발달 수준은 놀이치료에서 고려해야 하는 중요한 변인이다. 발달 수준이 높은 아동은 언어적 상호작용에 중점을 두지만, 발달 수준이 낮거나 정서적 문제가 심각한 아동에게는 활동 중심의 교정적 경험을 제공하므로(O'Connor, 2000) 발달장애 아동을 대상으로 할 때 치료자는 발달장애 아동의 감정과 생각, 욕구를 이해하기 위해 더 세심한 놀이관찰이 필요하다. 특히 치료자는 아동의 언어 표현 부족뿐만 아니라 자폐스펙트럼 장애 아동의 경우 상동 행동이나 반향어, 규칙적이고 반복적인 놀이 활동, 지적장애 아동의 단조로운 놀이 활동, 주의력결핍과잉행동장애 아동의 놀잇감의 잦은 변화, 산만한 행동 등의 장애로 인한 놀이 특징을 이해하고 있어야 한다. 그리고 현재 나타나는 발달장애 아동의 신체, 인지, 정서, 사회성 발달영역과 놀이 발달에서 어떤 방식으로 상호작용하고 놀이에 반영되고 있는지 발달적 측면에서도 놀이를 관찰할 필요가 있다.

아동 놀이에서 관찰해야 하는 사항

〈놀이실 입실〉

- 부모와 분리가 되는가?
- 입실을 주저하는가?
- 입실을 거부하는가?
- 입실을 즐거워하는가?

〈놀이 방식〉

- 주로 어떤 놀이를 하는가?
- 놀이를 자발적으로 선택하고 주도하는가?
- 자발적으로 놀이 확장이 되는가?
- 혼자 놀이를 하는가, 치료자를 놀이에 참여시키는가?
- 놀이의 집중 정도는 어떠한가?
- 발달연령에 적절한 놀이가 이루어지고 있는가?
- 놀잇감을 조작함에 있어 정형화/비정형화되어 있는가?
- 놀이가 창의적인가?
- 놀이 주제는 무엇인가?

〈언어 표현〉

- 아동이 표현하는 언어 수준은 어떠한가?
- 목소리의 크기나 억양은 어떠한가?

- 조음의 명확도는 어떠한가?
- 자발적인 이야기가 많은가?
- 질문에 대답만 하는가?
- 무엇에 관해 이야기하는가?

〈신체 움직임〉

- 움직임의 정도는 어떠한가?
- 에너지를 적절히 분산하여 사용하는가?
- 눈·손 협응 능력은 어떠한가?
- 주로 오른손을 사용하는가, 왼손을 사용하는가?
- 놀이 속도는 어떠한가?

〈치료자에 대한 반응〉

- 치료자를 쳐다보는가?
- 치료자의 이야기에 반응을 보이는가?
- 치료자의 지시에 따르는가?
- 치료자에게 호의적인가?

〈놀이실 퇴실〉

- 놀잇감 정리를 자발적으로 하는가?
- 퇴실에 대한 지시에 아동의 반응은 어떠한가?
- 퇴실에 대한 정서 표현은 어떠한가?

〈아동의 정서〉

- 아동의 표정은 어떠한가?
- 화, 짜증 등의 공격성이 나타나는가?
- 불안 및 긴장, 위축 정도는 어떠한가?
- 흥분 정도는 어떠한가?
- 쉽게 포기하는가?

- 아동이 주로 나타내는 정서 표현은 어떤 것인가?
- 자신의 감정을 언어적으로 표현하는가?

치료자는 회기를 범주화하고 놀이 활동을 세부적으로 관찰하면서 회기에서 나타난 놀이 활동의 의미와 흐름을 이해할 수 있다. 또한 아동 자신이나 타인의 구체적인 경험을 반영하고 대처 전략과 적응을 반영하는 놀이 활동의 패턴을 파악하고, 아동 내면의 심리 과정을 더 이해하게 될 것이다. 다음은 놀이치료자가 아동의 놀이를 이해하기 위해 놀이관찰에서 객관적인 잣대로 활용 가능한 놀이관찰척도를 소개한다.

아동 놀이관찰척도

놀이관찰척도(Play Observational Instrumental, POI)는 아동에 대한 통합적인 이해를 위해 놀이의 장점을 충분히 활용하여 놀이의 인지·사회·정서적 측면을 평가하는 도구이다(이영애, 2004). POI는 초기 회기에서 치료자가 내담 아동의 놀이 행동을 통해 인지·사회·정서의 발달기능 수준을 객관적으로 관찰하고 평가하여 아동을 이해하고 치료 목표와 계획을 수립할 수 있도록 돕기 위해서 개발되었다. 만 4~9세 아동 대상으로 놀이치료 회기의 30분 동안 내담 아동의 놀이 행동을 관찰한 후 놀이형식(인지), 놀이내용(정서), 놀이태도(사회성)의 세 가지 범주로 평가한다. 세 가지 범주로 구성된 총 36개의 문항을 1~5수준으로 나누어 채점하며 점수가 높을수록 내담 아동의 기능 수준이 저하되어 있음을 의미한다. 이 척도는 놀이관찰을 어떤 방식으로 하고, 내담 아동의 발달기능을 통합적으로 평가하여 아동에 대한 이해와 치료를 진행하기 위한 뼈대를 만드는 데 도움이 될 것이다.

표 2-1 놀이관찰척도(POI)

	항목	기능 수준과 내용
인지 (놀이 형식)	1. 분명하게 나타나는 놀이유형이 있습니까?[질적 관찰] 두 가지 이상의 놀이유형이 나타났다면 기술하시오.	① 한 가지 놀이유형 15분 이상 ② 두 가지 놀이유형 10분 이상 ③ 세 가지 놀이유형 ④ 특정 놀이유형으로 관찰되지 않음 ⑤ 비놀이

(계속)

	2. 가장 많이 나타나는 놀이유형은 무엇입니까?	① 규칙 있는 게임 ② 가상놀이, 상징놀이 ③ 구성놀이 ④ 기능놀이(반복적인 사물/몸 조작) ⑤ 놀이가 이루어지지 않음
	3. 놀잇감 사용 수준은 적절합니까?	① 치료자와 대화에 초점 맞춤 ② 자신의 문제 구체적으로 표현하기 위해 사용 ③ 특정 역할 연기를 위해 사용 ④ 치료자의 놀잇감 사용 모방 ⑤ 간단한 수준의 놀잇감 조작 또는 놀잇감 사용하지 않음
	4. 놀이 수준은 적절합니까?	① 논리적 수준에 따라 여섯 가지 이상 놀이 행동 배합 ② 논리적 수준에 따라 네다섯 가지 놀이 행동 배합 ③ 논리적 수준에 따라 서너 가지 놀이 행동 배합 ④ 단일 구성 놀이 행동 ⑤ 놀이 행동 나타나지 않음
인지 (놀이 형식)	5. 놀잇감을 상징화하고 이것을 가상놀이로 확장시킬 수 있습니까?	① 내용에 맞는 놀잇감 선택, 언어만으로 가상놀이 이끔 ② 놀잇감을 보자마자 바로 단순한 상징화 이야기 전개 ③ 놀잇감의 상징화는 가능하지만 놀이로 잘 연결되지 않음 ④ 놀잇감에 대한 상징화 가능 ⑤ 가상놀이 나타나지 않음
	6. 가상놀이 구성과 줄거리는 논리적으로 조직화되어 있습니까?	① 기승전결로 잘 연결되어 있음 ② 간단한 줄거리로 구성되어 있음 ③ 상징화만 하고 구체적인 내용 전개 없이 놀이 끝남 ④ 상징화만 가능함 ⑤ 가상놀이 나타나지 않음
	7. 가상놀이의 내용은 독특하고 참신하게 구성되어 있습니까?	① 내면의 문제가 명확하게 투사되어 내용으로 전개됨 ② 자신의 놀이 내용 전개, 내면의 문제 명확히 투사되지 않음 ③ TV, 책 내용 모방하다가 새로운 내용으로 확장됨 ④ TV, 책 내용 그대로 모방함 ⑤ 가상놀이 관찰되지 않음
	8. 만약 게임을 한다면 주로 선택하는 게임 유형은 무엇입니까? [질적 관찰] 두 가지 이상의 게임 유형이 나타났다면 기술하시오.	① 대화게임 ② 전략게임 ③ 우연게임 ④ 신체활동게임 ⑤ 특별한 유형이 관찰되지 않음

인지 (놀이 형식)	9. 게임 내용에 대한 이해도는 적절합니까?	① 게임 규칙을 처음부터 잘 이해하고 해나감 ② 처음 한 번은 게임 규칙을 혼돈하고 실수하지만 곧 이해함 ③ 두 번 정도 반복되게 게임 규칙 혼동하고 실수함 ④ 여러 번 게임을 반복하지만 여전히 게임 규칙을 혼동함 ⑤ 지속적으로 게임 규칙을 완전히 이해하지 못함
	10. 자신의 놀이 내용을 언어로 표현하는 방법은 적절합니까?	① 논리적으로 표현함 ② 논리적 표현이 다소 떨어짐 ③ 대부분 단편적으로 설명함 ④ 단어로 표현하거나 거의 대답하지 않음 ⑤ 놀이 내용에 대한 대화가 불가능함
	11. 반복되는 놀이 패턴이 있다면 기술하시오. 예) 놀잇감을 같은 종류끼리 배열(sorting), 사물의 특징을 계속해서 이야기하지만 놀이를 하지 않음. 다른 놀이로 전환되기 전에 준비하는 모습 등	
총점		

	항목	기능 수준과 내용
정서 (놀이 내용)	1. 놀이치료 회기 30분 동안 내담 아동의 기분 상태는 즐거운 편입니까? [질적 관찰] 놀이 중 표현되는 내담 아동의 정서 범주를 모두 기술하시오.	① 30분 동안 매우 유쾌한 표현 ② 처음에 긴장, 시간이 지나면서 유쾌함 ③ 다소 유쾌함, 불편한 감정보다 유쾌한 감정이 더 많이 나타남 ④ 대부분 불쾌함 ⑤ 명백한 감정 표현이 없음 긍정적 정서 : 행복/만족, 양육/애정, 경쟁 부정적 정서 : 불안(두려움), 슬픔(고통), 좌절(절망), 공격성
	2. 내담 아동의 감정 표현은 과도하거나 과소하지 않고 적절합니까?	① 적절한 감정 표현이 말, 행동으로 분명히 나타남 ② 간혹 과도하거나 과소한 표현이 나타남 ③ 때때로 과도하거나 과소한 표현이 나타남 ④ 대부분 과도하거나 과소한 표현이 나타남 ⑤ 명백하게 나타나는 감정 표현이 없음
	3. 가상놀이를 할 때 내용이 갑자기 중단되지 않고 끝까지 이루어집니까?	① 중단되지 않음 ② 한두 번 멈춤, 그러나 곧 다시 시작됨 ③ 세 번 이상 멈춤, 그러나 곧 다시 시작됨 ④ 한 번 갑작스럽게 멈춘 후 다시 시작되지 않음 ⑤ 두 번 이상 멈춘 후 다시 시작되지 않음

(계속)

정서 (놀이 내용)	4. 가상놀이에는 기괴한 내용이 없어서 놀이 내용이 잘 이해됩니까?	① 내용이 잘 이해됨 ② 이상한 내용이 한 번 정도 나타나지만 내용은 잘 이해됨 ③ 이상한 내용이 한두 번 정도 나타나고 내용 이해가 약간 어려움 ④ 이상한 내용이 많아서 내용 이해가 어려움 ⑤ 거의 대부분 이상한 내용으로 내용 이해가 전혀 안 됨
	5. 가상놀이를 할 때 놀잇감에 투사하는 감정 표현은 긍정적입니까?	① 긍정적인 표현만 여러 번 함 ② 어느 정도 긍정적인 ③ 약간 긍정적 ④ 약간 부정적 ⑤ 부정적인 표현만 여러 번 함
	6. 놀이 중 나타나는 자신에 대한 표현은 긍정적입까?	① 자신·능력에 대해 긍정적인 표현을 여러 번 함 ② 자신·능력에 대해 긍정적인 표현을 두 번 정도 함 ③ 자신·능력에 대해 긍정적인 표현을 한 번 정도 함 ④ 자신·능력에 대해 부정적인 표현을 한두 번 정도 함 ⑤ 자신·능력에 대해 부정적인 표현을 여러 번 함
	7. 가상놀이를 반복할 때 반복되는 주제 및 단어가 있다면 기술하시오.	
	8. 놀이 중 나타나는 wish, need가 있다면 기술하시오.	
총점		

	항목	기능 수준과 내용
사회성 (놀이 태도)	1. 놀이치료실에 들어올 때 보호자(보통 모)와 분리가 잘 됩니까?	① 전혀 개의치 않음 ② 분리 시 개의치 않고, 놀이치료 시간 중 간혹 신경 쓰지만 놀이 중단되지 않음 ③ 분리 시 개의치 않고, 놀이치료 시간 중 여러 번 신경 쓰며 놀이가 중단됨 ④ 모와 분리 거부하지만 놀이치료실로 입실함 ⑤ 모와 분리 거부하여 놀이치료실 입실되지 않음
	2. 놀이치료실에 들어온 직후 긴장하지 않고 편안해 보입니까?	① 전혀 긴장하지 않음 ② 약간 긴장하지만 곧 적응함 ③ 처음 긴장하지만 시간이 지날수록 적응됨 ④ 15분 동안 계속 긴장함 ⑤ 30분 내내 긴장하고 거의 움직임이 없음

사회성 (놀이 태도)	3. 놀잇감보다 치료자와 상호작용 하려고 합니까?	① 적극적으로 상호작용 하고자 함 ② 놀잇감 자체에 관심을 기울이지만, 치료자가 제안하면 상호작용하고 계속 유지하려고 함 ③ 놀잇감에 더 많은 관심을 기울이며 빨리 놀이하려고 함 치료자와 상호작용을 시도하기는 함 ④ 많은 시간 놀잇감 탐색하거나 혼자 놀잇감과 상호작용 함 ⑤ 치료자를 개의치 않고 혼자 놀잇감과 상호작용을 지속함
	4. 처음 놀이를 시작할 때 내담 아동이 놀이를 먼저 결정합니까?	① 자발적으로 자신이 원하는 놀이를 선택함 ② 치료자 격려 후 놀이를 선택함 ③ 처음에는 선택하지 못하여 치료자의 선택을 받아들이지만 곧 자신이 원하는 놀이 선택함 ④ 계속 선택하지 못하여 치료자의 선택을 따름 ⑤ 놀이 선택을 못하고 치료자의 제안도 받아들이지 않음
	5. 치료자를 자신의 놀이에 참여시키고 있습니까?	① 협동놀이 ② 연합놀이 ③ 병행놀이 ④ 단독놀이(혼잣말) ⑤ 거부 혹은 방관자적 행동
	6. 아동이 치료자와 대화하는 수준은 적절합니까?	① 자신의 경험과 문제에 대해 대화가 가능함 ② 처음은 어렵지만 점차 자연스러운 대화 가능함 ③ 일방적으로 자신의 관심사에 대해서만 이야기함 ④ 대부분 비언어적으로 의사소통이 이루어짐 ⑤ 거의 말이 없고, 비언어적 의사소통 이루어지지 않음
	7. 치료자를 대상으로 한 공격성은 나타나지 않습니까?	① 공격성은 한 번도 나타나지 않음 ② 간혹 낮은 수준의 공격성 나타남 ③ 낮은 수준과 높은 수준의 공격성이 함께 나타남 ④ 간혹 높은 수준의 공격성이 나타남 ⑤ 높은 수준의 공격성만 나타남
	8. 어려워도 과제를 지속합니까?	① 어려워도 끝까지 포기하지 않음 ② 세 번 정도 시도하나 포기함 ③ 두 번 정도 시도하나 포기함 ④ 한 번 시도하고는 포기함 ⑤ 시도조차 하지 않음

(계속)

	9. 과제를 즐거워하며 수행합니까?	① 계속 즐거워함
		② 기대대로 안 될 때 속상하기도 하지만 즐거운 감정을 더 많이 표현함
		③ 긴장하며 즐거움을 느낄 여유가 없고, 잘했을 때만 즐거워함(게임에서 이길 때와 질 때 감정변화가 분명함)
		④ 지나치게 긴장함(손톱 물어뜯기, 게임 종료 후 화장실 다녀옴 등)
		⑤ 아무런 감정표현이 없음
	10. 과제를 혼자서 수행합니까?	① 어려워도 혼자서 해결함
		② 혼자서 시도하다가 이후에 치료자의 도움을 받아들임
		③ 한 번 시도 후 도움을 요청하지만 치료자가 격려하면 혼자서 시도함
		④ 시도해보지 않고 처음부터 도움 요청하고 격려해도 시도하지 않음
		⑤ 도움도 요청하지 않고 포기함
사회성 (놀이 태도)	11. 과제를 잘 해결해 나갑니까?	① 쉽게 문제를 해결해 나감
		② 바로 문제해결을 하지 못하지만 다양한 시도를 하며 결국 해결함
		③ 문제해결을 몇 번 시도하다가 포기함
		④ 문제해결 욕구가 있어 시도하지만 잘하지 못함
		⑤ 문제해결 욕구도 없음
	12. 제한받을 행동을 하지 않습니까?	① 제한받을 행동을 하지 않음
		② 제한받을 행동을 한 번 함
		③ 제한받을 행동을 두 번 함
		④ 제한받을 행동을 세 번 함
		⑤ 제한받을 행동을 네 번 이상 함
	13. 제한을 받을 때 잘 받아들입니까?	① 제한을 수용하고 다시는 그 행동을 하지 않음
		② 제한 직후에 그 행동을 중단하지만 시간이 지난 후 다시 반복함
		③ 제한 직후에 그 행동을 중단하지만 곧 다시 반복함
		④ 제한을 수용하지 않지만 치료자가 엄격하게 제한하면 제한을 받아들임
		⑤ 제한을 수용하지 않고, 물리적 제재를 가한 후에 수용함
	총점	

출처 : 이영애(2004).

치료자 관찰

치료자가 보이는 반응은 치료자와 아동이 맺는 치료적 관계, 치료 효과와 연결되어 치료 과정 전반에 영향을 주므로 치료적으로 효과적인 반응을 하는 것이 중요하다. 놀이치료에서 촉진적이고 교정적인 경험을 창조하는 활동을 유지하면서, 아동이 생각과 느낌 그리고 행동에 대한 관계를 더 잘 이해하도록 돕는 핵심적 역할을 하는 치료자를 관찰하는 것은 필수적이다.

치료자는 놀이치료 초기 단계에서 아동이 치료에 협조하도록 좋은 대인관계를 맺고 라포와 신뢰감을 형성하고, 놀이 활동에서 관찰된 내담 아동의 인지, 정서, 언어, 사회성 등의 다양한 정보를 수집한다. 이를 바탕으로 정보를 분석하고 평가하여 아동의 주호소 문제의 원인을 파악하고 치료 목표를 설정한 후 놀이치료를 실시하게 된다. 중기 단계에서 치료자의 역할은 자신의 이론적 입장에 따라 치료적 개입이 달라진다. 예를 들어 인지행동 놀이치료에서 비합리적인 신념에 직면시키거나 지속되는 부정적 사고를 수정하고, 아들러학파 놀이치료에서는 생활방식을 탐색해서 통찰하도록 돕고, 재적응과 재교육을 시킨다. 처방적 놀이치료에서는 특정 문제나 증상에 효과적이라는 연구 결과를 조사해서 놀이치료 중재를 선택한다. 말기 단계에서는 아동이 종결을 예측할 수 있도록 하고, 긍정적인 강화를 제공함으로써 치료자 없이도 자신의 일을 해결할 수 있음을 전달한다. 놀이치료 단계에 따라 아동의 놀이나 행동이 변화되므로 치료자가 민감성을 가지고 반응하고(Landreth, 2012), 치료자는 동맹자, 정보수집가, 분석가, 평가자, 실시자, 지지자, 조력자 등의 역할을 유기적으로 수행해야 한다.

치료자 반응 관찰

놀이치료 관찰자는 치료자의 태도와 기법, 아동과 치료자와의 상호작용 등을 구체적으로 관찰함으로써 아동의 문제를 이해하고 치료적 환경을 제공하는 치료자의 역할을 이해할 수 있게 될 것이다.

치료자는 목소리 톤과 표정에 따뜻하고 친근한 이미지를 투사하여 언어가 전달할 수 없는 것을 전해야 한다(Landreth, 2012). 구체적인 치료적 반응으로 "너는 그 장난감이 싫구나", "너는 퍼즐이 마음대로 되지 않아 속상하구나"와 같은 아동의 생각과 감정을 읽어주는 공감 반응을 할 수 있다. 아동에게 놀이치료의 시간, 빈도, 놀이치료 중 일어날 수 있는 일, 놀이치료 상황에서 할 수 있는 것에 대한 정보를 제공하는 구조화하기를 할 수 있다. 예를 들어 "네가 원하는 여러 가지 방법으로 놀잇감을 가지고 놀 수 있단다"와 같은 자유에 대한 한계를 설정하는 구조화 반응이다. 비언어적 행동 반영하기는 감정반응에 앞서 놀이에서 일어나는 상황에 반응하는 말로 치료자가 아동에게 관심을 가지고 이해하고 노력한다는 것을 느끼게 한다(Landreth, 2012). 제한 설정은 치료상황에서 일어날 수 있는 행동 중에서 제한이 필요한 행동인 놀잇감 망가뜨리기, 아동이나 치료자를 해치는 행동, 치료실 일찍 나가기, 놀잇감 밖으로 가지고 나가기 등에 대해 치료자가 아동에게 제한을 설정하는 것이다. 제한 설정은 아동과 치료자를 보호하고 아동이 자아 통제력을 배울 수 있으며 치료자가 아동에게 관심을 두고 있다는 것을 보여줄 수 있는 매우 중요한 방법이다. 이 제한 설정은 아동의 욕구를 이해하고 수용하는 의사소통을 촉진하고, 제한을 분명히 하고 수용 가능한 대안 행동과 행위를 제시하기 위해 실시하는 것이다. 아동에게 책임감을 돌려주는 것은 아동이 통제감을 느끼고 내적으로 동기화하는 것을 돕는 반응이다. 아동이 질문하거나 도움을 요청할 때, 치료자는 아동이 스스로 답변을 찾거나 문제를 해결하여 책임감을 발달시키는 반응을 할 수 있다. 예를 들어 아동이 "무엇을 가지고 놀까요?"라고 질문을 한다면 치료자는 "여기서는 네가 원하는 것을 하면 된단다. 그것은 네가 결정하는 거란다"라고 반응하여 아동에게 책임을 되돌려 줄 수 있다. 격려는 아동의 노력을 인정하는 반응으로 아동의 내재적인 동기를 발달시키고 자신의 가치를 소중히 여기도록 돕는다. 예를 들어 "네가 해냈구나", "네가 어떻게 하는지 아는구나" 등이 있다. 이처럼 치료자가 반응하는 방법에 따라 아동의 이해와 수용 정도에서 치료적 차이가 나타나게 된다. 다음은 치료자 반응에 대한 관찰 사항이다.

- 아동의 정서에 공감적인가?
- 아동의 욕구에 민감하게 반응하는가?
- 아동에게 온정적인가?
- 아동을 수용하는가?
- 필요 시 제한 설정을 하는가?
- 아동에게 책임감을 돌려주는가?

- 아동에게 지지적인가?
- 아동의 행동을 읽어주는가?
- 아동을 격려하는가?
- 아동의 행동 패턴을 인식시키는가?
- 아동의 역기능적인 사고를 변화시키는가?
- 아동의 상호작용을 증진시키는가?
- 아동의 발달 수준에 적절한 자극을 제공하는가?
- 아동에게 적절한 모델링을 제공하는가?

치료자 반응 관찰척도

아동과 치료자 반응 관찰척도(이행숙, 2012)는 만 4~9세 아동과 치료자의 반응을 객관적으로 관찰하고 평가하여 치료 과정의 아동과 치료자 반응 변화를 살펴보고 이를 통해 놀이치료의 효과를 검증하고 또한 치료자의 훈련이 가능하도록 고안되었다. 다음은 치료자 반응 관찰척도에 대한 설명이다.

치료자 반응 관찰척도(〈표 2-2〉)는 반응양식, 반응내용의 총 19문항으로 놀이치료실에 입실에서 퇴실할 때까지 보이는 치료자의 반응을 관찰한 후 이를 문항별로 1~4수준을 나누어 채점한다. 1수준은 치료자의 반응이 가장 미숙하고 낮은 수준을 말하고 4수준은 적절하고 높은 수준의 반응이 관찰되는 것을 말한다.

반응 관찰 체크리스트는 관찰 항목을 채점하기 쉽도록 〈표 2-3〉에 제시된 것처럼 11번 구조화 문항, 1번 행동 트래킹 문항, 2번 내용 반영 문항 등의 순으로 놀이치료실의 입실과 퇴실의 놀이치료 시간의 흐름에 따라 되어 있다. 우선 치료자의 반응을 관찰하기 전에 척도를 숙지해야 한다. 그리고 놀이치료가 녹화된 비디오를 보면서 시간의 흐름에 따라 관찰 가능한 문항으로 구성된 체크리스트를 이용하여 치료자의 반응을 수준별로 평가한다. 이때는 치료자의 반응을 전반적으로 파악하는 데 중점을 두어 평가한다. 놀이치료가 녹화된 비디오를 다시 보면서 놓친 부분이나 중요한 반응을 기록하고 평가한다. 치료자의 반응이 보일 기회가 없어서 해당 문항이 관찰되지 않는다면 채점하지 않고 기록해 둔다.

표 2-2 치료자 반응 관찰척도 범주

범주	치료자 반응 관찰척도	
	하위범주	문항
반응 양식		1. 목소리 톤 2. 행동/표정 3. 주의 집중 4. 반응 속도
반응 내용	촉진적 반응	1. 행동 트래킹 2. 내용 반영 3. 감정 반영 4. 자아 존중감과 격려 5. 의사결정권과 책임감 6. 종료 7. 제한 감정 반영
	구조화 반응	8. 제한 설정 9. 제한 대안 제시 10. 제한 태도 11. 구조화
	비촉진적 반응	12. 평가 13. 질문 14. 놀잇감 명명 15. 활동 제안

표 2-3 치료자 반응 관찰 체크리스트

	문항	수준			
11	구조화	(1) 치료자가 회기를 구조화하지 않는다.	(2) 치료자가 회기를 구조화하나 부적절하다.	(3) 치료자가 회기를 대부분 구조화한다.	(4) 치료자가 회기를 항상 구조화한다.
1	행동 트래킹	(1) 치료자가 아동의 행동과 비언어적인 놀이를 트래킹하지 않는다.	(2) 치료자가 아동의 행동과 비언어적인 놀이를 트래킹하나 부적절하게 트래킹한다.	(3) 치료자가 아동의 행동과 비언어적인 놀이를 대부분 적절하게 트래킹한다.	(4) 치료자가 아동의 행동과 비언어적인 놀이를 항상 적절하게 트래킹한다.

2	내용 반영	(1) 치료자가 아동의 언어를 반영하지 않는다.	(2) 치료자가 아동의 언어를 반영하나 부적절하게 반영한다.	(3) 치료자가 아동의 언어를 대부분 적절하게 반영한다.	(4) 치료자가 아동의 언어를 항상 적절하게 반영한다.
3	감정 반영	(1) 치료자가 아동의 감정을 반영하지 않는다.	(2) 치료자가 아동의 감정을 반영하나 부적절하게 반영한다.	(3) 치료자가 아동의 감정을 대부분 적절하게 반영한다.	(4) 치료자가 아동의 감정을 항상 적절하게 반영한다.
4	자아존중감과 격려	(1) 치료자가 아동에게 자아존중감과 격려를 촉진하는 반응을 하지 않는다.	(2) 치료자가 아동에게 자아존중감과 격려를 촉진하는 반응을 하나 부적절하다.	(3) 치료자가 아동에게 자아존중감과 격려를 촉진하는 반응을 대부분 적절하게 한다.	(4) 치료자가 아동에게 자아존중감과 격려를 촉진하는 반응을 항상 적절하게 한다.
5	의사결정권과 책임감	(1) 치료자가 아동에게 의사결정권과 책임감을 촉진하는 반응을 하지 않는다.	(2) 치료자가 아동에게 의사결정권과 책임감을 촉진하는 반응을 하나 부적절하다.	(3) 치료자가 아동에게 의사결정권과 책임감을 촉진하는 반응을 대부분 적절하게 한다.	(4) 치료자가 아동에게 의사결정권과 책임감을 촉진하는 반응을 항상 적절하게 한다.
12	평가	(1) 치료자가 아동을 평가하는 반응을 항상 한다.	(2) 치료자가 아동을 평가하는 반응을 대부분 한다.	(3) 치료자가 아동을 평가하는 반응을 가끔 한다.	(4) 치료자가 아동을 평가하는 반응을 하지 않는다.
13	질문	(1) 치료자가 아동에게 질문하는 반응을 항상 한다.	(2) 치료자가 아동에게 질문하는 반응을 대부분 한다.	(3) 치료자가 아동에게 질문하는 반응을 가끔 한다.	(4) 치료자가 아동에게 질문하는 반응을 하지 않는다.
14	놀잇감 명명	(1) 치료자가 아동이 놀잇감을 명명하기 전에 먼저 이름을 말하는 반응을 항상 한다.	(2) 치료자가 아동이 놀잇감을 명명하기 전에 먼저 이름을 말하는 반응을 대부분 한다.	(3) 치료자가 아동이 놀잇감을 명명하기 전에 먼저 이름을 말하는 반응을 가끔 한다.	(4) 치료자가 아동이 놀잇감을 명명하기 전에 먼저 이름을 말하지 않는다.
15	활동 제안	(1) 치료자가 아동에게 활동을 제안하는 반응을 항상 한다.	(2) 치료자가 아동에게 활동을 제안하는 반응을 대부분 한다.	(3) 치료자가 아동에게 활동을 제안하는 반응을 가끔 한다.	(4) 치료자가 아동에게 활동을 제안하지 않는다.

(계속)

6	종료	(1) 치료자가 아동에게 남은 시간을 알려주지 않는다.	(2) 치료자가 아동에게 남은 시간을 알려주나 부적절하게 알려준다(너무 빨리 혹은 너무 늦게).	(3) 치료자가 아동에게 남은 시간을 대부분 적절하게 알려준다.	(4) 치료자가 아동에게 남은 시간을 거의 항상 적절하게 알려준다.
7	제한 감정 반영	(1) 제한에 대해 아동이 느끼는 감정이나 생각을 반영하지 않는다.	(2) 제한에 대해 아동이 느끼는 감정이나 생각을 반영하나 부적절하다.	(3) 제한에 대해 아동이 느끼는 감정이나 생각을 대부분 반영한다.	(4) 제한에 대해 아동이 느끼는 감정이나 생각을 항상 적절하게 반영한다.
8	제한 설정	(1) 치료자가 제한설정을 하지 않는다.	(2) 치료자가 제한설정을 하나 일관성이 없다(너무 많거나 적게).	(3) 치료자가 제한설정을 대부분 일관성 있게 한다.	(4) 치료자가 제한설정을 항상 일관성 있게 한다.
9	제한 대안 제시	(1) 치료자가 대안제시를 하지 않는다.	(2) 치료자가 대안제시를 하나 일관성이 없다(너무 많거나 적게).	(3) 치료자의 대안제시를 대부분 일관성 있게 한다.	(4) 치료자가 대안제시를 항상 일관성 있게 한다.
10	제한 태도	(1) 치료자가 제한시 태도가 침착하고 확고하지 않다.	(2) 치료자의 제한시 태도가 가끔 침착하고 확고하다.	(3) 치료자의 제한시 태도가 대부분 침착하고 확고하다.	(4) 치료자의 제한시 태도가 항상 침착하고 확고하다.
1	목소리 톤	(1) 치료자의 어조가 아동의 감정과 어울리지 않는다.	(2) 치료자의 어조가 아동의 감정과 가끔 어울린다.	(3) 치료자의 어조가 아동의 감정과 대부분 어울린다.	(4) 치료자의 어조가 아동의 감정과 항상 어울린다.
2	행동/표정	(1) 치료자의 행동이 자연스럽지 않다.	(2) 치료자의 행동이 가끔 자연스럽다.	(3) 치료자의 행동이 대부분 자연스럽다.	(4) 치료자의 행동이 항상 자연스럽다.
3	주의집중	(1) 치료자가 아동에게 주의집중을 하지 않는다.	(2) 치료자가 아동에게 가끔 주의집중을 한다.	(3) 치료자가 아동에게 대부분 주의집중을 한다.	(4) 치료자가 아동에게 항상 주의집중을 한다.
4	반응속도	(1) 치료자의 반응속도가 적절하지 않다.	(2) 치료자의 반응속도가 가끔 적절하다.	(3) 치료자의 반응속도가 대부분 적절하다.	(4) 치료자의 반응속도가 항상 적절하다.

출처 : 이행숙(2012).

아동-치료자 관찰

범주화된 분석을 통해 치료자는 놀이 활동과 비놀이 활동이 주로 나타나는 세분화된 부분을 비교하여 치료시간 동안 전반적인 진행 과정과 흐름을 이해할 수 있다. 치료 회기를 세분화하면 놀이 활동으로 규정된 부분에 나타난 아동과 치료자의 반응, 놀이에 대해 자세히 관찰할 수 있다. 놀이 활동의 범주를 규정한 다음, 치료자는 놀이 활동의 세분화된 부분이 시작부터 끝까지 어떻게 진행되었는지 검증한다. 누가? 무엇을? 언제? 어디서? 어떻게? 라는 기본 질문의 용어 속에서 놀이 활동을 고려할 것이다. 즉 아동의 놀이 의도와 나타나고 있는 놀이 활동뿐만 아니라, 치료자와 아동 사이에 발생하는 상호작용의 종류를 파악해야 한다.

치료 회기 관찰

시작   아동 또는 치료자 중 한 명이 놀이 활동을 시작할 것이다. 이 시작은 자발적으로 이루어지는가, 또는 지연시키거나 망설이는 특징이 있는가? 치료자와 아동이 활동을 시작하는 데 협동하고 있는가, 또는 아동과 치료자 중 한 명이 적극적이고 다른 한 명은 수동적인가?

촉진   치료자, 아동 또는 두 참여자 모두가 관심을 가지고 놀이 활동이 유지되는가? 놀이가 전개될 때, 참여 수준에는 변화가 있는가? 촉진으로는 지시하기, 놀이를 지속하는 방법을 이야기하기, 제안하기, 물건 지목하기, 놀이 이야기를 위해 새로운 장면이나 주제 제안하기 등이 포함된다.

억제   아동이 놀이 활동을 방해하는가? 치료자 또는 두 사람의 상호작용이 놀이 활동을 방해하는가? 억제는 아동 또는 치료자가 자발적이기는 하지만 어쩔 수 없이 놀이 재료를 사용하는 경우, 놀이의 흐름을 다른 곳으로 돌리는 말을 하는 경우 또는 부정적인 태도를 표현하는 경우가 나타난다.

종료   놀이 활동은 아동이 만족하여 더 이상 놀이를 계속할 필요가 없을 때 끝날 수 있다. 종료가 갑작스럽든 점진적이든 간에 아동이 자신의 놀이 활동에 만족하고 충분하다는 것을 전달한다. 예를 들어 한 아동이 블록으로 자동차를 만든 후 "다 했어요"라고 말한다. 이러한 종료는 아동이 자신의 경험을 조절할 수 있고 놀이 활동을 시작, 중간, 끝으로 개념화할 수 있는 능력이 있음을 나타낸다. 아동은 놀이 활동에서 자신을 구별하기 시작하고 자신의 완성감을 표현할 수 있다. 아동은 다양한 방법으로 놀이가 종료되었다는 것을 나타낼 수 있다. 아동은 놀이의 초점을 비놀이로 바꿀 수도 있고, 놀이실 밖에서 일어나는 관계 없는 활동 때문에 산만해질 수도 있다. 종료는 놀이 활동에서 변화가 일어난 다음에야 분명해진다. 치료자는 놀이 활동이 끝난 시기를 확인하기 위해 아동의 활동을 거슬러 살펴보아야 한다. 아동은 또한 방을 떠나는 것, 치료자와 이야기하는 것과 같이 놀이 활동을 비놀이 활동으로 전환할 수도 있다. 치료자가 놀이 활동을 종료시킬 수도 있다. 치료자는 행동에 대한 제한을 설정할 수 있고("유리 창문을 깰수는 없어"), 회기 종료를 알릴 수도 있다.

- 아동과 치료자의 에너지는 조화로운가?
- 아동과 치료자는 서로 상호작용적인가?
- 아동과 치료자는 신뢰로운 관계인가?
- 아동과 치료자는 치료적 동맹이 형성되었는가?

축어록 작성하기

놀이치료자는 놀이치료를 관찰하여 아동의 놀이를 어른의 언어로 번역하고 진행 과정을 과학적으로 분석할 수 있다. 즉 아동에 대한 이해, 놀이치료의 회기 분석, 치료 목표 설정, 치료 진행 과정과 효과 등 놀이치료의 전반적인 과정을 파악할 수 있어야 한다. 하지만 치료자에게 치료 효과가 어떤 과정을 통해 어떻게 좋아졌는지 놀이 과정을 명쾌하게 증명하는 것은 지속적이고 반복적인 훈련이 요구된다. 그렇기 때문에 놀이치료자는 놀이관찰을 체계적으로 학습하고 슈퍼비전 과정을 통한 전문적인 교육을 받아야 할 것이다. 이를 위해 치료자는 축어록이란 방법을 활용할 수 있다.

축어록은 치료 장면에서 치료자와 내담자 사이에 오고 간 내용을 기록한 것이다. 보통 방식에 따라 완전축어록과 부분축어록으로 구분하기도 한다. 완전축어록은 치료 시간 동안 모든 내용을 글로 서술하고, 부분축어록은 치료 내용 중 중요한 부분만 발췌하여 기술하는 것이다. 초보 치료자에게는 완전축어록을 권하는데, 초보 치료자가 중요한 치료내용과 그렇지 않은 치료내용을 구별하는 것이 적절하지 못할 수도 있고 자신의 실수를 감추고자 하는 심리로 슈퍼비전의 질을 떨어뜨릴 수 있기 때문이다. 초보 치료자에서 벗어나면 부분축어록을 사용할 수도 있지만 이 때 판단은 슈퍼바이저에게 맡기는 것이 바람직하다. 놀이치료자가 자신의 역량을 객관적으로 분석하기 어려우며 과대평가하여 합리화에 빠지기 쉽기 때문이다. 또한 부분축어록은 완전축어록을 한 번 푼 상태에서 치료자에게 중요하다고 생각되는 부분을 발췌하는 것이기 때문에 완전축어록보다 더 많은 노력이 들어간다.

놀이치료에서는 치료자와 내담 아동 간에 이루어지는 언어적 내용과 놀이 활동 및 행동 등의 주고받는 모든 상호작용의 내용을 글로 풀어서 작성하게 된다. 축어록을 작성하는 과정에서 치료자는 치료 장면을 보고 들으면서 "내가 왜 이런 말과 행동을 했을까?"라고 자신의 반응을 반추하고 통찰하는 기회를 갖게 된다. 이렇게 작성된 축어록은 놀이치료 관찰을 통해 얻은 아동의 반응, 치료자의 반응, 아동과 치료자 간의 상호작용, 놀이 주제, 기법 등을 명시화해주어 각 놀이치료 회기와 전체 과정에 대한 이해를 도와준다. 치료자와 아동 사이에서 이루어지는 상호작용을 축어록을 통해 비디오를 보듯이 이해가 되어야 하지만 작성하는 방법에 대한 이해가 없으면 작성된 축어록은 치료자와 아동 간의 상호작용이 하늘을 떠다니는 구름과 같을 수 있다. 다음은 축어록 작성에 대한 양식이다.

축어록 작성 지침

- 축어록은 아동의 반응에 뒤이어 치료자의 반응을 작성한다.
- 아동과 치료자의 반응을 한 세트로 본다. 따라서 아동 1 다음에 치료자 1의 반응, 아동 2 다음 치료자 2로 기술하고 반응을 순서대로 작성한다.
- 아동은 한글로 '아동'이라고 작성하거나 영어로 'C' 또는 'Ct', 치료자는 한글로 '치료자' 또는 영어로 'T' 또는 'Th'로 표기한다.
- 아동과 치료자가 주고받는 언어적 상호작용의 내용은 아동 1, 치료자 1 다음에 아무런 기호 없이 말한 내용을 그대로 적는다.
- 아동과 치료자의 언어적 상호작용 이외의 모든 내용은 괄호 안에 넣어서 아동과 치료자의 행동 및 비언어적 상호작용 내용을 구분한다.

아동 1	C1	Ct1
치료자 1	T1	Th1
아동 2	C2	Ct2
치료자 2	T2	Th2
아동 3	C3	Ct3
치료자 3	T3	Th3

예시 : 아동 1 : (블록을 치료자에게 보이며) 선생님 이거는 뭐예요?

치료자 1 : 그것은 네가 원하는 무엇이든 될 수 있단다.

아동 2 : (입술을 살짝 올리며 웃는다.)

치료자 2 : 무언가 재미있는 계획이 생각난 모양이네.

아동 3 : (힘차게) 네.

치료자 3 : (아동을 보며 미소 짓는다.)

- 놀이치료 진행 과정에서 아동이나 치료자의 상호작용에서 침묵이 흐를 때는 침묵하는 상황을 작성하고 그 뒤에 침묵이라고 적고 침묵하는 시간을 기재한다.

예시 : C1 : (불만이 있는 듯 계속해서 책상 위의 물건을 던진다.)

T1 : 너 무언가 못마땅한 것처럼 보인다.

C2 : (책상에 고개 숙여 가만히 있는다.)

T2 : (아동을 쳐다보고 있다.)

(침묵 3분 20초 경과)

C3 : (고개를 들어 치료자를 쳐다보고 금세 다시 고개 숙인다.)

T3 : 선생님이 무엇을 하고 있는지 궁금했구나!

(침묵 4분 경과)

- 기타 다른 상황에서도 언어적 상호작용과 비언어적 의사소통으로 나누어 축어록을 작성하도록 한다.

놀이치료의 윤리적 문제

놀이치료는 내담자의 심리사회적 어려움을 예방하거나 해결하고 성장 및 발달의 성취를 돕는 훈련된 놀이치료자가 놀이의 치료적 힘을 이용하여 대인관계 과정을 확립하는 이론적 모델들을 체계적으로 사용하는 것이다(APT, 1997). 국제놀이치료학회에서 정의한 바와 같이 놀이치료를 실시하는 사람은 놀이치료에 대한 전문적인 지식을 가지고 놀이치료의 실제에 대한 훈련과정을 거친 전문가이다. 하지만 전문가일지라도 내담 아동과 부모와의 관계에서 윤리적 딜레마에 빠지는 일은 흔하다. 놀이치료 윤리는 놀이치료 중 발생하는 갈등을 어떻게 처리해야 할지에 관한 기본 입장을 제공해주기 때문에 놀이치료자는 윤리강령에 기반하여 내담자에게 도움이 되는 방향으로 행동하여야 한다. 윤리강령은 놀이치료자로서 기본적으로 취해야 할 전반적인 태도와 지향해야 할 행동에 관한 내용을 포함하고 있다. 그렇기 때문에 놀이치료자는 매년 1회 이상의 윤리교육을 의무적으로 받는다. 이 장에서는 우리가 만나는 아동에 대한 인권에 대해 살펴본 뒤 임상 현장에서 놀이치료를 실시할 때 흔히 부딪히게 되는 윤리적 문제와 기본대처 방식을 소개한다.

아동 인권 및 권리

인권이라는 단어는 요즘 시대에서 자주 접하게 되는 용어이다. 인권(人權, human rights)은 문자 그대로 인간이 가지는 권리이다. 그렇다면 권리란 무엇인가? 권리는 어떤 일을 행하거나 타인에 대하여 당연히 요구할 수 있는 힘이나 자격을 말한다(국립국어원, 2021).

아동의 권리에 대한 인식은 1920년 초반에 시작되었으며, 이전에는 아동을 어른에 이르지 못한 아직 덜 된 사람, 또는 어른의 축소판이라고 여기며 보호와 양육, 교육 등에서 수동적인 객체로만 인식하여 성인과 동등한 독립적인 인격체로 존중하지 않았다. 인권보장을 위한 역사의 흐름 가운데 아동 인권에 대한 논의도 점차 중요한 의제로 다루어지게 되면서 1924년 제네바 아동권리선언으로부터 아동 권리에 대한 관심이 표명되었고 유엔이 창립된 이후 1959년에 유엔 아동권리선언이 선포되었다. 유엔 아동권리선언에서는 '아동은 특별한 보호가 필요한 존재이자 모든 권리를 차별 없이 향유해야 하는 주체'라는 사실을 명시하였다. 1979년 세계 아동의 해가 생긴 이래부터 국제법을 만들기 위한 움직임이 시작되었고 10년의 노력 끝에 1989년 11월 20일 비로소 국제법으로 아동권리협약이 유엔총회에서 채택되었다. 아동권리협약은 18세 미만의 모든 아동, 즉 영유아, 어린이, 청소년을 아동으로 정의하고 이들이 단순한 보호의 대상이 아닌 적극적 권리의 주체자임을 천명하였다. 또한 아동권리협약은 시민적, 정치적, 경제적, 사회적, 문화적 권리를 모두 포함하는 포괄적인 협약이며, 현재까지 196개국이 비준한 아동 인권에 관한 가장 보편적인 국제 인권 규범이다.

아동권리협약에서는 아동에 대한 정의와 협약을 이행하는 데 필요한 당사국의 주요한 역할을 제시하고 있는데, 시민으로서 누려야 하는 권리와 자유, 모든 형태의 폭력으로부터 보호받을 권리, 가능한 한 부모와 함께 살면서 가정에서 성장할 권리, 필요할 경우 적절한 대안적 양육을 받을 권리, 장애 아동의 권리, 교육·여가 및 문화생활을 누릴 권리, 그리고 난민·노동·성 착취·소년사법 등 취약한 상황에서 특별한 보호를 받을 권리 등 다양한 아동 권리를 제시하고 있다(유엔아동권리협약 한국 NPO 연대, 2006). 아동권리협약의 기본 원칙은 다음과 같다.

- **비차별** 모든 아동은 본인과 부모, 보호자의 인종, 피부색, 성별, 언어, 종교, 정치적 의견, 출신, 재산, 장애 여부, 태생, 신분 등과 관계없이 차별받지 않고 동등한 권리를 누려야 한다.
- **아동 최선의 이익** 아동의 이익에 관한 어떠한 결정을 함에 있어 아동의 권리 보호와 복리 증진을 최우선적으로 고려해야 한다.
- **생존과 발달의 권리** 아동은 특별히 생존과 발달을 위해 다양한 보호와 지원을 받아야

한다. 당사국은 생명, 생존과 발달을 위해 최대한의 자원을 제공해야 하며 생명에 관한 권리를 보장해야 한다. 아동의 생명에 대한 고유의 권리를 천명하며 건강과 관련된 권리, 발달에 적합한 생활 수준, 교육, 놀이와 오락 등의 조항과 밀접한 관련이 있다.

- **아동 의견 존중** 아동의 자유로운 참여와 아동에게 영향을 미치는 모든 절차에서의 의견을 표명할 권리가 보장되어야 한다. 아동 최상의 이익과 밀접하게 연관된 원칙이며 아동의 연령과 성숙도를 고려하여야 한다. 아동의 의견 표명과 참여는 사법적 · 행정적 절차까지도 포함된다.

아동 인권을 위한 협약은 아동을 보호 대상으로만 보던 관점에서 아동을 인간으로서 당연히 누려야 할 권리의 주체자로 변화시켰다. 놀이치료자는 아동을 독립된 한 인격체로 존중하여 아동과 평등한 관계를 유지하고 자신의 잠재능력을 최대한 발휘할 수 있도록 아동의 의견과 의사결정을 존중하여야 한다. 아동은 기본적 권리를 온전히 행사할 수 있을 때까지 특별한 보호와 지원을 받을 권리가 있으므로 놀이치료자는 아동의 인권을 보호하고 존중하며 실현하기 위해 특별한 의무와 책임을 지녀야 한다.

놀이치료 윤리 지침

Corey(1996)는 윤리적 원리와 이슈를 이해하는 것이 상담자로서의 첫걸음이라고 하였다. 치료자는 내담자에게 놀이치료를 제공함에 있어 윤리적 원리에 대해 이해하고 윤리적으로 행동하고자 하는 전문가로서의 노력이 필요하다. 윤리적으로 행동한다는 것은 공언된 만큼 능력을 갖추고, 내담자의 복지를 최선으로 고려하며, 힘을 책임감 있게 사용하고, 스스로 전문직의 명예를 향상시키기 위해 수행한다는 것이다(Welfe, 2002). 한국아동심리재활학회의 윤리 강령(2018)에 따르면, 놀이치료자는 도움이 필요한 아동과 그 가족을 위해 전문적 지식과 기술을 개발하고, 전문가로서의 능력과 자질을 향상시키며, 내담자의 복지에 최우선 순위를 두어야 한다고 하였다. 즉, 놀이치료자는 내담 아동을 한 인간으로서 존중하고 아동과 부모의 이익을 우선으로 하며 아동의 성장을 위하여 책임을 다하는 전문가로서의 능력을 갖추어야 한다.

놀이치료에서 윤리적 문제는 성인 상담과 유사하지만 내담자가 자기 표현과 의사결정 능력이 부족한 아동과 치료 과정에 관여하여 치료 지속 여부를 결정하는 부모, 두 사람이라는 점에서 놀이치료자는 아동과 부모의 권리와 이익 사이에서 무수한 경계에 부딪치게 된다. 치료자는 전문가적인 태도로 치료 관계를 확립하고 유지해나가기 위해서 윤리적 원리와 지침을 숙지하고 윤리적으로 행동하는 것에 항상 깨어있어야 한다. 다음은 전문가로서 윤리적 책임을 다하겠다는 놀이치료자 선서문이다(한국아동심리재활학회, 2018).

하나. 나는 내담자를 개별화된 인격으로 존중하고 내담자로부터 배우려는 자세로 치료에 임하겠습니다.

하나. 나는 내담자와 그 가족으로부터 얻은 정보에 대한 비밀유지의 의무를 지킬 것이며, 내담자의 치료적 성장과 발전을 위해 사전 고지된 합의를 통한 내담자 동의를 얻지 않는 한, 내담자의 정보를 철저하게 비밀로 유지하겠습니다.

하나. 나는 기본적으로 도의에 근거하고, 학문의 경험적 증거에 기초한 치료를 시행하여 내담자(및 가족)에게 최선의 효율적이고 타당한 치료 중재를 제공하겠습니다.

하나. 나는 치료자로서 진실하고, 일관적이며, 내면과 행동이 일치하는 인격을 도야하기 위해 최선을 다하겠습니다.

하나. 나는 치료자로서 전문적인 성장과 발전을 지속하고 학술발전을 위해 최선을 다하겠습니다.

하나. 나는 사회경제적 지위나 지역 학문적 입장 및 이해득실과 무관하게 놀이치료에 종사하는 동료 및 선후배와 상호존중하고 신의를 지키겠습니다.

하나. 나는 내담자에 대한 치료자의 의무를 성실하게 수행하며, 내담자(및 가족)에 대해 불평하지 않고 전문인력으로서 책임을 다하겠습니다.

하나. 나는 치료자로서 놀이치료 임상에 대한 열정을 매 순간 새롭게 각성하고 감사하는 마음을 잃지 않겠습니다.

하나. 나는 전문 치료자로서 한국아동심리재활학회의 윤리 규정에 위배되는 행위를 하지 않을 것을 맹세하며, 위배 사실이 확인되는 경우 한국아동심리재활학회로부터의 해당 징계를 이의 없이 받아들이겠습니다.

비밀 보장

비밀 보장은 치료 관계에서 신뢰를 구축하는 데 사용되는 윤리적 지침이다. 놀이치료자는 치료 관계에서 나온 정보가 노출되는 것으로부터 보호할 책임과 의무가 있다. 놀이치료에서는 아동에 대한 비밀 보장과 부모에 대한 비밀 보장으로 나누어 살펴본다.

부모에게 비밀 보장에 대해 알리기

놀이치료를 시작하기 전, 부모와 이루어지는 초기면접에서 놀이치료 내용이 비밀 보장됨을 알려야 할 윤리적 의무가 있다. 놀이치료 중에 드러난 모든 정보는 비밀이 보장되며, 부모의 서면 동의 없이는 다른 누구에게도 알려지지 않는다는 것을 설명한다. 비밀 보장의 원칙과 더불어 놀이치료자가 비밀을 지킬 수 없는 비밀 보장 예외의 경우에 대해서도 고지한다. Bernard와 Goodyear(1998)에 따르면, 비밀 보장의 예외는 다음과 같다.

- 자살 위험이 있을 때
- 내담자가 자신 혹은 다른 사람을 위험하게 한다는 판단이 들 때
- 16세 이하의 아동이 범죄의 희생자일 때
- 심리적 장애로 인해 입원이 필요할 때
- 법정 진술을 해야 할 때
- 치료자가 법정에 서야 할 때
- 내담자 혹은 치료자의 정신건강에 대한 소송에서 질문을 받았을 때
- 내담자가 치료자에게 소송을 제기했을 때
- 내담자가 범죄를 저지르려는 의도를 표현할 때

부모는 놀이치료실에서의 아동 행동이나 이야기에 대해 알고 싶어 한다. 하지만 아동의 놀이치료 시간은 비밀이 보장되어야 한다. 놀이치료자는 아동의 비밀을 보장해야 하는 것과 부모의 알 권리 사이에서 윤리적 딜레마에 빠지는 경우가 있다. 놀이치료 회기의 내용을 부모가 아는 것이 아동과 부모에게 도움되기도 한다. 아동의 현재 심리상태 및 행동특성에 대해 이해하고 부모의 행동이나 반응을 바꾸는 방법을 제시해서 아동과 소통할 수 있기 때

문이다. 따라서 치료자는 부모에게 놀이치료 회기에 대해서 세부적으로 일일이 설명하지는 않지만 아동의 심리상태나 아동의 변화 사항에 대해 말해준다. 중요한 것은 아동이 말한 내용이나 행동을 그대로 부모에게 전달하는 것이 아니라 부모가 아동을 이해하고 아동과 적절한 관계를 개선하고 유지할 수 있는 것에 초점을 맞추어 포괄적으로 부모에게 설명한다. 그래서 놀이치료자는 부모에게 아동 비밀 보장에 대한 필요성을 전달하면서 부모의 알 권리에 대한 경계선을 마련한다. 다음은 부모에게 아동의 놀이치료 회기에 대한 비밀 보장에 대해 알리는 예시이다.

> "부모님이 자녀의 상태나 놀이치료 시간에 일어나는 일들에 대해 많이 궁금하실 겁니다. 놀이치료는 비밀 보장을 원칙으로 하고 있습니다. 비밀 보장은 곧 신뢰의 문제이므로 아동과의 신뢰로운 관계를 형성하고 효과적인 치료를 위해서는 아동과의 약속인 비밀 보장을 지켜야 합니다. 따라서 부모님이 알고 싶어 하는 자녀와의 놀이치료 내용을 자세히 알려드리지 못하는 점 양해 부탁드립니다. 하지만 간략히 자녀의 현재 심리적 상태와 특성에 대해 알려드릴 것이며 부모님이 알아야 하는 내용이 있을 시에는 아이에게 미리 양해를 구하고 알려드리도록 하겠습니다."

아동에게 비밀 보장에 대해 알리기

놀이치료실을 방문하는 아동은 2~3세의 어린 유아부터 학령기 아동 및 청소년까지 연령대의 범위가 넓다. 모든 아동에게 놀이치료 내용에 대한 비밀 보장을 인식시키기에는 한계가 있다. Corey 등(1998)에 따르면, 치료자는 미성년자의 비밀을 전적으로 보장할 수 없다고 하였다. 하지만 놀이치료자는 아동이 사생활을 보호받을 권리가 있다는 것을 인식하고 비밀을 보장하려는 태도로 아동과 관계해야 한다.

아동은 놀이치료 회기가 끝난 뒤 가지는 부모 상담 시간에 놀이치료자와 부모가 무슨 이야기를 하는지 궁금해한다. 혹 놀이치료실에서 자신이 실수한 것을 부모에게 이야기하지 않을까 또는 집에서 자신이 잘못한 것을 부모가 알리지 않을까 걱정하고 초조해한다. 아동이 먼저 놀이치료자에게 "선생님, 금방 내가 한 말 엄마에게 비밀이에요"라며 비밀 보장을 요구하기도 한다. 놀이치료자는 아동과 함께하는 시간은 비밀이 보장되며 부모 상담 시간에 어떠한 이야기를 나누는지도 알려야 한다. 또한 아동에게 비밀 보장이 깨질 수도 있음을 알리고 그 과정에 아동도 참여시킨다. 아동이 다른 사람에 의해 위험에 처해 있다거나, 해를 끼칠 수도 있는 사항이라면 부모에게 알려야 할 의무가 있다는 것을 설명한다.

> "놀이시간에서는 네가 하는 행동이나 이야기에 대해 부모님께 이야기하지 않는단다. 놀이시간은 아주 특별한 시간이고 그 특별한 시간에 있었던 이야기는 비밀을 지키는 것이 규칙이란다. 하지만 네가 여기서 있었던 일이나 이야기를 다른 사람들에게 알려주고 싶을 때는 언제든지 그렇게 해도 된단다. 이 특별한 시간의 주인공은 바로 너이기 때문이지."

> "놀이시간이 끝나면 부모님과 이야기하는 시간을 가질 거란다. 부모님은 네가 힘들어하는 부분에 대해 좀 더 편안해질 수 있도록 도와주는 방법을 배우기를 원하신단다. 그래서 그 시간에 너를 도와줄 방법에 대해 선생님과 의논을 할 거야."

> "만약 네가 다른 사람을 다치게 하거나 너 자신을 다치게 하거나 어떤 사람이 너를 다치게 한다면 선생님은 너희 부모님에게 그 사실을 알려야 해. 그건 너와 다른 사람의 안전을 위해서란다. 하지만 그렇더라도 너에게 미리 먼저 알려주고 부모님께 이야기할 거야."

놀이치료 문서 작성하기

Corey 등(1998)은 자세하게 빠짐없이 적절한 방식으로 치료 기록을 해야 하는 이유 두 가지를 주장한다. 하나는 내담자에게 최상의 서비스를 제공하고 치료자가 바뀌었을 때도 치료의 일관성을 유지할 수 있다. 또 다른 목적은 법정 소송이나 징계위원회 회부 시에 치료자를 안전하게 지켜주는 것이다. Corey 등(1998)은 정신건강 전문가는 중요한 모든 정보를 내담자에게 알려주어야 할 의무가 있다고 한다. 놀이치료에서 알려야 할 정보에는 절차, 목표, 효과, 잠재적 위험이 포함된다. 이러한 정보는 내담가가 이해할 수 있는 방식으로 설명되어야 하고, 적절한 방식으로 문서화되어야 한다. 여기에서는 놀이치료 실시과정에서 기록해야 하는 문서와 내용에 대해 살펴보고 놀이치료에서 사용되는 각종 기록지 및 동의서의 예시를 소개한다.

놀이치료 동의서 작성하기

놀이치료자는 초기면접이나 심리검사를 통해 아동의 문제에 대해 이해한 다음 문제해결을 위한 과정으로 부모에게 놀이치료를 권유한다. 부모는 놀이치료가 무엇이며 그 과정이 어떻게 이루어지는지 알지 못한다. 놀이치료를 시작하기 전, 치료자는 치료 과정에 대해 부모가 이해할 수 있는 방식으로 설명해야 한다. 부모가 내용을 이해하고 치료 과정에 대해 합의하는 것은 치료 시작 과정에서 필수적으로 이루어져야 할 사항이다. 부모가 설명을 듣고 치료를 시작하겠다고 한다면 부모의 동의를 문서로 작성한다. 동의서는 치료 시간, 치료 비용, 치료 비용 결제 방법, 비밀 보장 등의 내용이 포함되어야 하며, 부모의 서명을 받은 동의서는 부모와 놀이치료자 각자 한 장씩 보관한다. 놀이치료에 대한 동의서는 〈표 3-1〉에 제시하였다.

놀이치료 계획서 작성하기

놀이치료는 아동과 치료자와의 관계에서 시작된다. 이 관계는 아동에게 도움이 되는 신뢰로운 관계이어야 하고 자기를 이해할 수 있는 치료적인 관계이어야 한다. 이러한 관계의 모습은 1에 1을 더하여 2가 산출되는 연산 과정이 아니므로 모호하고 추상적으로 느껴질 때가 많다. 그렇기 때문에 치료적 관계는 더 명료화되고 구체화되어야 한다. 치료자는 아동과 무엇을 해야 하는지, 아동에게 필요한 것이 무엇인지, 필요한 것을 어떠한 방식으로 제공해주어야 하는지에 대한 개념을 가지고 놀이를 해야 한다. 놀이치료는 단순히 노는 것과 구별되는 치료적 초점이 있어야 하므로, 이에 대한 정리가 필요하다. 이것이 바로 치료계획서이다.

치료계획서는 사례개념화를 바탕으로 치료 목표와 개입 전략이 설정된다(사례개념화 내용은 제9장에서 상세히 다룬다). 치료 목표 설정 시 부모와 합의가 이루어져야 하며, 치료 목표 및 계획에 대해 부모가 동의한다는 서명을 작성해 둔다. 치료 목표는 장기와 단기로 설정하고, 이 목표를 달성하기 위해 어떤 치료 중재와 전략을 사용할지, 치료 회기를 어떤 식으로 구조화할지 또는 비구조화를 할지, 치료의 대상을 누구로 할지—아동, 아동과 부모, 가족—에 대한 내용이 치료계획서에 포함된다. 치료 계획은 구체적일 뿐만 아니라 내담자의 요구와 목표에 맞게 개별화되어야 하며 치료 과정에서 정기적으로 목표와 계획에 대해 평가하고 검토해야 한다. 치료계획서 양식은 〈표 3-2〉에 제시하였다.

표 3-1 놀이치료 동의서

아동	성명		생년월일	
	성별		나이(만)	
보호자	성명		생년월일	
	주소			
	전화		휴대전화	

놀이치료 중에 드러난 모든 정보는 비밀이 보장되며 내담자/보호자의 서면 동의 없이는 놀이치료자 외 다른 누구에게도 알려지지 않습니다. 본 내담자/보호자는 놀이치료를 이용함에 있어 아래 사항을 준수해야 합니다.

– 아래 –

1. 놀이치료는 1회 50분이며, 한 달 기준 4회(1주 1회)를 기본으로 합니다.
2. 치료비는 1회 (   )원이며, 월 선납을 기준으로 합니다.
3. 내담자/보호자는 부득이한 사정이 있는 경우, 예약된 시간 최소 24시간 이전에 취소하여야 하며 예약된 시간은 이월되지 않으며 보강으로 이루어집니다.
4. 24시간 이전에 연락을 주지 않을 경우, 1회기 놀이치료를 진행한 것으로 간주하여 회기가 차감되며 보강은 이루어지지 않습니다.
5. 놀이치료 종결을 원할 때는 내담 아동이 종결에 대한 준비과정을 가지도록 한 달 전에 놀이치료자에게 알려야 합니다.

본 내담자/보호자는 위의 정보를 검토, 궁금한 점을 놀이치료자와 논의하였으며, 놀이치료 제공에 동의합니다.

20   년   월   일   내담자/보호자 :

본 놀이치료자는 내담자/보호자와 위의 정보를 함께 검토, 논의하였습니다.

20   년   월   일   놀이치료자 :

표 3-2 놀이치료 계획서

아동명		생년월일		치료 시작일	
보호자명		생년월일		연락처	
치료자명			작성일		
의뢰 사유					
치료 목표	아동 목표				
	부모 목표				
치료 계획					
기타					

본 놀이치료자는 위와 같은 치료 목표와 계획으로 아동의 놀이치료를 진행하고자 합니다.

20   년   월   일   놀이치료자 :

본 보호자는 위의 내용을 검토하였으며, 위 사항에 동의합니다.

20   년   월   일   보호자 :

놀이치료 회기 기록하기

놀이치료 회기 기록은 치료 진행에 대한 흐름을 알려주기 때문에 필수적으로 이루어져야 하는 작업이다. 치료 과정을 기록함으로써, 치료자는 내담자의 문제를 개념화하고, 치료 목표에 초점을 유지하며, 질 높은 서비스를 제공할 수 있게 된다(Corey et al., 1998). 따라서 놀이치료자는 놀이치료 회기 기록에 대한 윤리적 의무를 이해하고 수행하여야 한다.

놀이치료 회기 기록에 들어가야 할 내용은 아동 내담자와 치료자 이름, 기록 날짜와 시간, 아동의 놀이관찰 내용, 부모가 보고한 내용, 치료자의 치료적 전략 및 소견 등이 포함된다.

사실 한 회기 동안 있었던 아동과 치료자의 행동과 언어를 모두 기록할 수 없다. 기록에도 핵심이 있어야 하고 맥락이 있어야 한다. 아동의 주요 문제 및 갈등과 관련된 아동의 행동 및 언어, 치료 목표와 관련된 치료자의 전략에 대한 아동의 반응 위주로 놀이 및 행동관찰을 기술한다. 또한 치료자가 아동의 반응에 어떻게 반응했는지, 아동에게 어떤 개입을 했는지 등 치료자의 반응에 대해서도 기록해야 한다. 놀이치료는 아동, 부모, 치료자, 세 사람이 조화를 이루어나가는 과정이므로 부모교육 및 상담 내용도 함께 기록한다. 놀이치료 회기 기록에는 다음과 같은 내용이 포함되어야 하며, 회기 일지에 대한 양식을 〈표 3-3〉에 제공하였다.

- 기본 사항 : 아동명, 치료자명, 진행한 치료 회기 수, 놀이치료 실시 일시 등
- 주요 놀이 : 아동이 주로 했던 놀이, 치료자가 구조화한 놀이활동 등
- 아동 놀이 행동관찰 : 아동의 신체 및 건강 상태, 아동의 주요 정서, 아동의 핵심 사고, 아동의 주요 문제와 관련된 아동의 행동 및 언어 표현, 치료 목표와 관련된 아동의 행동 및 언어 표현, 치료자의 전략에 대한 아동의 반응, 치료자에 대한 전반적인 태도, 기타 특이한 행동 등
- 치료자의 개입 : 치료자가 주로 개입한 방법 및 전략, 아동의 주요 행동 및 언어에 대한 치료자의 반응 등
- 부모교육 및 상담 : 부모의 호소문제, 치료실 밖 상황에서 있었던 아동과 관련된 부모 보고, 부모의 주요 감정, 부모의 역동, 아동 이외의 가족에 대한 보고, 치료자가 제시한 부모교육 및 상담 방법 등
- 치료자의 소견 : 한 회기의 전반적인 견해, 적절했던 치료자의 반응과 부적절했던 치료

표 3-3 놀이치료 회기 기록지

아동명		치료자명	
보호자명		일시	

아동 놀이 행동 및 치료자 개입	
부모 상담 및 교육내용	
다음 회기 계획 및 준비사항	
비고	

자의 반응 등

- 다음 회기 계획 : 이번 회기 내용과 치료자의 소견을 종합하여 다음 회기에서 다루어야 할 내용, 구조화해야 하는 놀이활동, 제공해야 할 부모교육 내용 등

종결보고서 작성하기

놀이치료 초기에는 치료자와의 관계 형성에, 중기에서는 목표 달성을 위한 문제해결에 중점을 둔다. 목표 달성이 되면 말기 과정에서 내담자와의 종결을 준비한다. 처음 계획했던 목표가 달성되어서 종결하는 사례도 있지만 어느 순간 여러 가지 사유로 치료가 종결된다. 목표를 달성해서 놀이치료를 종결하든지 계획되지 않은 종결이든지 놀이치료 회기가 끝나는 순간은 항상 존재한다. 이때 치료자는 놀이치료에 대한 종결보고서를 작성해 두어야 한다.

종결보고서는 한 사례에 대한 마지막 정리 부분이다. 종결보고서를 통해 치료 목표의 달성 여부와 치료적 요인이 무엇인지 평가할 수 있다. 치료 과정에서 효과적이었던 개입 방법과 아동의 이해와 목표 달성에서 부족한 부분이 무엇인지 다시 점검해 볼 수 있다. 이러한 점검을 통해 유사한 사례의 내담자를 만났을 때 이전과 같은 실수를 되풀이하지 않고 내담자에게 최상의 놀이치료를 제공하게 되는 것이다. 따라서 종결보고서는 사례에 대한 정리뿐만 아니라 치료자의 역량을 강화할 수 있는 또 다른 통로가 되는 셈이다. 종결보고서 양식은 〈표 3-4〉에 제시해두었다.

놀이치료 문서 보관하기

한 아동을 대상으로 놀이치료를 실시하는 과정에는 많은 기록지 및 문서가 작성된다. 놀이치료자는 자신의 내담자에 대한 자료를 안전하게 보관할 책임이 있다. 여기에서는 놀이치료 자료 보관 방법과 부모 이외의 타인에게 자료가 공개될 경우 주의해야 할 사항을 소개한다.

자료 보관하기

놀이치료자는 치료를 진행하면서 아동 정보를 철저히 보관해야 한다. 한 아동의 사례에는 초기면접지, 심리평가 보고서, 놀이치료 동의서, 치료계획서, 놀이치료 일지, 종결보고서,

표 3-4 놀이치료 종결보고서

아동명		생년월일		성별	
치료자명			작성일		
놀이치료 기간					
종결사유					
성과	계획 및 목표		목표 달성 정도		
치료자 소견					
종결 후 계획					
기타					

동영상 촬영 동의서 등 아동과 관련된 문서 및 자료가 많다. 놀이치료자는 내담자의 개인 정보를 보호하고 자료를 관리해야 하는 책임이 있다. 자료는 보완이 유지되는 장소에 보관되어야 하며 제한된 사람만 접근할 수 있는 곳이며 잠금장치가 있는 캐비닛에 보관해 두어야 한다. 동영상이나 녹음 파일을 보관하는 경우는 파일에 암호를 두어 저장한다. 부모에게는 아동에 대한 정보가 어떻게 사용되고 있으며 자료 및 파일 보관 방법, 보관 기간, 기간 후 파쇄에 대한 정보를 제공한다. 또한 부모가 내용기록에 대한 삭제를 요청할 시에는 응해야 하며 삭제를 못할 경우는 타당한 이유가 제시되어야 한다.

자료 공개하기

놀이치료자가 되기 위해서는 이론적인 지식뿐만 아니라 실제에 대한 훈련 과정은 필수적인 조건이다. 임상 실습생은 녹화가 되어 있는 놀이치료 회기나 실제 놀이치료 장면을 직간접적으로 관찰한다. 이때 놀이치료자는 보호자에게 놀이치료 관찰에 대한 동의를 서면으로 받아야 한다.

초보 치료자는 자신의 놀이치료 사례를 슈퍼바이저에게 공개하고 슈퍼비전을 받는다. 이때도 물론 부모에게 슈퍼비전의 목적, 슈퍼비전 횟수, 슈퍼비전 시 자료 공개 범위 등에 대해 상세히 알려야 하며 슈퍼비전 후 슈퍼비전 내용에 대해서도 알려야 한다. 놀이치료 회기에 대한 녹음 및 동영상을 슈퍼바이저에게 제공해야 할 때는 부모에게 녹음 및 녹화에 대한 사전 동의를 얻어야 하며 서면으로 동의서를 작성해 둔다. 동영상 촬영 동의서는 〈표 3-5〉에 제시해두었다. 사례를 공개적으로 발표해야 할 경우도 부모에게 서면으로 동의를 받아야 하며 발표 시에는 사례 아동에 대한 이름, 생년월일, 놀이치료일 등에 대한 정보를 모두 익명으로 처리한다.

다양성 수용하기

놀이치료자는 연령, 피부색, 지적 능력, 가정환경, 의뢰 사유 등 다양한 모습의 아동을 만난다. 이들 속에서 치료자는 자신의 성향에 맞거나 좀 더 놀이치료를 쉽게 풀어나갈 수 있는 문제 유형의 아동이 있을 것이다. 하지만 자신의 성향에 맞는 아동만 선택하여 놀이치료를 할 수 있는 것은 아니다. 또한 그렇게 해서도 안 된다. 치료자는 아동의 다름을 인식하고 수용할 수 있는 개방성을 지녀야 한다. 특히 자신의 가치관과 문화적 배경에만 입각하여 나와

표 3-5 동영상 촬영 동의서

본 놀이치료자는 내담 아동에게 최상의 놀이치료를 제공하기 위해 놀이치료 개별 임상실습에 대한 슈퍼비전을 받고자 합니다.

촬영한 비디오는 놀이치료 개별 임상 실습에 대한 슈퍼비전 이외에는 다른 목적으로 사용되지 않을 것이며, 허락 없이 절대로 외부로 누출되지 않을 것을 약속합니다. 또한 슈퍼비전 종료와 더불어 이 비디오를 즉각적으로 삭제할 것을 약속합니다.

슈퍼비전 기간: 20   년   월   일   ~   년   월   일까지

귀하는 본 비디오 촬영 취지와 목적에 대해 지면 또는 구두로 설명을 들었고 동영상 촬영에 동의합니다.

20   년   월   일

보호자: (인)

치료자: (인)

다른 가치관을 가진 부모와 아동을 이상하게 여기거나 배척하는 태도를 보여서는 안 된다. 다양성을 존중하지 않는 치료자의 태도는 연령, 성별, 인종, 종교, 장애 등의 어떤 이유이든 내담자를 차별하지 않아야 하며 개인적 특성을 존중해야 한다는 윤리적 의무를 다하지 않는 것이다. 특히 다문화 아동을 놀이치료 할 때는 내담자의 다양한 문화적 배경을 이해하고자 노력해야 하며 치료자 자신의 고유한 문화적 정체성 또한 이해하고 알고 있어야 한다.

전문가로서의 한계 알기

놀이치료에 의뢰되는 아동은 발달이 늦고 상호작용에 어려움이 있는 발달장애, 부모와의 분리가 어려운 분리불안장애, 화를 조절하지 못하고 폭력적인 분노조절장애, 잠시도 가만히 앉아 있지 못하고 주의력에 어려움을 보이는 주의력결핍과잉행동장애 등 다양한 심리적 부적응과 어려움을 나타낸다. 심리적 어려움이 다양할 뿐만 아니라 2세에서부터 청소년까지 연령층도 넓다. 아동을 둘러싸고 있는 환경 또한 다르다. 이러한 아동과 함께하는 놀이치료자는 다양한 이론적 지식뿐만 아니라 아동과 관계를 형성하는 방법에서부터 부모에게 아동의 특성을 이해시키고 아동을 양육할 수 있는 코칭 능력과 부모의 심리적 어려움도 이해할 수 있는 상담 능력까지 요구된다.

이러한 능력은 하루아침에 얻어지는 것이 아니므로 초보 놀이치료자는 아동과 부모를 만날 때마다 놀이치료자로서의 자신의 능력에 대해 의구심을 가지게 되고 놀이치료의 진전이 느껴지지 않을 때는 낙담하고 회의에 빠지게 되는 경우가 있다. 이럴 때는 슈퍼바이저에게 자문을 얻거나 동료 치료자와 이야기를 나누어 내담자에게 불이익이 가지 않도록 해야 한다.

놀이치료자는 전문가로서 자신의 한계를 아는 것이 중요하다. 내가 잘 알고 있는 이론적 지식과 기법은 무엇인지? 내가 잘 모르는 이론적 지식과 기법은 무엇인지? 내가 어떤 이론적 접근과 기법을 사용할 때 어려움을 느끼는지 정확히 알아야 한다. 내가 어떤 유형의 아동과 잘 맞는지, 또는 어떤 유형의 아동을 어려워하고 힘들어하는지 자신의 능력에 대한 한계를 인식하고 그 한계를 벗어날 수 있도록 노력해야 한다. 이론적 지식과 기법에 대한 학습을 끊임없이 하며 놀이치료 임상에 대한 슈퍼비전을 통해 자신의 전문적인 역량을 강화하고, 놀이치료자로서의 인간적인 자질을 성장시키는 것 또한 놀이치료자가 지켜야 하는 윤리적 의무이다.

초기면접

놀이치료를 시작하기 전, 부모 및 내담 아동과 처음으로 이루어지는 작업이 초기면접이다. 초기면접은 부모가 의뢰한 아동의 문제를 구체화하고 아동의 발달사 및 양육환경을 탐색하면서 놀이치료자와 내담자가 협력하여 문제해결을 위한 방안을 모색해보는 활동이다. 초기면접에서 아동을 이해하기 위해 정보를 수집하고, 수집한 정보를 토대로 문제에 대한 잠정적인 가설을 설정하면서 문제해결을 위한 방안을 제시한다. 또는 문제를 객관적으로 확인하기 위한 심리평가나 놀이평가 과정을 안내하기도 한다. 이러한 초기면접 과정에서 무엇보다도 중요한 것은 내담자와 신뢰로운 관계를 형성하는 것이다. 내담자의 감정에 접촉하고 그들의 감정을 수용하는 놀이치료자의 태도는 내담자에게 안정감과 믿음을 전달할 수 있으며 치료 동맹을 형성하는 기초를 마련한다. 초기면접은 의뢰한 아동의 문제를 해결하기 위한 놀이치료 과정까지 이어지는 중요한 작업이기 때문에 기관의 장이나 치료 경험이 많은 숙련된 놀이치료자가 시행한다.

초기면접의 주요 목적은 부모 및 내담 아동과 관계를 형성하면서 의뢰 사유, 현재 나타나는 문제, 그리고 현재 문제와 관련된 변화에 관한 정보를 얻는 것이다(Kottman, 1995). 이러한 정보는 주로 부모로부터 제공받지만 아동이 자신에 대해, 부모에 대해, 환경에 대해 어떻게 지각하고 행동하는지에 대한 정보 또한 중요하므로 부모면접뿐만 아니라 아동면접을 함께 실시한다. 따라서 이 장에서는 초기면접에서 놀이치료자의 역할과 수집해야 하는 정보를 부모면접과 아동면접으로 나누어 소개한다.

초기면접에서 하는 일

아동에게 놀이치료를 제공하기 위한 첫 관문인 초기면접에서 놀이치료자와 부모 및 내담 아동의 관계가 시작된다. 초기면접에서 관계는 질문이 아니라 라포형성을 통해서 이루어진다. Guerney 등(1972)은 부모 반응 밑에 깔린 정서적 역동과 아동의 어려움에 민감하고 반응적으로 대하는 것은 세부 정보를 얻는 것보다 더 가치 있는 전략이라고 하였다. 따라서 치료자는 부모 및 내담 아동의 감정을 반영하면서 초기면접을 시작해야 한다. 내담자의 감정에 접촉하고 수용하는 것은 라포를 형성하고 신뢰로운 관계를 맺기 위한 가장 핵심적인 방법이다. 아래는 부모의 감정을 수용하려는 치료자의 반응 예시이다.

> 5세 된 여아는 갑자기 잘 다니던 문화센터에서 '선생님이 무섭다', '친구들이 많아서 싫다'며 모와 떨어지지 않으려고 하여 치료실에 방문하였다. 평소 유치원 생활에 적응을 잘하고 모와의 분리에도 어려움을 없던 아이라 부모는 자녀의 이러한 모습에 많이 당황한 상태였다.

> 부모 : 안 그러던 아이가 그런 행동을 하니 이유를 모르겠어요.
> 치료자 : 안 그러던 아이가 갑자기 이런 모습을 보이니 당혹스럽겠어요.
> 부모 : 맞아요. 특별한 이유도 없었는데 이러니 정말…… 어떻게 해야 할지…….
> 치료자 : 아이가 왜 그런지 몰라 답답하겠어요. 아이를 도와주고 싶지만 어떻게 도와주어야 할지도 모르겠고. 아이가 갑자기 이런 모습을 보일 때는 어른들은 몰라도 분명 아이에게는 이유가 있을 것입니다. 우리가 한번 찾아가 보도록 합시다.

치료적 관계와 라포가 형성되면 치료자는 정보 수집에 더 주의를 기울인다. 정보 수집은 초기면접에서 내담자와 신뢰로운 관계를 형성하는 것과 마찬가지로 중요하다. 정보 수집은 의뢰된 아동의 문제를 이해하고 확인하기 위한 질문으로 이루어진다. 의뢰 사유의 구체적인 예시, 부모의 대처방식, 가족관계, 아동의 발달사, 양육 태도 등 아동의 문제와 관련된 것에 대해 질문한다. 부모 및 내담 아동이 치료자를 신뢰할 수 있다고 느낀다면 치료자에게 협조적인 태도로 질문에 더 잘 반응할 것이다. 치료자는 내담자가 대답한 내용을 구체적으로 물어보는 것이 필요하다. 구체화하고 명료화하는 과정은 아동의 문제에 대해 부모 및 아동 자신이 어떻게 인식하고 있는지를 더 잘 알게 한다. 내담자의 반응에서 감정을 민감하게 반영하고 수용하면서 관련된 질문을 계속하거나 다른 질문으로 전환하여 정보 수집을 이어 나간다. 치료자는 질문-반응-반영의 순환을 통해 의미 있는 많은 정보를 수집한다. 정보 수집은 질문에 대한 내담자의 언어적인 반응뿐만 아니라 내담자의 표정, 행동 등의 비언어적인 반응을 통해서도 이루어진다. 치료자는 내담자에게 집중하여 내담자의 언어적·비언어적 반응에 주의를 기울여야 한다.

아동은 제한적인 의사소통 및 인지능력 때문에 치료자의 질문에 제대로 반응하지 못할 수 있으며 제자리에 가만히 앉아 치료자와 긴 대화를 지속하는 것이 어려울 수 있다. 그러므로 아동에게는 질문 형식의 면접에 의존하기보다는 놀이나 그림 등을 활용하여 아동의 사고, 감정, 행동, 관계 패턴 등에 대한 정보를 수집한다. 부모 및 아동 면접을 통해 수집한 정보는 아동을 이해하고 의뢰된 문제에 대한 가설 설정에 활용된다. 아동과 아동을 둘러싸고 있는 환경, 환경과의 관계에 대한 정보를 최대한 많이 수집하는 것이 필요하다.

치료자는 아동의 문제와 관련된 정보를 수집함과 동시에 부모 및 아동이 표현하고 있는 내적 및 외적 감정을 이해하고 수용하면서 부모가 호소하는 아동의 문제에 대한 가설을 설정한다. 즉, 아동의 핵심 문제가 무엇인지, 아동의 문제가 어떻게 발생되었는지, 문제 발생에 영향을 준 요인은 무엇인지, 지금까지 문제가 지속되는 요인이 무엇인지 등 문제의 원인에 대한 가설을 잠정적으로 도출해내는 것이다. 정보를 수집하는 과정에서 가설을 확인할 수 있는 질문을 이어나가며 객관적인 자료가 필요하다고 판단될 때에는 부모에게 그와 관련된 심리검사 및 놀이평가를 권유한다. 이때 부모가 심리검사 및 놀이평가에 동의한다면 실시하고자 하는 평가의 목적과 내용에 대해 간단히 설명하고 평가 일시를 정한다. 다른 기관에서 심리검사를 받은 적이 있다면 초기면접에 심리평가 보고서를 가지고 방문할 것을 제안한다.

놀이치료자는 내담자의 감정을 이해하고 수용하면서 의뢰된 문제와 관련된 정보를 수집하고, 아동의 문제에 대한 잠정적인 가설 설정과 가설의 근거를 찾아가는 과정을 통해 아동의 문제에 대한 이해를 높이고 적절한 개입방안을 찾는다. 개입방안과 더불어 놀이치료뿐만 아니라 언어치료, 집단치료 또는 부모 개인 상담 등 다양한 치료적 접근의 필요 여부를 확인할 수 있으며 이를 부모에게 전달한다. 만약 아동이 놀이치료보다 다른 접근이 필요하다고 판단될 경우는 다른 기관으로 의뢰한다. 아동에 대한 이해와 적절한 개입방안을 제시해주는 것은 부모를 놀이치료 과정으로 이끌 수 있는 효과적인 방법이다. 부모는 놀이치료가 무엇인지 모르며, 장난감이 가득한 놀이치료실에서 아동과 노는 것이 왜 치료가 되는지 이해하지 못한다. 따라서 놀이치료가 무엇이며, 놀이치료를 통해 아동이 얻을 수 있는 효과는 무엇인지, 놀이치료가 어떠한 과정으로 진행되는지 등 놀이치료에 대해 안내해야 한다. 치료자는 부모에게 놀이치료가 가치 있고, 신뢰할 수 있으며, 전문적인 과정임을 전달한다. 이 내용은 제12장에서 자세히 다룰 것이다. 부모가 놀이치료 진행에 동의한다면 치료에서 원하는 구체적인 목표와 결과를 물어보고 놀이치료 시간과 회기 비용 등에 대한 실제적인 정보도 안내한다. 놀이치료에 대한 설명은 아동에게도 전달되어야 하며, 이와 관련한 내용은 제9장에서 언급된다.

다음은 초기면접에서 이루어져야 할 내용이다.

- 내담자(부모/아동)와 신뢰로운 관계 형성하기
- 아동의 문제와 관련된 정보 수집하기
- 아동의 문제에 대한 잠정적인 가설 세우기
- 심리검사 및 놀이평가 준비하기
- 아동의 문제에 대한 치료적 개입 제시하기
- 놀이치료에 대해 안내하기

부모면접에서 수집하는 정보

아동에 대해 가장 많이 알고 있고, 가장 많이 상호작용했으며, 시간을 가장 많이 보낸 사람은 부모이다(Barkey, 2006). 따라서 아동을 이해하기 위한 정보 수집 과정으로 아동 행동관찰과 면담도 중요하지만 부모로부터 아동에 대한 정보를 얻는 것이 큰 도움이 된다. 하지만 이때 부모가 제공하는 정보는 주관적임을 명심해야 하며 심리검사 및 평가를 통해 객관화하는 작업도 함께 이루어져야 한다. 치료자는 아동과 관련된 모든 것에 대해 질문하고 부모가 대답한 내용에 대해 구체화하고 명료화하는 과정으로 아동에 대한 정보를 수집해 나간다.

부모로부터 아동에 대한 정보를 수집하는 방법은 크게 두 가지로 나눌 수 있다. 비구조화된 면접방식과 구조화된 면접방식이다. 비구조화된 면접방식은 특별한 면접 양식 없이 부모의 이야기를 따라가면서 질문하는 방식으로, 정보 수집 과정이 자연스럽고 부모와 관계를 형성하는 데 도움되는 반면 수집해야 하는 중요한 정보를 빠트릴 수 있다는 단점이 있다.

구조화된 면접방식은 특정한 면접 양식이 있으며, 이 면접 양식대로 정보를 수집하는 방식이다. 구조화된 면접방식은 빠트리는 정보가 적다는 장점이 있는 반면에 정보 양이 제한적이고 구체적이지 않다는 단점이 있다. 또한 면접 양식의 순서대로만 부모에게 질문하고 대답할 경우 부모 입장에서는 너무 획일화된 느낌을 가질 수 있어 부모와 관계를 형성하는 데 어려움이 따를 수 있다. 따라서 가장 효율적으로 사용할 수 있는 면접방식은 반구조화된 면접방식이다. 이는 누락되는 정보 없이 부모와 관계를 형성하면서 자연스럽게 정보를 수집할 수 있다.

면접 전 부모에게 아동의 발달사 및 배경에 대한 질문지를 작성하게 하고 면접시간에는 최근의 아동 문제와 관련된 사건, 가족관계, 사회관계 등 중요한 환경요인에 대해 질문한다. 부모에게 해야 하는 질문은 두서없이 생각나는 대로 하는 것이 아니라 유사한 주제 영역에 대한 탐색이 끝나고 다른 영역으로 넘어가 질문하는 것이 좋다. 초기면접지 양식은 이 장 뒷부분 〈표 4-1〉에 제시하였다. 다음은 부모면접에서 수집해야 하는 정보들을 주제별로 제시하였다.

의뢰 사유

부모는 자녀의 행동에 대해 모호하고 추상적으로 이야기하는 경우가 많다. 예를 들어, 초기면접지의 주호소 란에 '산만', 또는 '불안' 등으로 기술하며 치료실 방문 이유에 대해서 "우리 아이가 산만해요", "우리 아이가 불안한 것 같아요"처럼 포괄적으로 말하는 경우가 많다. 부모가 호소하는 의뢰 사유에 대해서 치료자는 항상 구체적으로 확인하는 과정을 가져야 한다. "산만함에 대해 자세히 말씀해주세요", 또는 "자녀의 어떠한 모습을 보고 불안하다고 느끼셨나요?" 등과 같이 구체화하고 "자녀가 이런 행동을 할 때 부모님은 어떻게 반응하셨나요?", "부모님의 반응에 자녀는 또 어떻게 반응하나요?", "그런 모습에 대한 일화를 하나 소개해 주세요"와 같이 아동의 행동에 대한 부모의 대처방식과 아동의 반응, 이에 대한 일화를 제공받는다. 이러한 정보는 아동의 욕구가 무엇이며, 욕구가 어떠한 방식으로 표출되며, 이러한 표출 방식이 왜 지속되는지를 알려준다. 또한 부모와 아동의 상호작용 방식을 파악할 수 있으며 아동의 심리적·행동적 특성에 대한 객관적인 관점을 가지게 하여 아동의 문제에 대한 잠정적인 가설을 형성하는 데 도움이 된다.

- 아동의 문제는 무엇인가?
- 문제가 언제부터 시작되었는가?
- 문제의 빈도/강도는 어느 정도인가?
- 문제에 대해 부모는 어떻게 반응하는가?
- 시간이 경과하면서 문제가 어떻게 변화하였는가?
- 문제를 해결하기 위한 치료 경험은 있는가?
- 왜 이 시점에서 치료를 받으러 왔는가?
- 이 문제에 대한 다른 사람들의 시각 및 관점은 어떠한가?

아동의 초기 발달사

아동의 의뢰 사유가 환경에서 기인한 문제일 수도 있지만 선천적 요인이 작용했을 가능성도 있다. 또래에 비해 발달이 지연되거나 사회적 상호작용에 어려움을 보이는 발달장애는 명확한 원인이 밝혀지지 않았지만 뇌의 전두엽, 간뇌, 소뇌, 해마, 편도체 등의 활동과 관계가 있는 것으로 알려져 있다. 즉, 신경학적인 문제가 아동의 발달에 방해를 주는 것이다. 따라서 뇌 발달에 영향을 줄 수 있는 임신 및 출산 과정에 대한 정보 수집이 필요하며, 부모 집안의 발달장애와 관련된 질병을 가진 사람이 있는지 파악하여 유전적 소인을 탐색한다. 그리고 발달 이정표에서 발달 지연이 있었는지 확인하는 과정도 필요하다. 신체발달뿐만 아니라 언어 및 상호작용과 관련된 정보를 통해 아동의 현재 발달 수준 및 기능을 파악한다. 의뢰된 문제가 발달과 관련된 내용이라면 면접에서 아동의 발달 내력과 관련된 정보를 좀 더 상세히 살펴본다.

초기 발달사에서 확인해야 하는 다른 사항은 아동의 기질과 관련된 정보이다. 아동의 기질은 양육자인 부모와의 관계에 영향을 미친다. 까다로운 기질을 가진 아동은 부모를 좌절하게 하고 부모의 통제적인 양육 태도를 불러일으키기 때문에 문제를 더 많이 야기시킬 가능성이 있다. 치료자는 자극에 대한 반응성, 활동 수준, 적응성, 정서의 질, 규칙성 등 아동의 기질과 관련된 정보와 아동의 기질에 적절하게 반응하는 부모의 '조화 적합성'에 대한 정보를 수집한다. 아동의 기질에 반응하는 부모의 '조화 적합성'에 대한 정보는 양육환경에서도 수집할 수 있다. 아동이 태어난 환경에 대한 자료와 발달 및 기질에 대한 정보는 문제의 생물학적 또는 신경학적 요인을 추측할 수 있는 근거를 제공해준다.

- 임신 시 모의 신체 및 심리적 상태는 어떠하였는가? 원하는 임신이었나? 계획된 아이였나?
- 임신 시 약물 복용을 한 적이 있는가?
- 출산과정은 어떠하였는가? 제왕절개였나? 난산이었나?
- 아이의 신체발달은 어떠하였는가?
- 아이의 언어발달은 어떠하였는가?
- 아이의 정서발달은 어떠하였는가? 낯을 가렸나?
- 아이의 기질은 어떠하였는가? 수면 시간, 수유 시간, 배변 습관이 규칙적이었나? 활동 수준은 어떠하였는가? 자극에 반응하는 정도는 어떠하였는가?

양육환경

초기 환경에서 주 양육자와의 관계 경험이 아동의 정서발달과 대인관계에 영향을 미친다. 대상관계 이론가들은 생애 초기에 양육자와 형성한 관계 경험이 아동의 전 생애 동안 타인을 지각하고 이해하며 관계를 형성하는 기본 틀로 작용한다고 보았다. 즉, 주 양육자와의 관계 틀이 다른 사람과의 관계양식에 영향을 주는 것이다. 주 양육자는 아동이 긍정적인 대상관계를 형성할 수 있도록 긍정적인 관계 경험을 제공하는 것이 필요하다. 치료자는 이에 대한 정보를 수집하기 위해 아동에게 제공된 양육환경을 확인한다. 특히, 생후 첫 1년 동안의 중요한 발달과업인 주 양육자와의 애착 형성에 대한 정보는 아동의 정서와 대인관계 양상을 이해하는 데 도움이 된다. 부모가 아동의 욕구에 민감하게 반응하였는지, 욕구를 즉각적으로 충족시켰는지, 욕구 좌절 시 아동의 정서를 이해하고 위로하였는지에 대한 정보는 아동에게 긍정적인 관계 경험을 제공하는 부모의 민감성과 반응성에 대한 능력을 확인시켜

준다. 부모의 반응뿐만 아니라 아동의 반응, 그리고 부모와 아동이 서로 어떤 반응을 주고 받았는지에 대한 정보 또한 아동과 부모의 관계 양상을 파악할 수 있다. 부모의 양육환경은 아동의 정서 및 행동뿐만 아니라 발달기능에도 영향을 미치므로 발달 지연을 초래할 수 있는 보살핌의 결핍이나 방임, 비디오 노출에 대한 정보도 수집한다.

주 양육자와 안정된 애착을 형성한 이후, 아동은 자율성의 발달과업을 습득한다. 아동의 자율성 발달을 위해서 주 양육자는 아동의 독립을 향한 움직임과 욕구를 이해하고 아동이 세상을 탐험할 수 있는 안전기지의 역할을 해야 한다. 주 양육자의 불안으로 인해 아동의 탐색을 제지하고 과잉보호를 한다면 아동의 자율성 발달은 방해받을 것이다. 이러한 양육 환경으로 아동은 세상을 두렵고 무서운 곳으로 인식하여 세상 밖과의 상호작용을 거부하는 모습을 나타낼 수도 있다. 또는 자율성이 두드러지는 시기에 부모가 아동에게 제한과 통제를 어떻게 제공했고, 제시된 제한에 대해 아동이 어떻게 반응했는지 알아본다. 이는 배변훈련 과정과 아동에게 제공된 규율에서 더 많은 정보를 얻을 수 있다. 아동이 부모와 긍정적이고 신뢰로운 관계 경험을 하지 못한 경우는 불안, 위축, 공격성 등 문제행동이 야기될 가능성이 있으므로(서귀남, 2003), 부모와 아동의 관계, 부모 및 환경요인을 탐색해야 한다.

- 주 양육자는 누구인가?
- 주 양육자의 양육 태도는 어떠한가?
- 주 양육자와 분리 경험이 있는가?
- 주 양육자와 분리될 때 아동의 반응은 어떠하였는가?
- 주 양육자가 안아줄 때 아동의 반응은 어떠하였는가?
- 주 양육자는 아동이 위험한 행동을 할 때 어떻게 반응하였는가?
- 주 양육자는 아동의 실수에 어떻게 반응하였는가?
- 주 양육자는 아동이 떼쓸 때 어떻게 반응하였는가?
- 주 양육자와 아동은 주로 무엇을 하고 지냈는가?
- 아동은 주 양육자에게 자발적으로 다가갔는가?
- 아동은 자유롭게 환경을 탐색하였는가?
- 배변훈련 과정은 어떠하였는가?

가족관계

아동에게 가장 밀접하고 많은 영향을 미치고 있는 환경체계는 가족이다. 치료자는 현재의 가족 구조, 과거의 경험, 구체적인 하위체계의 기능과 영향, 발달 상태, 사회적 맥락, 정체성 등에 관해 알아내야 한다(O'Connor & Ammens, 1997). 아동이 현재 누구랑 살고 있는지, 조부모와의 합류나 분가가 있었는지, 이사한 적이 있는지, 또는 가족 구성원과의 상실경험이 있는지 등 가족의 변화와 관련된 정보가 필요하다. 연령에 따라 사건에 대한 아동의이해가 달라지므로 사건 당시의 아동 나이와 아동이 어떻게 반응하였는지에 대한 정보를수집한다. 또한 부모 및 형제자매와 관계는 어떠한지, 전반적인 가족 분위기는 어떠한지,그 관계 속에서 아동은 어떠한 모습을 나타내고 있는지, 가족 구성원이 아동의 문제를 어떻게 받아들이고 반응하고 있는지에 대해서 정보를 수집한다. 이러한 정보는 면접 및 관찰을통해서 수집하지만 조금 더 체계적이고 많은 정보를 확인하고 싶다면 가족놀이평가를 실시한다. 가족놀이평가를 통해서 가족 체계의 역동성과 가족의 응집력, 의사소통 및 상호작용방식을 직접적으로 평가할 수 있다. 가족놀이평가에 대한 내용은 제5장에서 소개한다. 이러한 정보는 아동의 문제에 영향을 주고 있는 가족 체계의 요인이 무엇인지 확인시켜준다.

- 가족 구성원은 어떻게 되는가?
- 각 가족 구성원의 성격 및 성향은 어떠한가?
- 각 가족 구성원과 아동과의 관계는 어떠한가?
- 가족 구성원은 주로 무엇을 하고 지내는가?
- 가족 분위기는 어떠한가?
- 가족 구성원이 지켜야 하는 규칙은 무엇인가?
- 가족에서 통제자는 누구인가?
- 문제가 발생하였을 때 해결 과정은 어떻게 되는가?

아동의 사회관계

아동은 2~3세가 되면 가정에서 벗어나 부모 이외의 다른 성인 및 또래와 관계를 형성하게된다. 어떤 아동은 처음 시작하는 집단생활에 관심을 보이며 가족 이외의 사람과 관계 맺는 것을 즐거워하지만 부모와 분리되는 것을 불안해하며, 새로운 환경에 적응하는 것을 어려워하는 아동도 있다. 사회관계에 대한 정보는 아동의 환경에 적응하는 방식과 대인관계의 양식에 대해 알려준다. 친구와의 관계에서 관심은 있지만 거절당할까 봐 두려워 다가가지 못할 수도, 충동적이고 미성숙해서 어울리지 못할 수도, 사회적 참여에 관심이 없을 수도 있다. 따라서 부모가 보고하는 사회관계의 정보에서 또래 상호작용 이면의 동기를 파악해야 한다. 학령기 아동일 경우는 학습 태도, 집중력, 학업 수행 능력 등 학교생활에 대한 전반적인 정보를 수집한다. 사회관계는 아동의 문제의 원천이 되기도 하지만 지지의 원천이 되기도 하므로 시간의 경과에 따라 일어나는 중요한 변화에 대해 정보를 수집하는 것이 좋다. 또한 아동의 기질적인 요인과 환경요인이 사회관계에 영향을 미치므로 어떤 요인이 작용하고 있는지 파악한다.

- 현재 아동이 속한 집단(어린이집/유치원/학교)은 어디인가?
- 아동은 언제부터 집단생활에 참여하였는가?
- 어린이집/유치원/학교를 옮긴 적이 있는가?
- 어린이집/유치원/학교의 선생님은 아동에 대해 어떻게 보고하는가?
- 또래들과 관계는 어떠한가?
- 어린이집/유치원/학교에서 특별한 문제행동은 없는가?
- 아동은 자신의 어린이집/유치원/학교에 대해 어떻게 보고하는가?

기타

- 부모가 아동에게 바라는 것은 무엇인가?
- 아동을 키우면서 가장 힘들었던 부분은 무엇인가?
- 아동의 하루 일과는 어떻게 되는가?
- 아동의 장래희망은 무엇인가?
- 아동이 좋아하는 것/싫어하는 것은 무엇인가?
- 아동의 성장에서 특이한 사건이 있었는가?

아동면접에서 수집하는 정보

부모와의 초기면접에서 수집한 정보는 부모의 관점에서 아동을 바라본 것이기 때문에 의뢰된 문제에 대한 아동 자신의 관점과 동기를 확인해야 한다. 즉, 초기면접에서는 부모를 대상으로 한 면접뿐만 아니라 아동을 대상으로 하는 면접 또한 필요하다.

어린 아동의 초기면접은 행동이나 놀이관찰을 통해 발달 및 정서적 특성을 파악한다. 치료자는 놀이에서 특이한 행동은 없는지, 인지와 언어 수준이 또래보다 미숙하지 않은지, 감정 표현은 어떻게 하는지, 활동 수준과 에너지는 어떠한지 등 부모가 의뢰한 아동의 문제를 확인한다. 나이 든 아동은 언어적으로 자신의 생각과 느낌을 전달하지만 심층적인 자신의 내면세계에 대한 표현은 아직 미숙한 상태이다. 아동은 자신의 문제를 회피하거나 거부적인 반응을 보이기도 하며, 자신의 내면세계에 관심이 없거나 자신을 어떻게 표현해야 할지 모를 수도 있으며, 치료자의 질문을 이해하지 못할 수 있다. 아동은 여러 가지 이유로 긴 시간 동안 언어적으로 주고받는 면접 과정을 힘들어한다. 아동과의 초기면접을 원활히 하기 위해서는 아동의 관심사를 이야기하거나 간단한 놀이로 아동의 흥미와 관심을 유도하여 긴장감과 불안을 감소시켜 조금 더 편안하게 자신을 표현하도록 한다. 단, 아동의 놀이나 관심사에만 반응하다 보면 제한된 시간 안에 아동의 관점에 대한 정보를 수집하지 못하는 일이 발생한다. 따라서 치료자는 초기면접에서 아동과의 관계 형성과 정보 수집을 적절히 수행하여야 한다.

정보 수집을 위한 방법으로 언어적인 것과 비언어적인 것이 있다. 언어적인 방법은 아동에게 수집해야 하는 정보에 대해 직접적으로 질문하는 것이다. 아동은 자신의 생각과 느낌을 언어적으로 표현하는 것에 제약이 있기 때문에 언어적인 방법과 놀이, 그림, 글 등의 비언어적인 방법을 함께 사용하는 것이 효과적이다. 놀이나 그림 등은 아동의 내면세계를 상징적으로 표현할 수 있는 도구로 아동의 주된 문제와 갈등, 관심사가 안전하고 자연스럽게 드러나기 때문에 아동에 대해 더 많은 정보를 얻을 수 있다. 집-나무-사람검사(HTP), 동적 가족화(KFD), 문장완성검사(SCT)와 같은 간단한 투사검사를 사용하기도 한다. 이를 통해 아동이 지각한 환경, 가족 역동과 가족 내의 역할, 아동 자신과 부모에 대한 인식 및 감정을 이해할 수 있다. 그림과 문장을 완성한 후에는 추가 질문을 통해 아동의 지각을 명료화한다. 아동은 치료자의 질문에 깊이 생각하지 않고 "네", "아니요"라고 말하는 경우가 많기 때문에 아동에게 전달하는 질문은 폐쇄형이 아닌 개방형 질문을 사용한다. 아동은 치료자의 질문에 즉각적으로 대답하지 않는 경우가 있어 대답을 재촉하지 않고 충분히 기다려 주는 것이 필요하며 치료자가 계속해서 반복된 질문을 할 경우, 아동은 자신의 대답이 틀렸다고 생각하거나 무언가 자신이 잘못하고 있다는 느낌을 받아 면접 과정을 힘들어할 것이다. 치료자는 아동의 행동이나 언어에 민감하게 반응하면서 아동의 문제와 관련된 정보를 수집하는 것이 필요하다.

초등학교 5학년 여자아이는 눈을 깜빡이는 틱 증상으로 놀이치료에 의뢰되었다. 아동의 모는 우울증으로 인해 에너지가 많이 없는 상태였으며 부는 타지에서 직장 생활을 하고 있어 주말에만 자녀와 함께하는 상황이었다. 부모는 틱 증상뿐만 아니라 자녀가 자신의 속마음을 잘 이야기하지 않는 것을 걱정하였다. 아동은 치료자의 질문에 간략하게 대답하면서 눈을 살짝 깜빡이는 모습을 계속 보였다. 자기표현을 억제하거나 치료자의 질문에 긴장하는 것이 역력하여 가족 그림을 통해 가족관계에 대한 정보를 수집하고 아동 면접을 마무리하고자 하였다. 마무리 과정에서 느낌을 물어보았을 때 아동은 "오늘 이야기를 많이 못 했는데 다음에는 더 많이 할 수 있을 것 같아요", "다음에 또 오고 싶어요"라고 면접에 대해 긍정적인 태도를 보였다.

> 아동 : (눈을 깜빡이고 머뭇거리며) 선생님… (말을 이어가지 못하고 눈을 계속 깜빡임).
> 치료자 : 선생님에게 하고 싶은 말이 있구나
> 아동 : (고개를 끄덕이며) 제가 안 하고 싶은데 자꾸 눈을 깜빡거려요.
> 치료자 : 그렇구나. 안 하고 싶은데 자꾸 그러니 신경 쓰이겠다.
> 아동 : 네.
> 치료자 : 어떤 상황에서 눈을 깜빡이는 것 같애?
> 아동 : (눈동자를 위로 뜨며 생각한 뒤) 다른 사람에게 이야기하거나 발표할 때요.
> 치료자 : 오늘 선생님에게 이야기할 때도 눈 깜빡이는 모습이 보이더라.
> 아동 : (쭈빗거리며) 네.
> 치료자 : 오늘 처음 만난 선생님에게 이야기하는 게 편하지 않고 긴장되었을 거야.
> 아동 : (웃으며) 조금은 그랬어요.
> 치료자 : 지금은 어때?
> 아동 : 지금은 괜찮아요.

치료자 : 그럼 선생님이 눈 깜빡이는 것과 관련해서 조금 더 질문해도 될까?

아동 : (밝은 목소리로) 좋아요.

    아동은 의사소통이나 인지능력이 제한적이기 때문에 언어적인 면접은 아동이 이해할 수 있는 수준으로 간단하고 명료하게 이루어져야 한다. 질문의 내용이 길거나 추상적인 단어를 많이 사용한다면 질문의 의미를 이해하지 못하고 초점을 잃을 것이다. 아동은 자신과 타인의 행동에 대한 의도와 이유를 모르는 경우가 많다. 그래서 아동이 대답한 것에 "왜"라고 질문하면 당혹해하며 면접에 집중하지 못할 수 있으므로 "왜"라는 질문을 줄이는 것이 좋다. 아동과의 면접은 무엇보다도 아동에게 편안한 분위기를 마련하고 이 공간이 아동의 문제를 평가하거나 비난하는 곳이 아니라 아동에게 도움을 주는 곳이라는 것을 전달하는 것이 중요하다.

의뢰 사유

치료실 방문은 주로 부모에 의해서 이루어지지만 부모가 의뢰한 아동의 문제에 대해 아동 자신이 어떻게 지각하고 있는지 확인하는 것이 필요하다. 이를 통해 문제에 대한 인식 정도와 변화 동기를 알 수 있다. 우선, 방문 목적에 대해 아동이 어떻게 알고 있으며, 부모는 어떻게 전달하였는지를 확인한다. 문제 상황에 대한 일화를 요청하여 문제의 선행사건과 결과에 대한 아동의 이해를 확인하고 문제에 영향을 주는 환경요인을 파악한다. 이 과정에서 부모와 아동의 관점 차이를 확인하고 문제에 대해 객관적으로 파악한다. 의뢰 사유를 확인하는 과정에서 치료자는 아동이 느끼는 감정을 공감하고 강점을 찾아 전달함으로써 아동과의 관계 형성에도 초점을 둔다.

- 무엇 때문에 여기 온 것 같은가?
- 문제가 언제부터 있었는가?
- 문제 발생 시 기분은 어떠한가?
- 문제에 대해 부모님은 어떻게 반응하는가?
- 문제에 대해 다른 사람들은 어떻게 반응하는가?
- 문제가 어떻게 변화되기를 바라는가?

가족관계

가족관계에 대한 정보를 통해 아동이 가족에 대해 어떻게 느끼고 생각하고 있는지 알 수 있으며 아동이 지각하고 있는 가족 분위기와 각 가족 구성원과의 상호작용 및 관계를 이해할 수 있다. 치료자와 이야기하는 것을 부끄러워하거나 저항감이 있는 아동에게는 동적 가족화를 통해 가족 구성원 사이에 형성되어 있는 힘의 분포, 친밀감 및 단절감 등의 가족 역동을 알 수 있다. 사후질문을 통해서 가족관계에 대한 아동의 지각을 구체화하고 명료화한다. 그림 그리는 것을 어려워하는 아동에게는 각 가족 구성원과 닮은 동물 피규어를 고르도록 하여 아동이 선택한 동물의 이미지와 상징을 통해 그 가족 구성원에게서 느끼는 아동의 지각을 이해할 수 있다.

- 누구랑 함께 사는가?
- 가족 구성원과의 사이는 어떠한가?
- 아빠는 어떤 사람이라고 생각하는가?
- 엄마는 어떤 사람이라고 생각하는가?
- 가족 구성원이 본인에게 자주 하는 말은 무엇인가?
- 가족 구성원에 듣고 싶은 말은 무엇인가?
- 가족 구성원에게 바라는 것은 무엇인가?
- 가족 구성원이 어떻게 할 때 가장 좋은가?/싫은가?
- 가족과 함께 하고 싶은 것은 무엇인가?
- 가족 분위기는 어떠한가?

학교생활

아동에게 유치원과 학교는 가정 이외에서 가장 많은 시간을 할애하는 공간이다. 따라서 집단생활의 경험이 직접·간접적으로 아동의 문제에 영향을 미칠 관련성이 크므로 집단생활에 대한 아동의 지각을 탐색하는 것이 필요하다. 학업 태도, 집중력, 학업 수행 능력에 대한 아동의 지각을 확인하여 문제와 얼마나 관련이 있는지 살펴본다. 학교생활에 대한 정보는 동적 학교화(KSD)를 통해 수집할 수 있으며 동적 학교화는 학교생활뿐만 아니라 친구 관계에 대한 정보를 수집하는 것에도 용이하게 활용된다.

- 학교(유치원)생활은 어떠한가?
- 담임 선생님은 어떠한가?
- 담임 선생님이 본인에게 자주 하는 말은 무엇인가?
- 담임 선생님에게 듣고 싶은 말은 무엇인가?
- 좋아하는/싫어하는 과목은 무엇인가?
- 숙제는 어떻게 해 가는가?
- 수업시간 집중과 태도는 어떠한가?

또래관계

학령기 아동은 가족을 떠나 친구 관계에서 제2의 소속감을 느낀다. 친구와의 관계에 따라 학교생활의 적응도 달라진다. 학교생활에 대한 정보와 더불어 또래관계에 대한 정보는 아동이 현재 보이는 문제와 연관성이 높을 수 있다. 또래관계는 아동의 문제에 부정적인 영향을 줄 수 있는 요인이 되기도 하지만 지지의 원천이 될 수도 있으므로 또래관계에 대한 다각적인 정보 수집이 필요하다. 따라서 또래관계에 대한 탐색은 현재뿐만 아니라 과거의 또래관계에 대한 정보도 함께 수집한다.

- 또래관계가 어떠한가?
- 좋아하는/싫어하는 친구가 있는가?
- 친구에게 원하는 것은 무엇인가?
- 친구와 무엇을 하고 싶은가?
- 친구란 무엇이라고 생각하는가?
- 친구는 몇 명 정도 있는가?

기타

아동은 가족, 친구 관계 및 학교생활을 통해 자기 개념이 달라지므로, 현재 자신에 대해 생각하고 느끼고 있는 것에 대한 탐색이 필요하다. 자신을 어떻게 생각하고 있는지, 어떤 경험을 주로 하였는지, 아동이 느끼는 정서는 어떠한지, 자신이 소망하고 있는 것이 무엇인지에 대한 정보 수집으로 현재 아동의 문제에 대한 이해를 높인다.

- 좋아하는/싫어하는 것은 무엇인가?
- 가장 행복한 때는 언제인가?
- 소원이 있다면 무엇인가?
- 가장 아끼는 물건은 무엇인가?
- 가장 무서운 것은 무엇인가?
- 외딴섬에 가게 된다면 누구랑 가고 싶은가?
- 만약 동물로 변한다면 어떤 동물로 변하고 싶은가?

초기면접 사례

초등학교 2학년인 남아는 가정에서 자신이 원하는 대로 되지 않으면 소리를 지르고 행동이 과격해지는 반면 학교나 바깥 상황에서는 가정과 달리 위축되고 또래와의 관계가 원활하지 않다는 사유로 치료실을 방문하였다. 치료자는 부모의 걱정을 공감하면서 아동의 문제를 구체화하고 문제 원인을 탐색 및 확인하면서 치료적 개입을 마련하였다.

의뢰 사유 확인하기

모는 아동이 연산 문제를 풀거나 책을 읽어야 하는 상황에서 하기 싫다고 소리를 지르고 학습지를 찢거나 던지는 행동을 하였다. 모는 아동이 하기 싫다고 하면 시키지 않았으나 2학년이 되면서 학교 공부를 따라가는 것이 힘들고 공부를 못하면 또래에게 놀림을 당할까 봐 싫어해도 강제로 시켰다. 아동이 소리 지르거나 책을 던지면 모는 좋아하는 것을 사주겠다며 달래서 공부를 시키지만 학습지를 푸는 것이 오래 유지되지 않았으며, 아동이 기분 좋을 때 문제 풀기를 요구하여도 화내지 않고 학습지를 마무리해 본 적이 많지 않았다. 모도 지치고 화가 나면 학습을 거부하는 아동에게 매를 들거나 야단을 쳤으며, 그때는 울면서 문제를 풀지만 틀리는 문항이 많고 잠시 후 소리 지르고 던지는 행동이 반복되었다. 이러한 정보를 통해 부모가 호소하는 아동의 문제가 주로 학습상황에서 발생하는 것으로 확인되었으며, 아동은 학업 수행에 심한 거부 반응을 보이며, 모는 문제행동에 일관된 반응을 하지 못하는 것으로 확인되었다.

아동의 발달사 및 집단생활 확인하기

아동은 3세 때 처음으로 어린이집에 갔으나 모와 떨어지지 않으려고 하는 등 어린이집에 적응하지 못하여 5세까지 모와 함께 지냈다. 6세가 되어서야 모와 분리되어 유치원에 등원하였지만, 또래와 함께 하는 활동에 참여하지 못하고 그림 그리기, 만들기 등의 과제 수행을 어려워하였다. 초등학교에 입학해서도 친한 친구가 없고 수업시간에 발표를 시키면 대답하지 못하고 가만히 서 있는 등 학교생활에서도 적응하지 못하는 모습이 보고되었다. 집단생활의 적응능력이 또래에 비해 부족한 것으로 판단되어 초기 발달사에서 발달 지연이 있었는지 확인하는 과정을 가졌다. 이에 부모는 아동이 16개월에 걸었으며 말이 트이기 시작한 시기도 4세 쯤으로 보고되어 또래보다 발달이 지연되었음을 확인하였다.

가족관계 및 양육환경 확인하기

아동의 가족관계는 부(43세)와 모(40세), 남동생(7세)이다. 부는 회사원으로 말이 별로 없는 편이며, 가정에서 아동이 소리를 지르거나 공격적인 행동을 하여도 관여하지 않았다. 모는 가정주부이며, 본 아동에게 신경이 다 가 있으며 아동이 화내는 상황을 만들지 않기 위해 가급적 아동이 원하는 것을 들어주었다. 어릴 적에도 모는 아동이 울거나 떼쓰면 원하는 것을 다 들어주는 것으로 달랬으며 어린이집에 가기 싫다고 울면 보내지 않았다. 모는 현재까지도 밥을 먹여주며 양치 및 대변 뒷처리도 다 해 준다고 보고하였다. 동생은 스스로 알아서 잘하여 믿음이 가지만 형을 챙기다 보니 동생에게 신경을 많이 못 써줘 미안한 마음이 많다고 하였다. 아동은 부와 동생이 없으면 어디 갔는지 묻기는 하지만 교류가 많지 않으며 항상 모에게 의존적이며 모 옆에만 있으려 한다고 하였다. 이러한 정보를 통해 가족 간의 친밀한 상호작용이 부족하며, 과잉보호하는 모의 양육 태도가 아동의 의존성을 강화하고, 아동의 욕구를 지연시키거나 조절시키는 훈육이 제대로 이루어지지 않았다는 것을 확인할 수 있었다.

아동면접 및 놀이관찰

치료자가 아동에게 여기에 오게 된 이유를 알고 있는지 물어보자 "여기 재미있는 장난감 많아요"라며 질문에 벗어나는 대답을 하였다. "집에서 소리 지르는 일이 종종 있다고 이야기 들었다. 무언가 너를 화나게 만든 일이 있었던 것 같구나. 거기에 대해 말해 줄 수 있겠니?"라고 말하자 시선은 다른 곳을 향하며 "소리 지르면 안 돼요"라고 하였다. 아동은 치료자의 질문과 무관한 이야기를 하거나 말이 흐리고 내용 전달이 명확하지 않아 이해하기 어려운 경우가 많았다. 그림 그려보자는 제안에도 아동은 "그림 못 그려요", "하기 싫어요"하며 거부적인 태도를 보여 놀이를 통해 아동의 특성을 관찰하기로 하였다.

아동은 소리 나는 유아용 퍼즐을 선택하여 반복적으로 조작하였다. 퍼즐이 기둥을 타고 내려가며 소리를 내자 재미있는 듯 웃었다. 아동은 이 놀잇감 이외에도 구슬을 넣어 아래로 내려가는 장난감이나 두더지 잡기 등 단순한 조작 놀이에 열중하며 재미있어 하였다. 치료자가 블루마블 보드게임을 권하자 응하였지만 2개의 주사위 합을 틀리게 말하였으며 치료자의 나이를 묻는 아동에게 40살은 넘었고 50살은 되지 않았다는 힌트를 주었더니 "57"이라고 대답하는 등 간단한 더하기나 수 크기 개념이 정확하게 인지되지 않았음을 확인하였다.

잠정적인 가설설정 및 치료적 개입 제시하기

아동은 유아기 수준의 놀잇감에 관심이 많았으며, 간단한 연산이 되지 않고, 언어 표현이 어눌하고 자신의 경험, 생각 및 정서를 제대로 전달하지 못하는 미성숙한 모습을 보였다. 아동의 발달사에서도 또래에 비해 신체 및 언어발달이 늦었으며, 집단생활의 적응도 어려웠다. 이런 점을 미루어 보아 현재 아동은 동일 연령대의 또래보다 인지능력이 부족한 것으로 판단되었다. 모는 발달이 늦은 아동을 과잉보호만 할 뿐 욕구를 지연하고 조절하는 훈육과 스스로 문제를 해결해보는 경험을 주지 못한 것으로 보였다. 아동은 인지능력이 부족하고 자율성과 자기조절 능력이 발달되지 않아 모와 분리되어 어린이집에 등원하는 것이 어려웠으며 집단생활에서 요구하는 지시나 과제 수행도 힘들었을 것으로 판단되었다. 학교에 입학하고 2학년이 되면서 모는 학업 수행을 아동에게 요구하게 되고 아동은 소리를 지르며 학업 수행을 거부하였으나 계속된 모의 요구에 책을 찢거나 던지는 행동이 나타난 것으로 판단되었다. 또한 모는 아동의 부적절한 행동에 일관된 반응을 하지 못하고 아동의 비위를 맞추거나 화를 내어 아동의 행동은 더 강화되고 현재는 아동을 통제하지 못하는 지경에 이르게 된 것으로 보였다. 아동 또한 자신이 또래에 비해 능력이 부족함을 인식하여 항상 모에게 의존하며 바깥 상황에서는 소심하고 위축된 모습을 보이는 것으로 판단되었다.

치료자는 의뢰 사유에 대해 위와 같은 가설을 설정하고 이를 부모에게 설명한 뒤 아동의 인지능력과 현재 정서 상태를 객관적으로 평가하기 위한 종합심리평가를 권유하였다. 또한 아동의 행동문제를 개입하기 위한 놀이치료와 부모교육, 인지능력 향상을 위한 학습치료도 권유하였다.

표 4-1 초기면접지

* 아동에 대한 기본적인 정보 파악을 위해 아래의 항목을 최대한 자세히 기록해주세요.

아동명		(남/여)	생년월일			학교/학년	
작성자		(아동과의 관계 :)	기록 날짜				
주소							
연락처				방문 경위 및 소개인			

상담 및 치료 경험		(유/무)	현재 받고 있는 상담이나 치료가 있다면 아래에 적어주세요.

1. 보호자께서 생각하시는 아동의 주 문제(시작 시기 포함)에 대해 적어주세요.

   1)

   2)

   3)

2. 놀이 치료를 통해 개선되었으면 하는 바를 적어주세요.

   1)

   2)

   3)

3. 아동과 같이 거주하거나 생활하는 사람들(일하시는 분 포함)을 적어주세요.

관계	성명	연령	학력	직업	아동과의 상호 관계(양상, 특징, 친밀도 정도 등)

4. 출산 전후에 관해 해당 항목에 ○ 해주세요.

1	분만 형태 : 정상질식분만 / 제왕절개 / 난산( ) 임신 기간 : 개월
2	출생 당시 몸무게 : Kg
3	출생 당시 신체적 이상 : 없다 / 있다 심장병 / 황달 / 기형 / 뇌손상 / 기타( )
4	임신 동안 (술 / 담배 / 약물) 복용함 / 복용하지 않음 -앓으신 병 : 없다 / 있다(빈혈, 풍진, 사고, 임신중독증, 기타)

5	출산 계획하고 낳은 아이 / 출산 계획 없던 아이, 원한 성별 / 원하지 않은 성별
6	임신 기간 동안 스트레스 유무 : 없었다 / 있었다(아래에 자세히 기록해주세요)
7	출산 전후 어머님 직장 생활 : 가사 / 직장(근무시간 : 시부터 시까지) 　　　　　　　　　　　　　　직장 업무 강도(많이 힘듦 / 조금 힘듦 / 보통 / 힘들지 않음)
8	초기 양육자 : 어머니 / 친할머니 / 외할머니 / 돌보시는 분 / 기타( ) 양육 장소 : 집 / 다른 곳(친가 / 외가 / 기타) 　　　　(매일 데리고 옴 / 주말에만 만남 / 기타)
9	양육 스타일(구체적으로 적어주세요)

5. 발달력(영유아기~유치원)에 관해 해당 항목에 ○ 해주세요.

1	옹알이 : 있음 / 없음 눈 맞춤 : 있음 / 없음 웃기 : 잘 웃음 / 웃지 않음
2	양육자와의 애착 정도 : 강함 / 보통 / 약함 / (양육자에 대한 관심이) 없음
3	첫 단어 : 개월 이후 언어 발달 정도 : 빠름 / 보통 / 느림 / 전혀 발달하지 않음
4	걷기 : 개월 이후 운동 발달 정도 : 빠름 / 보통 / 느림
5	양육자와 떨어질 때 : 많이 불안 / 약간 불안 / 보통 / 불안이 적은 편 / 전혀 불안해 하지 않음
6	낯가림 : 아주 심함 / 약간 심한 편 / 보통 / 약함 / 전혀 하지 않음
7	소변 가리기 : 개월, 야뇨증 : 없다 / 있다(빈도 : 회/주) 대변 가리기 : 개월, 배변 상의 문제 : 없다 / 있다( )
8	반복되는 기이한 행동 : 손 돌리기 / 빙빙 돌기 / 만지작거리는 행동 / 먼 산 바라보기 / 물건 나열하기
9	특별히 애착을 가지는 물건(장난감) : ( ) 애착 정도 : 아주 강함 / 보통 / 약함 / 아주 약함
10	또래관계 : 잘 어울림 / 잘 어울리지 못함 / 기타
11	어린이집 / 유치원에서의 활동 – 주의집중 산만성 : 집중 잘함 / 보통 / 조금 산만함 / 많이 산만함 – 교우관계 : 잘 어울림 / 보통 / 혼자 노는 시간이 많음 / 전혀 어울리지 못함 / 친구들이 싫어함 – 유치원 가는 것 : 매우 싫어함 / 마지못해 감 / 보통 / 좋아하는 편 / 매우 좋아함 – 수행 정도 : 유치원에서 배우는 것을 많이 어려워함 / 조금 어려워함 / 보통 / 잘하는 편 / 매우 　 우수함 – 선생님의 의견
12	기타 학습 활동(과외) – 잘 따라하는 것( ), 잘 못하는 것( ) – 특징 :

6. 하루 일과(문화센터, 학원 및 학습지, 기타 특별한 활동)의 시간대와 내용을 적어주세요.

월	화	수	목	금	토	일

7. 습관 및 병력

1	식사 습관 : 매우 양호 / 양호 / 이상(편식/심한 식욕 저하)
2	수면 습관 : 매우 양호 / 양호 / 이상(악몽/야경증/몽유증)
3	불안 정도 : 문제 없다 / 자주 불안해 함(대인관계/대인 기피/무대 기피/기타)
4	병원 치료 병력 : 없다 / 있다(시기, 병명, 약 복용 여부, 현재 상태 등을 적어주세요)

8. 아이 성격의 장점 & 단점

장점	1)
	2)
	3)
단점	1)
	2)
	3)

9. 가족 상황

1	주거 형태 : 단독 / 아파트 / 공동주택 (평) 방 개수 (개) 아동 개인방 : 없다 / 있다 개인 책상 : 없다 / 있다
2	가족 수입 : 대략 원/월
3	아버지의 평균적 귀가 시간 : 시 가사활동 참여 정도 : 전혀 없음 / 적은 편 / 보통 / 많은 편 / 적극적 아동과의 활동 : 같이 많이 놀아줌 / 적음 / 거의 노는 시간이 없음 주중 가족 활동의 만족도 : 매우 만족 / 조금 만족 / 보통 / 조금 불만족 / 매우 불만족
4	주말 가족 활동 : 외출 빈도 회/월 자주 가는 곳 : 놀이 공원 / 외식 / 기타( ) 주말 가족 활동의 만족도 : 매우 만족 / 조금 만족 / 보통 / 조금 불만족 / 매우 불만족
5	자주 만나는 친인척 : 없다 / 있다( )

10. 가족 병력(지병 등으로 병원 치료를 받은 적이 있는 경우)에 관해 상세히 적어주세요.

친조부	무 / 유( )	외조부	무 / 유( )
친조모	무 / 유( )	외조모	무 / 유( )
부	무 / 유( )	모	무 / 유( )
친가		외가	
기타		기타	

11. 아동과의 관계에서 가장 힘든 점을 적어주세요.

12. 기타

놀이평가

아동이 나타내는 문제를 이해하기 위한 다양한 평가가 개발되어왔다. 그중 이 장에서
는 아동의 발달 수준, 정서 상태, 대인관계 패턴 등의 정보를 얻는 데 도움이 되는 놀
이평가를 소개하려고 한다. 아동의 욕구나 기질, 내면세계, 인지 수준 등에 대한 정보를 파
악할 수 있으며, 이 정보들은 아동관찰, 부모면담, 다른 검사들과 함께 놀이치료를 위한 사
례개념화에 활용된다. 놀이평가는 치료 목표를 설정하거나 치료 활동이나 부모 상담 시에
도 활용되는 유용한 평가라 할 수 있다. 놀이치료에서 놀이평가에 대한 언급은 있으나 구체
적으로 다루고 있는 문헌은 드물다. 이 장에서는 놀이평가의 종류를 소개하고, 실제적으로
놀이치료 임상현장에서 사용할 수 있는 유용한 놀이평가에 대해서 소개한다. 이 장은 **놀이
진단 및 평가**(Gitlin-Weiner, Sandgrund, & Schaefer, 2000)에 나오는 평가들과 임상현장에서
활용할 수 있는 평가를 정리한 것이다.

놀이평가란 무엇인가

놀이는 아동의 내적인 삶을 들여다보는 창일 뿐 아니라 언어로 표현할 수 없는 정보를 얻는
다. 아동의 놀이 행동과 패턴은 아동의 내적인 삶, 기능의 발달 수준, 그리고 능력의 다양한
측면을 반영한다(O'Connor & Ammen, 1997). 놀이에서 관찰 가능한 특성에는 자아발달,
인지 양식, 적응성, 언어기능, 정서적 및 행동적 반응성, 사회성 수준, 도덕성 발달, 지적 능

력, 대처 양식, 문제 해결 기법, 그리고 주변의 세계를 지각하고 해석하기 위한 접근 등이 있다. 놀이에서 관찰한 이 특성을 통해 아동의 문제나 어려움을 확인하는 데 도움이 되는 놀이평가들이 개발되었다. 하지만 아동의 문제와 관련된 정보를 모으는 데 있어 신뢰성이나 타당성의 제한점도 논의되었다. 이러한 과정을 거쳐 사려 깊고 체계적인 검토뿐 아니라 신중한 기록과 구조화, 평정척도가 주어지면서 놀이를 분석할 때 신뢰도가 증가되었다.

놀이평가는 아동의 기질, 능력 등과 같은 개인 내적인 특성뿐 아니라 가족을 비롯한 아동의 외적 세계와의 상호작용에 많은 영향을 받을 수밖에 없다. 그래서 아동의 환경인 양육자, 가족과의 관계를 알기 위한 부모와 아동의 상호작용 가족의 응집성, 위계 등을 평가하기 위하여 놀이의 포괄적인 적응성을 활용하는 도구가 개발되었고, 아동의 환경과의 상호작용을 통해 아동이 자신, 타인, 세계를 어떻게 바라보고 있는지를 가늠하는 데 많은 도움이 되고 있다. 또한 놀이는 아동의 사고, 감정, 지각 등을 이해할 수 있도록 투사적이고 은유적인 놀이평가 도구로 개발되어 아동을 이해하는 매개일 뿐만 아니라 치료 목표를 구체화하고 정교화하는 데 많은 도움을 주고 있다.

여기에 소개하는 평가는 치료자의 능력이나 치료의 목적에 맞게 활용이 가능하다. 실제 임상 현장에서는 이 놀이평가만을 위해 시간을 할애할 수도 있을 것이고, 그렇지 못할 경우 치료 회기 내에서 적절하게 활용될 수 있으며 이를 통해 아동과 아동의 세계를 이해하고 도움을 줄 수 있는 질적인 치료를 하는 데 활용할 수 있을 것이다.

놀이평가의 종류

놀이평가에 포함되는 다양한 목적을 가진 평가 도구 중 아동의 발달을 평가할 수 있는 발달도구, 아동의 사고장애나 성학대 유무 등의 진단을 위한 진단적 도구, 가족의 역동을 평가하는 도구, 아동의 내적 세계를 은유적으로 평가할 수 있는 투사적 도구, 부모와 아동의 상호작용의 질과 양을 평가할 수 있는 도구 등을 소개하고자 한다. 가장 많이 사용되고 치료에 유용한 부모와 아동의 상호작용을 평가하는 도구는 다음 장에서 자세히 다룰 것이다.

발달 놀이평가

아동에 대한 정보를 수집할 때 발달 과정에 초점을 둔다. 표준화된 검사뿐 아니라 아동의 기질이나 성향을 직관적으로 파악하는 데 있어서도 연령과 발달 과정은 매우 중요한 고려 사항이다. 발달 놀이평가는 놀이를 사용하는 기능에서의 지연과 일탈을 발견하는 것뿐 아니라 전형적인 성장 과정을 추적하도록 설계된 많은 도구가 포함된다. 아동의 놀이 특성 및 기술을 잘 살펴보면 연령 및 발달 단계를 평가하는 좋은 잣대가 된다. 놀이는 언어 기반 검사에 반응하지 못하는 아동으로부터 직접적으로 광범위하게 정보를 획득하는 신속하고, 매력적이고, 자연스러운 방법이다. 발달 놀이평가는 부가적으로 부모 면접 및 관찰자 평가 절차와 마찬가지로 아동의 발달을 이해하는 자료로서 활용도가 높다.

- Westby(1991)의 '아동 놀이 발달 사정용 척도(Assessment of Cognitive and Language Abilities Through Play)'는 아동의 인지와 언어 수준을 평가한다. 구조화된 환경에서 아동이 놀이를 할 때 사용하는 언어와 놀이 기술을 관찰하여 아동이 가지고 있는 지식과 이 지식을 어떻게 사용하는지를 평가한다.
- Power와 Radcliffe(1989)의 '상징놀이검사(Symbolic Play Test)'는 네 가지 장난감 세트를 가지고 놀이하는 상황에서 아동의 상징놀이를 관찰하여 아동의 인지 능력을 평가한다.
- Matheny(1986)는 유아와 걸음마기 아동의 놀이를 관찰하였고 아동의 표현 및 정서 행동에서 개인차가 있다는 것을 발견하였다. 이를 연구하여 '유아와 걸음마기 아동의 기질에 대한 표준화된 놀이평가'를 개발하였다. 이 평가는 아동의 개인차, 즉 기질을 알 수 있으며 아동과 부모 간의 상호작용의 '적합성'을 높이는 데 활용된다.
- Rogers와 Takata(1975)의 '놀이 내력 면담(Play History Interview)'은 아동의 현재 놀이뿐 아니라 과거의 놀이 행동을 살펴, 놀이경험, 상호작용, 환경 그리고 기회 등을 확인하여 발달 지연이나 장애 유무를 진단하는 데 목적을 둔 반구조화된 질적 설문지이다.

진단적 놀이평가

수많은 아동 진단 검사와 자료에서 필요한 정보를 수집하는 일은 매우 중요하다. 하지만 표준화된 검사를 아동에게 실시할 때 낮은 기능 수준, 언어적 제한, 비협조적인 태도 등으로 인해 한계가 있다. 검사가 어려운 아동을 평가하기 위해 부모나 교사에 의한 평정척도가 개발되었으나 편견이나 후광효과로 정확한 결과가 나오지 않을 수도 있다. 이에 대한 대안으로 놀이관찰을 사용하기 시작하였고 좀 더 구조화 과정을 거치면서 진단적 놀이평가가 개발되었다. 진단적 놀이평가의 목적은 비교적 정확한 장애나 문제점에 대한 진단을 하는 것이다.

- Caplan과 동료들(1989)은 잠복기 아동의 사고장애 진단을 위해 비논리적 사고, 연상의 이완, 지리멸렬, 말 내용의 빈곤 정도에 대한 조작적인 준거를 제시하여 형식적 사고장애 특성을 이야기 게임을 통해 평가할 수 있는 도구인 '아동용 형식적 사고장애 평가척도 및 이야기 게임(Kiddie Formal Thought Disorder Rating Scale and Story Game)'을 개발하였다.
- White(1988)는 아동 성학대 분야에서 상당한 권위를 가진 인물로 해부학적으로 정교한 신체를 가진 인형을 사용하여 성학대를 받은 아동을 인터뷰하였다. 전문적으로 훈련된 평가자가 매우 구조화된 '해부학적 인형을 사용한 학령 전 아동의 면접'을 통해 수집한 정보가 성학대 유무를 판단하는 법정 장면에서 사용된다.
- Lifter(1996)의 '발달 놀이평가 척도(Developmental Play Assessment Scale)'는 아동의 발달 정도를 확인하고 평가하여 발달장애 및 발달 지연 위험 아동을 선별하는 데 사용되고 있으며, 교육 프로그램을 계획하는 데 활용된다.
- Mogford(1979)는 놀이관찰 도구인 'POKIT(Play Observation Kit)'를 개발하였다. POKIT는 정해진 장난감 세트를 가지고 자발적인 상호작용 놀이를 관찰하는 데 사용되는 것으로 발달 평가 절차에 따라 12~48개월 사이 아동의 발달 수준을 평가하여 발달장애 및 발달 지연을 진단한다.

부모-아동 상호작용 놀이평가

오래전부터 임상가는 부모와 아동의 상호작용을 관찰하면서 아동의 문제를 평가하였다. 부모와 아동의 초기 상호작용의 어려움은 정서장애와 밀접한 관련이 있으며 아동이 자신의 세계를 형성하는 데에도 영향을 미치기 때문에 중요하다. 부모-아동 상호작용의 평가는 자발적이고 자연스러운 행동이 나타나는 상황에서 많은 정보를 제공하기 때문에 이를 직접 관찰하는 것이 유용하며 아동과의 상호작용이므로 관찰을 위한 매체로 놀이를 사용한다. 놀이치료 장면에서 가장 유용하게 많이 사용되는 부모와 아동의 상호작용 평가는 제6장 부모-아동 상호작용 평가에서 더 자세히 다룰 것이다.

- Newland와 동료들(1998)은 생후 1~13개월 유아를 대상으로 한 '모-유아 놀이 상호작용 평가'를 통해 상호작용의 질과 양, 기능에 대한 지표를 제공한다.
- Smith(1997)는 '부모-자녀 상호작용 놀이평가'에서 비구조화된 놀이상황, 구조화된 놀이상황에서 부모와 아동의 반응을 관찰하여 1~9점으로 평정하여 부모와 자녀 사이의 문제를 확인하고 부모에게 상호작용 전략을 교육하고 관계를 개선하는 중재에 활용한다.
- Marschak은 '머삭 상호작용 평가(Marschak Interaction Method, MIM)'로 부모-자녀 상호작용을 평가하였다. 애착에 기반한 평가도구로 성인과 아동 사이의 관계의 질과 특성을 평가하며 구조화, 몰입, 양육, 도전의 네 가지 차원으로 평가하며 부모-자녀 관계를 개선하거나 놀이치료를 계획하는 데 사용된다(Gitlin-Weiner, Sandgrund & Schaefer).
- 송영혜, 서귀남, 김현희의 '부모-아동 상호작용 평가'는 '구조화된 부모-아동 상호작용 평가'(송영혜, 서귀남, 2002)와 '부모-아동 자유놀이평가'(송영혜, 김현희, 2002)로 구성되어 있다. 구조화된 부모-아동 상호작용 평가는 구조화된 상황에서 부모와 아동의 특정한 상호작용을 관찰하는 방법으로, 아동의 욕구를 인식하고 반응하는 부모의 민감성 능력과 특정한 상황을 이끌어 가는 부모의 구조화 능력을 평가하는 데 목적이 있다. 부모-아동 자유놀이 상호작용 평가는 비훈육적이고 자발적이고 반응적이며 즐거운 자유놀이 상황에서 부모와 아동의 상호작용을 관찰하는 평가로, 학령 전 아동과 부모 사이의 관계에 대한 정보를 얻는다.

가족 놀이평가

최근에는 아동의 평가 및 치료 장면에 가족의 참여가 증가하고 있다. 가족 체계 및 역동적인 상호작용에 관심이 있는 가족 구성원을 포함한 평가절차가 필요하다는 점을 인식하면서 어린 자녀도 함께 가족놀이치료 장면에 포함시키게 되었다. 아동과의 치료 작업을 위해 놀이를 활용하면서 가족 놀이평가에 대한 관심이 증가하고 이를 위한 다양한 방법이 개발되고 사용되고 있다. 아동과 놀이치료자의 상호작용에서 아동의 초기 의뢰 사유는 개선되고 상당히 적응적이며, 가정 외에서도 나아지고 있는데 가정에서는 여전히 문제 행동을 보인다고 보고하는 경우가 있다. 이런 경우 부모와 아동의 관계를 들여다봐야 하며, 가족 내 다른 관계도 살펴보아야 한다. 이러한 가족 관계에서 문제가 있다면 가족의 문제를 다루어야 한다.

- Gehring(1998)은 '가족체계검사(Family System Test, FAST)'라고 알려진 표준화된 검사를 통해 가족 구성원이 전형적이고 이상적이며 갈등적인 관점에서 가족을 어떻게 지각하는지에 대한 구체적인 그림을 제공한다.
- Smith(1985)는 가족 평가에서 창의적인 도구로 알려진 '협동화 기법(Collaborative Drawing Technique, CDT)'을 소개한다. 가족의 기능을 검토하는 도식화된 방법으로 이 진단 도구를 사용한다. 가족 구성원은 하나의 그림을 교대로 그리는 활동을 게임처럼 수행한다. 이때 가족은 연속적이고 정서적인 면과 상호작용의 요소를 드러낸다.
- Harvey(1994)의 '역동적 놀이를 통한 가족 관계 관찰'은 활동적인 게임, 드라마, 그리기 과제를 수행하는 동안 드러나는 가족의 상호작용 양식, 관계 변인, 정서적 자원에 대한 정보를 확인한다.

투사적 놀이평가

놀이는 아동의 사고, 느낌, 지각 그리고 신념 등이 자연스럽게 표현되기 때문에 복합적인 수준에서 해석이 가능하다. 아동이 언어적으로 표현할 수 있는 능력이 없어도 놀이는 아동의 환상적 주제를 그려낼 수 있으며, 이를 통해 우리는 아동이 은유하고 투사하는 세계를 이해하는 데 도움을 받는다.

- Mueller와 Tingley(1990)의 'MUG(Mueller-Ginsburg Story Technique)'는 12장의 자극 그림 카드에 대해서 이야기를 만들도록 하여 아동의 정서 및 행동문제를 평가한다. 그리고 이를 입체적으로 수정한 '테티 베어의 소풍(Teddy Bear's Picnic, TBP)' 이야기 기법도 사용한다.
- 놀이 상황에서 퓨펫을 이용한 평가에는 부모-아동 및 가족 상호작용 패턴을 평가하는 '가족 퓨펫 기법(Ross, 1977)'과 아동을 진단적 목적으로 면접하기 위한 '퓨펫 면접 기법(Irwin, 1985)'이 있으며, 아동의 내면 세계를 살펴보기 위한 문장완성검사처럼 사용되는 '퓨펫 문장완성검사(Knell, 1993)'가 있다.
- Russ(1993)는 아동의 가장 놀이에서 정서 표현에 대한 표준화된 측정 도구인 '정서 놀이 척도(Affect in Play, APS)'가 있다.

놀이평가의 실제

아동과 가족을 위한 놀이평가로는 상징놀이검사, 협동화 기법, 퓨펫 문장완성검사가 있다.

상징놀이검사

SPT(Symbolic Play Test, 상징놀이검사)는 Power와 Radcliffe(1989)가 낯선 장소, 낯선 사람과 오랜 시간 검사를 할 때 힘들어하는 아동을 위해 개발한 유쾌하고 보상적인 경험이 되는 놀이를 이용한 인지 검사다. 단순한 장난감 세트를 주고 놀이를 관찰하는 형식이다. SPT는 12~36개월 사이 아동의 기능적인 놀이 기술의 발달을 평가한다. 언어와는 독립된 상징 기능을 평가하고 이후에 언어 기능을 예언하기 위한 목적을 가지고 있다.

평가 도구

상황 1~4를 위한 장난감 네 세트를 준비한다. 주의해야 할 사항으로 장난감 크기가 잡기에 수월한 10~20cm 정도의 소꿉놀이 크기여야 하며 아동에게 흥미를 유발할 수 있을 정도의 매력이 있어야 한다. 다음은 상황 1~4에 해당하는 장난감이다.

상황 1 : 여자 인형, 접시, 컵, 숟가락, 솔빗, 빗

상황 2 : 여자 인형, 침대, 베개, 이불

상황 3 : 남자 인형, 식탁, 식탁보, 의자, 접시, 포크, 나이프

상황 4 : 남자 인형, 트랙터, 트레일러, 나무 블록 4개

실시 장소 및 진행 시간

장난감이 없는 안락하고 편안한 곳에서 실시하며, 전체 시행 시간은 15~20분이 소요된다.

실시 방법

아동에게 한 세트 장난감을 제시하여 아동이 더는 관심이 없거나 새로운 조합을 만들 가능성이 없는 것이 분명해질 때까지 장난감 세트를 가지고 놀게 한다. 이 시점에서 새로운 장난감 세트를 소개하여 관찰한다. 새로운 장난감 세트를 제시할 때는 기존의 세트를 정리한 후 제시한다. 평가자는 아동과 마주 앉아서 놀이 파트너 역할을 하되, 아동에게 어떠한 행동을 하도록 유도해서는 안 된다. 만약 아동의 모가 함께 평가실에 입실할 경우는 아동의 옆이나 뒤에 앉아있도록 한다.

놀이행동관찰

상징놀이 행동 목록과 자세한 내용은 〈표 5-1〉에 제시하였다. 정해진 방식으로 장난감 네 세트가 제시되고 아동의 행동은 촉각적인 탐색, 기능적인 자기-지향적 사용, 기능적인 인형-지향적 사용이 포함된 다양한 방식의 놀이를 관찰한다. 예를 들어 아동은 숟가락을 컵으로 향하게 할 것(촉각적인 탐색)이고, 장난감 컵과 숟가락을 사용하여 스스로 먹으려고 하거나(자기-지향적 사용), 포크와 숟가락을 사용하여 인형에게 먹이려고 할 것(인형-지향적 사용)이다.

채점 방법

아동의 놀이 행동을 '+, -'로 기록한다. 아동이 상징놀이 행동 목록 〈표 5-1〉의 행동을 할 경우는 채점지 〈표 5-2〉에 '+'로 표기하고 행동이 나오지 않을 경우는 '-'로 표기한다. 그

다음 '+'를 1점, '−'를 0점으로 하여 원점수를 산출한다. 원점수는 다시 추정 발달연령으로 환산한다.

검사 시 유의사항

SPT에서 원점수는 연령이 증가함에 따라 원점수가 증가한다. 12개월 아동의 약 5%의 아동이 원점수 1점도 얻지 못하거나 36개월 아동의 약 20%가 만점을 받았다. 따라서 아동에게 시행할 때 바닥 효과와 천장 효과를 보일 수 있으므로 아동의 인지 능력을 고려해야 한다.

표 5-1 상징놀이 행동 목록

상황	행동 목록
상황 I	1. 인형을 다루는 것을 구별하기 : 인형을 세우고, 먹이고, 껴안고, 머리카락을 빗질하는 것과 같이 아동이 인형의 구체적인 특징을 알 때 점수를 준다. 2. 컵이나 컵 받침과 숟가락을 관련시키기 : 컵 안이나 컵 받침 위에 숟가락을 놓고, 숟가락으로 컵 안을 휘젓는 척 할 때 점수를 준다. 3. 자기 또는 다른 사람을 먹이고, 빗질하고, 또는 솔질하기 : 만약 솔이 칫솔처럼 분명하게 사용된다면 점수를 준다. 만약 아동이 상황 I 에서 인형을 먹이고, 빗질하고 솔질하거나 상황 III에서 자신들이 먹는다면 기억하여 점수를 준다. 4. 인형을 먹이고, 빗질하고 또는 솔질하기 : 실제로 빗질하지 않고 인형의 머리에 솔이나 빗을 가져가는 것을 포함한다. 만약 아동이 이 문항에서 점수를 얻었다면 문항 3에서도 점수를 준다. 5. 컵 받침 위에 컵 놓기 : 만약 컵 받침을 컵 위에 놓거나 컵이나 컵 받침이 뒤집혀 있다면 점수를 주지 않는다.
상황 II	6. 인형 다루는 것을 구별하기 : 문항 1과 동일. 만약 아동이 상황 III에서 인형을 적절히 다룬다면 점수를 준다. 7. 인형을 침대와 연관시키기 : 아동이 침대 위에 인형을 눕히거나 앉힌다(머리가 침대의 발쪽 끝에 있을 수 있다). 베개나 담요를 사용하는 것 같은 의도에 관한 부가적인 표시 없이 인형이 침대 위에 있거나 우연히 침대를 가로질러 놓인다면 점수는 없다. 8. 인형에게 담요나 베개 관련시키기 : 담요로 인형의 얼굴 문지르기가 포함된다. 9. 인형 재우기 10. 베개를 정확하게 사용하기 : 침대의 한쪽 끝에 베개를 놓는 것이 포함된다.

(계속)

상황 III	11. 접시에 칼이나 포크 관련시키기
	12. 식탁에 포크, 칼, 접시 관련시키기 : 식탁 위에 이러한 사물 중 하나를 놓는다.
	13. 식탁보를 다른 사물과 연관시키기 :
	a) 식탁보로 식사용 기구(포크, 칼, 숟가락), 식탁, 인형의 얼굴을 닦는다.
	b) 천을 인형을 위한 담요로 사용한다.
	c) 천을 카페트나 식탁보 중의 하나로 사용하기가 포함된다.
	14. 의자에 인형 놓기 : 만약 인형이 의자에 가로질러 눕혀지거나 의자 등받이 쪽을 향한다면 점수는 없다.
	15. 포크, 칼, 접시를 인형과 연관시키기
	16. 식탁과 의자를 연관시키기 : 의자가 식탁 위에 놓여지거나 식탁을 등지고 돌려져 있다면 점수는 없다.
	17. 식탁과 인형을 연관시키기 : 인형이 식탁 위에 서 있거나 식탁에 놓여 있는 의자에 인형이 앉는 것이 포함되며, 식탁 위에 서 있거나 누워 있고, 식탁 아래에 놓여지거나 식탁이 뒤집혀 있다면 점수는 없다.
	18. 식탁과 식탁보를 연관시키기 : 식탁보가 특별하게 사용되고 있다는 표시(예 : 컵이나 식사용 기구가 식탁보 위에 놓이거나 식탁에 의자가 놓임)가 포함된다.
상황 IV	19. 트랙터나 트레일러 이동시키기 : 만약 탈것이 뒤집혀 있다면 점수를 주지 않는다.
	20. 트랙터, 트레일러, 사람과 통나무를 연관시키기
	a) 트랙터나 트레일러 안에 통나무 놓기
	b) 레일로 통나무 이용하기
	c) 기차를 만들기 위해 그것들을 탈것에 덧붙이기
	d) 사람의 손이나 입에 통나무 놓기(담배)
	e) 통나무 위에 사람 앉히기
	f) 통나무를 바퀴 '수리'하는 도구로 사용하기. 만약 아동의 입에 통나무를 넣거나 통나무로 아동이 '쓰기'를 하거나 통나무로 트랙터나 트레일러를 쿡쿡 찌른다면 점수는 없다.
	21. 트랙터나 트레일러와 사람을 연관시키기
	22. 운전석에 사람 놓기 : 검사자가 인형을 놓는 데 도움을 주더라도, 사람이 분명히 있어야 할 곳에 놓으려는 아동의 의지가 분명해야 한다. 그러나 사람의 위치는 정확해야 한다.
	23. 트랙터와 트레일러를 나열하기 : 상대적인 위치가 정확할 필요는 없다. 다른 것 위에 탈것이 포개져 있다면 점수는 없다.
	24. 트레일러에 트랙터 붙이기 : 두 가지 탈것의 상대적인 위치는 정확해야 한다. 아동은 분명한 의도를 보여야 하지만, 검사자는 탈것을 붙이는 데 도움을 줄 수 있다. 만약 아동이 탈것을 연결하지만 위치가 잘못되었다면 문항 23에 대해서는 점수를 주지만, 문항 24에 대해서는 점수가 없다.

표 5-2 상징놀이검사 채점지

아동명		생년월일	
평가자		평가일	

상황 I

1. 인형을 다루는 것을 구별하기

2. 컵이나 컵 받침과 숟가락을 관련시키기

3. 자기 또는 다른 사람을 먹이고, 빗질하고, 솔질하기

4. 인형을 먹이고, 빗질하고 또는 솔질하기

5. 컵 받침 위에 컵 놓기

상황 II

6. 인형 다루는 것을 구별하기

7. 인형을 침대와 연관시키기

8. 인형에게 담요나 베개 관련시키기

9. 인형 재우기

10. 베개를 정확하게 사용하기

상황 III

11. 접시에 칼이나 포크 관련시키기

12. 식탁에 포크, 칼, 접시 관련시키기

13. 식탁보를 다른 사물과 연관시키기

14. 의자에 인형 놓기

15. 포크, 칼, 접시를 인형과 연관시키기

16. 식탁과 의자를 연관시키기

17. 식탁과 인형을 연관시키기

18. 식탁과 식탁보를 연관시키기

상황 IV

19. 트랙터나 트레일러 이동시키기

20. 트랙터, 트레일러, 사람과 통나무를 연관시키기

21. 트랙터나 트레일러와 사람을 연관시키기

22. 운전석에 사람 놓기

(계속)

23. 트랙터와 트레일러를 나열하기 _____

24. 트레일러에 트랙터 붙이기

■ 전체 원점수 _____

■ 연령 점수 _____ 개월

점수	연령(개월)	점수	연령(개월)	메모
0~4	12 이하	14	24.5	
5	12.7	15	25.8	
6	14	16	27.1	
7	15.3	17	28.5	
8	16.6	18	29.8	
9	18	19	31.1	
10	19.3	20	32.4	
11	20.6	21	33.7	
12	21.9	22	35	
13	23.2	23~24	36 이상	

협동화 기법

Smith(1985)의 CDT(Collaborative Drawing Technique, 협동화 기법)는 그림검사나 동적가족화가 치료에 도움이 된다는 경험에서 치료 장면으로 확대하여 사용되었다. CDT는 그림이므로 투사 검사에서 적용하는 기본 원칙에 의해 분석도 가능하고 동시에 가족의 역동과 상호작용도 볼 수 있다는 점에서 유용한 평가이다. 가족이나 부부에게 그림을 그리게 하고 치료자가 관찰하는 구조화된 비언어적 상호작용 과제이다. 특히 언어 표현에 제한이 있는 아동이 참여할 수 있어 부모와 대등한 위치에서 수행할 수 있는 점이 장점이다.

평가 도구 및 절차

과제를 위해 약 30×46cm의 도화지, 초시계, 도화지를 놓을 테이블, 의자 하나가 필요하다. 자료가 놓이면, 가족에게 다음과 같이 지시를 내린다.

"여러분 모두 그림을 그릴 수 있는 크레용을 하나 선택하십시오. 여러분이 크레용을 하나씩 선택했다면, 이제 누구부터 그림을 그릴지 순서를 정해주세요. 지금부터 서로 아무 말도 해서는 안 되며 의사소통 하려는 시도도 해서는 안 됩니다. 제가 '시작'이라고 말하면 첫 번째 사람은 그리기 의자에 앉아서 그리고 싶은 것을 그리기 시작할 겁니다. 제가 '다음'이라고 말하면, 그 사람은 즉시 그리던 것을 멈추고, 다음 사람이 의자에 앉아서 그림을 그리기 시작할 것입니다. 제가 '그만'이라고 말할 때까지 순서대로 진행할 것입니다."

가족 구성원이 지시가 주어지고 질문을 하려고 하면, 같은 지시를 정중하게 다시 언급한다. 치료자는 시간을 측정하면서 말없이 진행한다. 그림을 그리는 시간은 첫 번째 차례에서 30초간 가족 구성원이 모두에게 주어지고 그다음 차례부터는 5초씩 줄어든다. 30, 25, 20, 15, 10, 5초 마지막은 3초씩 그린 뒤 마무리 한다. 그림 그리는 시간을 점진적으로 줄이는 이유는 활동의 강도를 높이고, 게임과 같은 분위기를 주어 인지 처리 과정에서 있을 수 있는 억제를 약화시키기 위한 것이다. 그림 그리는 시간은 15분을 넘지 않도록 한다. 그림을 그린 후에는 자유롭게 토론을 한다. 토론 시간은 1시간 이상 지속될 수 있다. 치료자는 모든 가족에게 "자, 어땠어요?"라고 하며 토론을 시작하지만 가족 구성원이 주도하도록 한다. 치료자는 충분히 토론을 한 후에는 미리 정해진 질문을 한다. 질문은 다음과 같다.

- 규칙을 지키지 않은 사람이 있나요?
- 그리는 순서를 누가 결정했나요?
- 모든 사람이 사용하는 크레용의 색은 누가 결정했나요?
- 도화지에서 공간을 가장 많이 사용한 사람은 누구인가요?
- 도화지에서 공간을 가장 적게 사용한 사람은 누구인가요?
- 최종 작품에 대해서 어떻게 생각합니까?
- 이 그림에서 가족 중 두 사람 이상이 함께 협조적으로 작업한 곳을 찾을 수 있나요?
- 이 그림에서 두 사람 이상이 방해한 곳이 있나요?
- 만일 당신이 처음에 그렸다면 무엇을 그렸겠습니까?
- 이 그림에서 가족 내에서 일어나는 일을 생각나게 하는 것이 있나요?
- 전체 활동에서 가족 내에서 일어나는 일을 생각나게 하는 것이 있나요?

평가하기

그림은 투사검사의 원칙에 따라 해석이 가능하다. 또한 관찰사항과 질문을 통해 얻은 정보 등에서 상호작용의 질(갈등과 해결, 가족 규칙, 훈육 및 제한 설정, 긍정적 감정, 형제자매 관계), 가족의 구조(응집력, 위계, 적응성, 의사소통), 문제 해결 능력 등에 대해 가족을 평가할 수 있다.

가족놀이평가를 통해 가족이 건강한 응집력, 적응력 및 질적인 의사소통을 할 수 있도록 조언하고 이를 아동 놀이치료나 부모교육 및 상담에 활용할 수 있다. 활동과 평정된 자료의 결과를 비교하면서 문제점을 찾아내고 이를 바꿀 계기나 통찰을 얻는 경우가 많다. 이런 평가는 가족의 문제를 인식하는 데 훨씬 효과적이고 변화할 의지가 생기며 부모의 저항이나 방어도 줄어들기에 치료의 진전도 빨라진다.

퓨펫 문장완성검사

Knell(1993)의 PSCT(Puppet Sentence Completion Test, 퓨펫 문장완성검사)는 애매한 자극에 대하여 개인의 욕구, 감정, 갈등, 동기 등을 평가하는 투사 기법의 하나이다. PSCT는 치료자나 임상가가 많이 사용하는 문장완성검사를 학령 전 아동에게 적용하기 위해 만든 검사이다. PSCT는 글을 읽고 쓰는 데 어려움이 있는 3~7세 아동의 욕구를 발달적으로 평가할 수 있는 도구로 놀이처럼 사용한다. 아동으로부터 사고, 느낌, 사건에 대한 지각, 행동 등을 평가자가 친밀한 느낌의 퓨펫을 이용해 아동에게서 문장을 완성할 수 있도록 문장의 처음 부분을 말하고 나머지 부분을 아동이 완성하게 하는 것이다.

평가 실시 방법

문장의 선택 문장은 이 장 뒷부분 〈표 5-3〉에서 가치 있는 임상 정보(가족, 자아존중감, 감정, 잠재적 외상 가능성)를 끌어낼 수 있는 문장을 임상적 판단에 따라 임의로 선택할 수 있다. 부모의 이혼, 정서적·신체적·성적 학대, 발달 외상 등의 특수한 상황을 고려한 문항을 선택할 수 있다. 특정한 생활 상황이나 현재 드러난 문제와 관련된 문장을 평가자가 평가를 하는 도중에 변경하거나 첨가할 수 있다. 예를 들면 학대받은 아동에게 "가장 나쁜 비밀은 _____" 혹은 "나는 침대 위에 누워서 _____을(를) 생각한다" 등의 문장을 사용할 수 있다. 이러한 문장을 아동에게 제시하였을 때 아동의 반응이 줄어들거나 없기도 하다. 이를 통해 이 부분이 문제가 되는 영역임을 알 수 있다.

　퓨펫은 아동과 치료자가 선택한다. 아동이 퓨펫을 선택할 때 부담을 느끼지 않아야 하기 때문에 아동의 문제와 직접적인 관련이 없는 다양한 퓨펫을 이용하게 하는 것이 중요하다. 대부분은 사람과 동물 퓨펫이다. 장소는 아동 앞에 두거나 쉽게 손이 닿을 수 있는 곳으로 눈높이에 두는 것이 좋다. 아동에게 퓨펫을 선택하도록 이야기하고 라포를 형성하기 위해 놀이를 한다. 아동이 선택한 퓨펫과 선택 방법을 관찰하는 것이 도움이 되며, 선택에 걸린 시간, 흥미 여부, 과제 지속, 무관심 표현, 언어 표현, 퓨펫 선택 이유, 스스로 선택하지 않고 평가자에게 요청하였는지 등을 관찰한다.

　실시 평가자는 아동이 퓨펫(C)을 선택하도록 하고, 평가자는 2개의 퓨펫(A, B)을 선택한다. 평가는 수행절차를 이해시키기 위한 연습인 1부와 본 검사인 2부로 나뉜다. 1부에서 평가자는 첫 번째 퓨펫(퓨펫 A)으로 문장의 일부를 읽고, 평가자의 두 번째 퓨펫(퓨펫 B)이 바로 대답을 한다. 평가자는 아동이 잡고 있는 퓨펫 C를 향하고 퓨펫으로 대답해야 한다고 지시한다. 1부를 확실히 이해할 때까지 2부를 실시하지 않는다. 2부에서는 평가자의 첫 번째 퓨펫은 아동 퓨펫에게 직접 문장을 진술하고 아동은 자신의 퓨펫으로 대답한다. 시간이 정해진 상황이면 임상적으로 타당하거나 특정 주제를 유도할 수 있는 문장을 선택하기도 한다.

유의사항

검사를 실시하기 전에 임상적으로 타당한 문장을 기본적인 문장 이외에 준비해둔다. 이는 〈표 5-3〉의 선택형 문장을 참고하기 바란다. 현재 아동에게 드러난 문제와 관련되는 문장, 아동의 환경, 가족 구성, 생활 스트레스와 관련된 특정한 문제에 대한 정보를 유도하기 위한 문장도 첨가하며, 아동이 주로 사용하는 신체 기능에 대한 단어도 부모와의 초기면접에서 수집해 둔다. 예를 들면 아동이 대변을 '응가'로, 배변 운동을 '끙끙이'라고 표현한다면 이를 활용하도록 한다. 다음은 배변 및 행동 문제가 있는 아동을 평가한 사례이다.

　주현이(가명)는 3세 5개월 된 남아로 배변 및 행동 문제로 의뢰되었는데 엄마는 주현
　이가 어린이집에서 화장실에 가지 않고 오랫동안 변을 참는다고 하였다. 그래서 관장

을 여러 차례 실시하였고 아동도 부모도 배변 때문에 상당한 스트레스를 경험하고 있다고 하였다.

다음은 주현이의 반응을 얻어내기 위해 준비한 문장의 예이다.

나는 _____ 을 좋아해요.	나는 밖에서 노는 것을 좋아해요.
나는 _____ 을 무서워해요.	나는 괴물을 무서워해요.
나는 _____	나는 화장실에 가서 힘을 주고 물을 내려요.
나는 _____ 가장 행복해요.	나는 웃을 때, 행복할 때, 커다란 변기에 있을 때 가장 행복해요.
내가 화장실에 갈 때 _____	내가 화장실에 갈 때 나는 갈 수 없어요.
나는 변기에 가서, _____	나는 변기에 가서, 응가응가 하고는 물을 내려요.

아동은 자신이 화장실에 가는 것을 거부해서 부모가 걱정하는 것을 알고 있으며, 화장실에서 배변을 하면 만족해하고, 그렇게 했을 때 부모가 좋아한다는 것을 알고 있다. 그래서 화장실을 사용하지 않을 때 부모가 웃지 않으며, 부모가 웃는 것은 아동의 바람이라는 것을 알 수 있다.

PSCT 실시에서 아동이 한 반응을 다음 문장에서 활용하여 아동의 반응을 확장하도록 요청하고 이를 통해 명료화시킬 수 있다. 아동의 반응을 활용하여 그다음 문장을 아동에게 제시함으로써 아동의 마음을 잘 알 수 있다.

엄마는 불타는 돌멩이 같아요.
엄마가 불타는 돌멩이 같다는 것은 내가 잘못한 일이 있으면 몹시 화를 낼 때 불타는 돌멩이 같기 때문이에요.
엄마가 나에게 화를 낼 때 나는 방에 가서 블록 놀이를 해요.
나는 가끔 생각의자에 앉아요.
생각의자에 앉으면, 외로워요. 엄마가 나를 사랑하지 않는 것 같아요.
엄마가 나를 사랑하지 않는 것 같을 때, 나는 슬퍼요.

PSCT에서 퓨펫 이외의 장난감을 사용하기도 한다. 아동이 퓨펫에 흥미가 없을 때 유연성을 발휘하여 퓨펫 대신 자동차나 동물을 사용할 수도 있다.

퓨펫 대신 폴리(경찰 자동차, 만화 캐릭터)를 사용한 경우

치료자 : 나는 부끄러움이 많아.
아동 : 나는 용감해. 나는 항상 용감해서 밤에 혼자 자는 것이 무섭지 않아.
치료자 : 혼자 자는 것이 무섭다고 하는 아이들은
아동 : 침대 밑에서 귀신이 나올 것 같아서야.

또한 문장을 만들 때 아동의 상황에 맞게 만들 수도 있지만 아동을 치료적으로 도울 수 있는 심리교육적인 방식으로 만들 수도 있다. 이는 아동에 대한 다른 평가를 통해 충분히 정보가 수집된 경우에 사용할 수 있다.

PSCT는 구조화되어 있고, 투사적이어서 아동에게 발달적으로 적합하고 아동의 참여를 촉진할 수 있는 경우에 사용한다. 하지만 사용 시 아동이 평가를 충분히 이해하였을 때 시작해야 하며, 퓨펫을 사용하여도 되며 다른 장난감으로 활용하여도 된다. 평가는 퓨펫으로 소개되고 대부분의 아동은 쉽게 친숙해지고 즐겁게 놀이하듯 할 수 있다. 평가에서 수집한 자료는 다른 자료와 함께 사용하는 것이 중요하다.

표 5-3 퓨펫 문장완성검사의 절차와 문장의 예

지시 : 평가자는 아동이 퓨펫을 선택하게 한다. 아동이 퓨펫을 선택한 후에, 평가자는 2개의 퓨펫을 선택한다. 아동이 원한다면, 평가자가 사용할 퓨펫을 아동이 고르게 할 수 있다. 다음 기호는 지시에서 사용된다.
퓨펫 A : 평가자, 퓨펫 B : 평가자, 퓨펫 C : 아동

1부
지시 : 퓨펫 A가 어간 문장을 진술한다. 퓨펫 B는 즉시 대답한다. 평가자는 반응을 얻기 위해 퓨펫 C

를 향한다. 평가자는 퓨펫 B로 대답한다. 퓨펫 C가 제시한 반응에서 아동이 과제를 이해한 것 같으면 2부로 넘어간다.

퓨펫 A : 내 이름은 _____
　　　　(퓨펫 B를 향해) 내 이름은 _____
　　　　(퓨펫 C를 향해) 내 이름은 _____
퓨펫 A : 내가 좋아하는 아이스크림은 _____
　　　　(퓨펫 B) 초코아이스크림 _____
　　　　(퓨펫 C) _____

(계속)

퓨펫 A : 나는 _____

　　(퓨펫 B)　_4살_____

　　(퓨펫 C) _____

퓨펫 A : 내가 좋아하는 장난감은 _____

　　(퓨펫 B)　_테디베어_____

　　(퓨펫 C) _____

아동이 과제를 이해하지 못한다면, 되돌아가서 퓨펫 C가 대답하도록 돕기 위해 퓨펫 B가 아동을 격려한다. 아동이 과제를 명확하게 이해할 때까지 계속한다.

2부

지시 : 2부에서 퓨펫 A는 어간 문장을 진술한다. 문장은 퓨펫 C에게 바로 진술한다. 아동의 대답은 빈칸에 즉시 작성해야 한다.

내가 좋아하는 음식은 _____ 이다.

나는 _____ 하는 것을 좋아한다.

나는 밖에서 _____ 하는 것을 좋아한다.

엄마는 _____ 이다.

아빠는 _____ 이다.

내가 좋아하는 방송은 _____ 이다.

나의 오빠(남동생) 이름은 _____ 이다.

나의 언니(또는 여동생) 이름은 _____ 이다.

나는 _____ 인 척하는 것을 좋아한다.

내가 더 크다면, 나는 _____ 할 것이다.

밤에 잘 때 나는 _____ 이다.

나는 _____ 가 무섭다.

나는 _____ 를 싫어한다.

나의 비밀은 _____ 이다.

엄마가 _____ 할 때 좋다.

아빠가 _____ 할 때 좋다.

엄마가 _____ 할 때 밉다.

아빠가 _____ 할 때 밉다.

나는 _____ 할 때 행복하다.

나는 _____ 할 때 슬프다.

나의 가장 큰 문제는 _____ 이다.

나에게서 가장 나쁜 것은 _____ 이다.

선택형(보충형) 문장

나는 손으로 _____ 하는 것을 좋아한다.

나는 손으로 _____ 하는 것을 좋아하지 않는다.

나를 만지는 것이 싫은 사람은 _____ 이다.

나를 만지는 것이 좋은 사람은 _____ 이다.

내 몸은 _____ 이다.

나는 내 몸의 _____ 를 만지는 것이 싫다.

이야기해서 안 되는 비밀은 _____ 이다.

나는 _____ 할 때 미칠 듯이 화가 난다.

내가 부모님의 이혼에 대해 들었을 때,

나는 _____ 을 느꼈다.

이혼은 _____ 이다.

나의 엄마/아빠를 방문하는 것은

_____ 이다.

나의 엄마/아빠를 방문할 때, 나는

_____ 이다.

나의 새엄마/새아버지는 _____ 이다.

나의 화장실은 _____ 이다.

내가 화장실로 갈 때, 나는 _____ 이다.

기저귀는 _____ 이다.

엄마가 떠날 때, 나는 _____ 느낀다.

혼자 있는 것은 _____ 이다.

나의 배는 _____ 이다.

나의 가장 큰 소망은 _____ 이다

※ 선택형 문장은 아동에 따라 변경 가능하다.

부모 - 아동 상호작용 평가

부모와 아동의 상호작용 평가는 의뢰된 아동 문제의 발생 및 발달의 복합적인 이유를 통합하여 치료 목표와 전략을 계획하기 위한 정보수집 과정의 하나이다. 부모-아동 상호작용 평가를 통해 놀이치료자는 아동의 문제와 연결되는 부모와 아동 간 상호작용의 질과 양, 특정한 상호작용 행동 측면들에 대한 정보를 수집한다. 예를 들어 부모와 아동에게 자유로운 놀이상황이나 구조화된 상황에서 특정 행동을 하도록 한 후 부모-아동 행동 반응의 선행과 결과의 연쇄 고리를 관찰하여 부모-자녀의 애착 및 관계 패턴과 부모의 행동 반응이 기능적인지에 대한 지표를 얻는다. 만약 부모와 아동의 상호작용이 부적절하다면 아동과 주고받는 부적절한 반응 패턴을 부모가 인식할 수 있도록 하여 부모의 양육 태도 및 부적절한 반응 행동을 변화시키는 데 활용한다. 놀이치료자는 아동을 이해하고 문제해결을 찾기 위한 사례개념화와 아동과 관계를 증진하거나 개선하는 부모 훈련을 제공하기 위한 평가도구로 부모-아동 상호작용 평가를 활용할 수 있다. 이 장에서는 부모와 아동의 상호작용을 직접 관찰하고 평가하는 도구에는 어떠한 것이 있는지 간략히 소개하고, 실시 과정과 사례를 제시하여 부모-아동 상호작용 평가의 실제적인 접근에 대해 알아볼 것이다.

부모-아동 상호작용 평가의 종류

부모와 아동의 상호작용을 직접 관찰하고 평가하는 대표적인 도구에는 Marshack 상호작용 평가(Marschak, 1960; Gitlin-Weiner, Sandgrund., & Schaefer, 2000 재인용), 한국판 부모-아동 상호작용 행동평가(김정미, 제럴드 마호니, 2013), 부모-아동 자유놀이 상호작용 평가(송영혜, 김현희, 2002)와 구조화된 부모-아동 상호작용 평가(송영혜, 서귀남, 2002)로 구성된 부모-아동 상호작용 평가 등이 있다. 이 평가도구들은 실행 지침과 부모와 아동의 행동에 대한 관찰 항목, 평가 내용이 제시되어 있어 놀이치료 임상현장에서 사용하기 유용하다.

Marschak 상호작용 평가

Marschak 상호작용 평가(이하 MIM)는 부모-아동 양자 관계 측면을 평가하고 관찰하는 평가도구로, 치료를 계획하고 부모와 아동의 관계를 강화시키기 위해서 가족에 어떻게 도움을 줄 수 있는지를 결정하는 데 사용한다. MIM은 Marschak(1960)이 개발하여 처음에는 '통제된 상호작용 시간표(Controlled Interaction Schedule, CIS)'라고 불렀다. Marschak은 미국의 헤드스타트 아동과 어머니, 일본 농촌의 가족, 정신분열증 및 자폐증 아동의 부모와의 상호작용에 관한 연구 등에 CIS를 사용했다(Gitlin-Weiner, Sandgrund & Schafer, 2000). 이후 치료놀이(Theraplay) 기관에서 부모-자녀의 상호작용을 알아보기 위해 사용하였다(Booth & Jernberg, 2010). MIM은 제한 설정과 정리된 환경을 제공하는 구조화(structure), 아동의 상태와 반응을 조절하면서 상호작용에 끌어들이는 몰입(engagement), 주의 · 보살핌 · 달래줌에 대한 아동의 욕구를 충족시키는 양육(nurture), 발달적으로 적절한 수준에 도달하도록 아동의 노력을 격려하고 지지하는 도전(challenge)의 네 가지 차원의 간단한 과제들을 실시하여 부모의 능력을 평가한다. 동시에 이 네 가지 차원에 대한 부모의 능력에 반응하는 아동의 능력을 평가한다.

구조화 과제를 할 수 있도록 상황을 만들거나 준비시키는 것으로, 환경을 구조화하고 기대와 제한을 명확하고 적절하게 설정하는 부모의 능력과 아동이 부모의 구조화를 수용하는지를 평가한다. 과제는 '페이스 페인팅으로 아이의 얼굴을 꾸며주세요', '아동이 좋아하는 것을 그리게 하세요' 등이다.

몰입 과제 상황을 유지시키거나 즐거움을 끌어내기 위한 것으로, 아동의 발달 수준과 감정적 상태에 적절한 상호작용적인 몰입을 격려하는 부모의 능력과 아동이 부모의 몰입에 함께 참여하는지를 평가한다. 과제는 '쎄쎄쎄 놀이를 하세요', '까꿍 놀이를 하세요', '서로의 발을 간질이세요', '친숙한 게임을 하세요' 등이다.

양육 반응적인 양육을 반복적으로 제공하는 것으로, 아동의 욕구를 인식하여 발달적으로 상황에 맞춰 반응하며 아동의 긴장과 스트레스를 인식하여 다루도록 도와주는 부모의 능력과 아동이 부모의 양육을 받아들이는지를 평가한다. 과제는 '부모는 아동의 등에 파우더를 발라주세요', '서로에게 로션을 바르세요', '아동에게 반창고를 붙이세요', '서로의 머리를 빗겨주세요', '아기 때 추억을 말하세요' 등이다.

도전 더 높은 목표를 수행하도록 자극하고 격려하는 것으로, 아동의 발달을 자극하고 발전을 격려하고 적절한 기대를 설정하고 성취에 즐거움을 주는 부모의 능력을 평가한다. 그리고 아동은 부모의 적절한 도전에 반응하는지 평가한다. 과제는 '아동이 알지 못하는 것을 아동에게 가르치세요', '부모는 아동에게 아동이 어른이 되었을 때를 이야기하도록 하세요', '어려운 퍼즐을 하도록 지시하세요' 등이다.

MIM은 다른 장난감이 없는 일방경이나 녹화 장비가 갖추어진 방에서 의뢰된 문제나 초기면접의 정보를 바탕으로 선택된 과제 카드와 이에 상응하는 번호가 붙여진 봉투 속에 재료들을 두고 실시한다. 이후 일정을 잡아서 MIM에서 일어난 구체적인 상황들에 대한 기록을 읽거나 녹화된 장면의 부분을 보면서 관찰하고 해석한 것을 부모에게 설명한다. MIM은 그 형태가 다양하며, 태아기 MIM, 유아기 MIM, 학령전/학령기/청소년기 MIM, 부부 MIM 등이 있다. MIM은 통계적으로 타당한 규준을 지닌 표준화된 검사는 아니지만, 각 차원에 대한 설명은 부모-자녀 관계의 건강한 발달을 위한 이해를 제공한다.

한국판 부모-아동 상호작용 행동평가 척도

한국판 부모-아동 상호작용 행동평가 척도(이하 K-MBRS, K-CBRS)는 부모와 아동이 자유롭

표 6-1 K-MBRS와 K-CBRS 구성

요인	항목	내용
반응적 행동	민감성	부모가 아동이 흥미로워하는 활동이나 놀이를 이해하고 인식하는 것으로 보이는 정도
	반응성	아동의 행동에 대해 부모가 반응하는 적합성과 일관성
	수용성	부모가 아동 자신과 아동의 행동을 받아들이는 정도, 수용성은 아동에 대해 표현되는 긍정적 애정의 강도와 언어적 또는 비언어적으로 표현되는 승인의 빈도
	즐거움	아동과 상호작용하는 부모의 즐거움. 즐거움은 아동 자체에 대한 반응으로 자발적인 표현이나 반응 또는 부모와 함께하는 행동
	온정성	온정성은 쓰다듬기, 무릎에 앉히기, 뽀뽀, 안아줌, 목소리 톤, 사랑스러운 언어로 아동을 대하는 긍정적 태도
	언어적 칭찬	양적으로 아동에게 주어지는 언어적 칭찬
효율적 행동	효율성	놀이적 상호작용에서 아동을 함께 끌어들이는 부모의 능력. 부모가 상호적인 관계에 아동의 주의, 협력, 참여를 이끌어낼 수 있는 정도
	표현성	아동에 대해 정서적으로 반응하고 표현하는 부모의 성향. 아동에게 감정을 표현하는 목소리 특성, 강도, 생기, 빈도
	독창성	부모가 아동에게 주는 자극의 범위. 다양한 접근, 상호작용 유형의 수와 아동의 흥미를 끄는 다른 것을 찾아내는 능력, 장난감을 사용하고 조합해보며, 장난감이 있든 없든 게임을 고안해내는 다양한 방법들
	보조	부모의 행동 비율 ※ 아동의 행동과는 달리 평가됨
지시적 행동	성취지향성	감각운동과 인지적 성취에 대한 부모의 조장. 이는 아동의 발달적 발전을 촉진하기 위해 부모가 지나치게 지향하는 자극의 양
	지시성	아동이 즉각적으로 행동하도록 지시하거나 요구하고, 명령하고, 암시를 주는 빈도와 강도
활동적 행동	주의집중	아동이 상호작용 중에 일어나는 활동에 집중하는 정도
	지속성	아동이 상호작용을 유지하려는 시도나 언어적 표현을 반복적으로 나타내는 정도
	흥미	아동이 활동에 참여하려는 강도
	협력	아동이 성인의 요구나 제안에 복종하는 정도
사회적 행동	주도성	아동이 상호작용 과정 중에 다양한 활동을 시작하는 정도
	공동 주의	아동이 상호작용 과정 중에 어른의 주의를 이끄는 정도
	애정	상호작용 중에 아동의 일반적인 정서 상태

출처 : 김정미, 제럴드 마호니(2013).

게 놀이하는 상황에서 부모의 반응적 행동과 효율적 행동, 지시적 행동과 아동의 활동적 행동과 사회적 행동을 평가하는 도구이다. 이 도구의 목적은 중재 프로그램이 부모가 자녀의 발달을 촉진하기 위해 최적의 상호작용을 하는지, 바람직한 상호작용을 위해 어떤 도움이나 지지를 사용할 것인지, 아동이 발달 또는 행동 문제의 위험성에 노출되어 있는지를 판단하려는 데 있다. 장애 아동과 어머니의 상호작용 유형을 분석하기 위해 아동발달 문헌에 보고된 많은 평정 척도를 종합하여 어머니 행동평정 척도와 아동 행동 평정척도를 구성하였고(Mahoney, Finger & Powell, 1985), 이후 요인과 항목을 보완하여 MBRS(Mahoney, 1999)와 CBRS(Mahoney & Wheedn, 1999)를 개정하였다. 이를 김정미 등(2000)이 한국에서 타당화 연구를 실시하였고, 이후 김정미, 곽금주(2002)가 대상을 확장하여 K-MBRS와 K-CBRS의 사용절차 및 평가 준거를 확정하였다. K-MBRS는 '반응적 행동', '효율적 행동', '지시적 행동'으로, K-CBRS는 '활동적 행동', '사회적 행동'으로 구성되어 있으며 각 하위 항목을 5점의 리커트 척도로 평가한다.

　K-MBRS와 K-CBRS는 일반적으로 부모와 아동의 상호작용 유형을 관찰하기 위해서 구조화된 비디오 관찰법을 사용한다. 가능한 평상시 자연스러운 상황을 비디오로 촬영하고 이후에 촬영된 장면을 보면서 훈련된 평가자가 부모와 아동의 상호작용 유형을 평가한다. 이때 놀잇감은 자연스러운 상호작용을 이끌기 위한 매개로 사용하며 필수적인 요건은 아니다. 다만 부모와 아동의 상호작용 행동관찰을 위해 가능한 한 일상적인 상황에서 관찰될 수 있는 부모와 아동 간의 자연스러운 상호작용 장면을 5~10분간 녹화하는 절차를 먼저 갖도록 제안하고 있다. 이 평가 척도는 신뢰성을 높이기 위해 평가자 간 90% 이상의 일치도를 얻도록 평가자 훈련이 선행되어야 한다. K-MBRS와 K-CBRS는 부모와 아동 간의 상호작용을 잘 이해하고 아동의 교육적·사회적 경험을 높이는 데 적합한 부모의 상호작용 행동이 무엇인지를 제시하고자 사용하며, 부모를 병리화하거나 개개의 차이에 대한 평가로서 사용하지 않아야 한다.

부모-아동 상호작용 평가

부모-아동 상호작용 평가는 자유 놀이와 구조화된 과제를 실시하여 학령전기 아동과 부모의 상호작용을 직접 관찰하고 평가하는 도구로, 부모-아동 자유놀이 상호작용 평가와 구조화된 부모-아동 상호작용 평가로 구성되어 있다. 이 도구는 발달 및 정서·행동적 어려움을 가진 아동-부모의 상호작용 행동 반응을 평가하여 부모의 실제적인 행동 변화를 촉진하고자 하는 목적이 있다. 송영혜, 서귀남, 김현희(2002)는 놀이치료를 실시하기 전 부모와 아동의 상호작용 행동을 체계적이고 맥락적으로 관찰하고 평가하기 위한 도구를 개발하였다. '부모-아동 자유놀이 상호작용 평가'는 자유로운 놀이 상황에서 평가하고, '구조화된 부모-아동 상호작용 평가'는 일상생활에서 부모와 아동의 상호작용이 나타날 수 있는 대표적인 상황(놀이, 학습, 양육, 정서, 시각)을 축소한 과제를 실시하여 평가한다. 평가 내용에는 부모 반응, 아동 반응, 부모-아동 상호작용 반응을 제시하여 긍정적 상호작용 반응 양상을 알려주면서 부모가 아동 및 자신의 행동을 이해하도록 돕는다. 다음의 부모-아동 상호작용 평가의 실제는 부모-아동 자유놀이 상호작용 평가와 구조화된 상호작용 평가의 구체적인 실시 방법 및 평가 내용과 사례를 소개한다.

부모-아동 상호작용 평가의 실제

부모-아동 상호작용 평가를 위해서 비디오 녹화시설이 갖추어진 방이 준비되어야 한다. 비디오 녹화는 부모와 아동의 상호작용 분석 및 이해를 반복할 수 있어 중요하므로 평가 전 부모에게 녹화의 중요성을 전달하고 동의서를 작성한다. 부모-아동 상호작용 평가의 대상은 2~6세 사이의 아동과 부모 한 쌍이며, 자유놀이 상호작용 평가 이후 구조화된 상호작용 평가를 실시한다.

부모-아동 자유놀이 상호작용 평가

실시 방법

자유놀이 상호작용 평가를 위해서는 일상생활에서 친숙한 놀잇감이 배치되어 있어야 한다(〈표 6-2〉). 놀잇감은 대상 아동의 연령에 맞는 일상생활에서 친숙한 것으로 구비하며, 비디오 녹화를 할 때 보이지 않을 정도로 작은 조각은 피한다. 대부분은 놀이치료실에서 그대로 이루어져도 무방하다.

평가자는 부모와 아동에게 놀이실을 소개하고 간단한 지시를 한다: "여긴 놀잇감이 많이

표 6-2 자유놀이 상호작용 평가 놀잇감의 예

신체놀이	밀고 끄는 장난감, 공, 농구 골대, 축구 골대, 볼링놀이, 풍선 등
음악놀이	음악적인 소리 나는 장난감, 실로폰, 북, 심벌즈, 피리, 종 등
가장놀이	인형 집, 인형, 구두 솔, 종이 인형, 손가락 인형, 퓨펫 인형, 병원 놀이, 작은 동물과 사람 모형, 소꿉놀이, 로봇, 화장품 세트 등
양육놀이	아기 인형, 젖병, 로션, 봉제 인형, 면도 거품, 눈 스프레이, 비눗방울, 이불, 유모차, 파우더, 거울, 딸랑이, 핑거 페인팅 등
미술놀이	크레용, 종이, 물감, 플레이도우, 찰흙, 글라스데코, 붙어펜 등
조작놀이	나무적목, 블록류, 퍼즐류, 구슬 끼우기 등

출처 : 송영혜, 김현희(2002).

있는 방입니다. 부모님과 아이가 상호작용하는 것을 보고자 합니다. 평소 집에서 하는 것처럼 하면 됩니다. 15분 동안 놀이하신 후 정리까지 마치고 나오면 됩니다." 놀이가 끝난 후 부모에게 다음의 몇 가지 질문을 한다.

〈사후 질문〉

- 아이가 부모님을 대할 때 평소와 다른 점이 있었습니까? 있었다면 어떤 점입니까?
- 부모님은 아이를 대할 때 평소와 다른 점이 있었습니까? 있었다면 어떤 점입니까?
- 아이의 놀이가 평소와 다른 점이 있었습니까? 있었다면 어떤 점입니까?
- 아이의 놀이 중에 가장 좋았던 놀이는 무엇입니까? 왜 그렇습니까?
- 아이의 놀이 중에 가장 싫었던 놀이는 무엇입니까? 왜 그렇습니까?
- 아이가 가장 좋아했다고 생각하는 놀이는 무엇입니까? 왜 그렇습니까?
- 아이가 가장 싫어했다고 생각하는 놀이는 무엇입니까? 왜 그렇습니까?
- 아이에게 익숙한 놀잇감이 있었습니까? 있었다면 어떤 것입니까?
- 아이에게 낯선 놀잇감이 있었습니까? 있었다면 어떤 것입니까?

놀이평가는 15분간 진행되지만 낯선 놀이치료실에 익숙해지는 시간을 제공하기 위해 처음 5분을 제외한 나머지 놀이의 10분을 평가한다. 이때 전후 맥락을 유지하여 놀이에서 일어나는 일이나 말을 관찰하여 기록하고, 관찰된 행동에 기초한 평가자의 추측도 기록한다.

평가 내용

부모-아동 자유놀이 상호작용 평가는 아동에게 가장 자연스러운 놀이상황에서 일어나는 부모와 아동의 상호작용을 관찰한다. 평가영역은 놀이의 주도성, 함께 놀이, 정서적 유대, 놀이의 즐거움으로, 각 영역에서 아동과 부모의 반응 행동을 각각 관찰하여 적절한 행동과 부적절한 행동을 평가한다. 부적절한 행동은 어떤 요인이 영향을 미치는지 파악한다.

놀이의 주도성 영역   자유로운 놀이상황에서 놀이의 주도자로서 놀잇감을 선택하고 놀이를 전개해나가는 아동의 능력과 부모가 아동의 주도성을 잘 나타낼 수 있도록 기회를 제공하는가를 관찰하고 평가한다. 관찰 내용은 놀잇감의 선택자와 놀이의 전개자이다. 놀잇감의 선택자는 놀잇감을 가지고 한 가지 이상의 활동이 있을 때 그 놀잇감을 선택한 사람을 의미하고, 놀이의 전개자는 놀잇감의 종류가 바뀔 때까지 놀이를 진행해가는 사람을 의미한다.

적절한 아동의 행동은 스스로 놀잇감을 선택하고 스스로 놀이를 전개하는 것이고, 적절한 부모의 행동은 아동이 놀잇감을 선택하도록 기회를 제공하며 놀이가 전개되도록 돕는 것이다. 부모-아동 쌍의 적절한 상호작용 행동은 아동이 놀이를 주도하고 부모는 기회를 제공하는 것이다. 아동이 놀잇감을 탐색하지 않는 것, 아동이 부모가 놀잇감을 선택해주기를 요구하는 것, 부모는 질문하고 명령하면서 계속해서 놀이를 주도하는 것, 부모가 아동이 놀잇감을 선택하도록 언어적으로 지시하는 것 등의 행동을 보인다면 부적절한 행동으로 평가된다. 만약 관찰을 통해 놀이의 주도성 영역이 부적절하다고 평가된다면 어떤 요인이 영향을 미치는지 살펴본다. 예를 들어 아동이 놀이를 주도하지 못하게 하는 요인이 탐색능력 및 발달 수준과 연관된 아동의 문제인지, 부모의 태도인지 살펴볼 수 있다.

함께 놀이하기 영역   의사를 자유롭게 표현하고 부모의 참여에 긍정적으로 반응하는 아동의 행동과 아동이 주도하는 놀이에 부모가 긍정적으로 반응하면서 아동과 부모가 함께 놀이가 유지되는가를 관찰하고 평가한다. 관찰 내용은 놀이의 참여, 놀잇감에 대한 반응, 놀이에 대한 반응이다. 놀이의 참여는 함께 놀려는 시도와 상대방의 수용 여부를 의미하며, 놀잇감에 대한 반응은 놀잇감을 선택하고 바꿀 때의 반응을 의미한다. 놀이에 대한 반응은 놀이 활동을 유지시키는 언어적/비언어적 반응을 의미한다. 아동이 함께 놀자고 부모에게 요구하며 놀이에 참여하려는 부모의 요구에 응하는 것은 적절한 행동으로 평가된다. 놀잇감에 대한 반응으로 아동이 놀잇감에 주의를 기울여 탐색하고 목적 있게 다루며, 스스로 놀잇감을 바꾸는 것은 적절한 행동으로 평가된다. 놀이에 대한 반응으로 아동은 부모의 반영에 고무되어 놀이가 활발해지면서 부모의 놀이 제안이나 요구에 대해 분명한 의사 표현을 하고, 놀이상황에 따른 알맞은 감정 표현이 적절한 행동으로 평가된다.

부모는 함께 놀자는 아동의 요구에 응하거나 함께 놀자고 아동에게 요구하는 것이 적절한 행동으로 평가되며, 부모가 아동이 선택한 놀잇감에 관심을 나타내며 놀잇감을 바꾸는 아동의 행동에 긍정적으로 반응하는 것이 적절한 행동으로 평가된다. 그리고 부모가 아동이 몰입하도록 언어적/비언어적으로 반영하고, 아동 놀이를 돕거나 확장하기 위해 지시적이지 않은 제안을 하면서 놀이상황에 따른 아동의 감정 표현에 대해 공감적 반응을 한다면 적절한 행동으로 평가된다.

부모-아동 쌍의 상호작용은 함께 놀면서 이러한 함께 놀이가 신체적·언어적·정서적으로 조화로울 때 적절하다고 평가된다. 함께 놀이하기 영역에서 아동이 부모의 말과 행동에 반응하지 않기, 부모는 아동 놀이에 관심을 나타내지 않기, 부모는 명령적이고 학습적이고 간섭적 참여를 하기, 부모는 아동 놀이에 부정적으로 반응하기 등이 부적절한 행동으로 평가된다. 함께 놀이하기 영역에서 부적절하고 평가된다면 어떤 요인이 영향을 미치는지 살펴본다. 예를 들어 함께 놀이하기가 없다면 아동이 부모의 참여 자체를 거부해서인지, 부모가 아동의 참여 요구를 거절해서인지를 살펴볼 수 있다. 함께 놀이가 유지되지 않는다면 아동의 산만함 때문인지, 부모의 참여 방식에서 명령적·학습적·간섭적이어서 아동 몰입을 이끌지 못해서인지 살펴볼 수 있다.

정서적 유대 영역 부모와 아동의 애정적이고 안정된 정서적 유대를 보는 것으로 서로에게 관심을 나타내고 그 관심을 긍정적으로 받아들이는가를 관찰하고 평가한다. 관찰 내용은 응시, 신체적인 접촉, 언어적 지원이다. 응시는 대상, 시각적인 관심 공유, 상호 응시 여부를 의미하고, 신체적인 접촉은 신체적으로 접근하여 접촉하는 것을 의미한다. 그리고 언어적 지원은 아동에 대해 언어적으로 지지하는 것을 의미한다. 아동은 부모의 얼굴을 응시하고, 부모의 시선을 따라가며, 부모와의 눈맞춤이 자연스럽다면 적절한 행동으로 평가한다.

그리고 아동이 부모에게 긍정적인 신체적 접촉을 시도하고 부모의 신체적 접촉을 수용하면서 부모의 지원에 긍정적으로 반응하면 적절한 행동으로 평가한다. 부모는 아동의 얼굴을 응시하고 아동의 시선을 따라가며 아동과의 눈맞춤이 자연스럽다면 적절한 행동으로 평가하며, 아동에게 긍정적인 신체적 접촉을 시도하고 아동의 신체적 접촉을 수용하면 적절한 행동으로 평가된다. 그리고 아동의 행동에 대해 격려, 칭찬, 지지하면서 신체적 지원 및 언어적인 지원을 동시에 하면 적절한 행동으로 평가한다. 부모-아동 쌍이 안정적이고 정서적인 유대를 보인다면 적절한 상호작용 행동으로 평가된다.

　정서적 유대 영역에서는 서로 응시하지 않기, 신체적 접촉 거부하기, 칭찬이나 격려보다 부정적으로 표현하기 등이 부적절한 행동으로 평가된다. 만약 정서적 유대 영역에서 부적절하다고 평가된다면 어떤 요인이 영향을 미치는지 살펴본다. 예를 들어, 아동이 부모의 관심을 얻으려는 욕구가 없어서인지, 정서적 지지를 받고 싶어 하는 아동의 욕구를 부모가 파악하지 못해서인지 등을 살펴볼 수 있다.

놀이의 즐거움 영역　자발적이고 능동적인 힘을 요구하는 놀이에서 즐거움이라는 정서를 보는 것으로 부모와 아동은 놀이에서의 활동 에너지를 조율하며 긍정적인 반응을 주고 받는지를 관찰하고 평가한다. 관찰 내용은 활동 에너지, 표정, 정서 표현이다. 활동 에너지는 놀이 활동에 따른 에너지 수준을 말하는 것이고, 표정은 얼굴에 나타난 감정을 의미한다. 그리고 정서 표현은 놀이에서 언어 및 동작으로 표현하는 정서를 말한다. 아동이 활동에 따라 움직임의 수준을 조절하고 긍정적인 표정이 나타나며 놀이의 즐거움에 대해 언어 및 동작으로 표현하면 적절한 행동으로 평가한다. 부모는 아동의 움직임 수준에 맞추면서 긍정적인 표정이 나타나고 놀이의 즐거움에 대해 언어 및 동작으로 표현하면 적절한 행동으로 평가한다. 아동-부모 쌍이 즐거움을 함께 나눈다면 적절한 상호작용 행동으로 평가한다.

　놀이의 즐거움 영역에서 아동이 놀잇감에 따른 움직임이 없거나, 부모가 아동의 움직임에 맞추지 않거나, 표정이 없거나 화를 내며 공격적인 행동을 하거나, 부모와 아동이 함께 즐거워하지 않는다면 부적절하다고 평가한다. 만약 즐거움의 영역에서 부적절하다고 평가된다면 어떤 요인이 영향을 미치는지 살펴본다. 예로, 아동이 모든 놀이에 무기력해서인지, 부모가 무기력해서인지를 살펴볼 수 있다. 또한 아동이 계속 신경질을 내서 부모가 찡그리고 있는지, 부모가 계속 화를 내서 아동이 찡그리는지를 살펴볼 수 있다.

자유놀이 상황에서 부가적으로 관찰되는 내용이 있다. 예를 들어 선택한 놀잇감을 관찰하여 새로운 놀잇감을 찾는지/익숙한 것을 선택하는지를, 선호하는 놀잇감은 무엇인지 알 수 있다. 또한 놀잇감에 따른 구체적 놀이방식을 관찰해서 아동의 발달이나 감정에 따른 놀이 욕구를 볼 수 있고, 부모가 아동의 발달적 욕구에 민감한가를 알 수 있다. 부모와 아동이 사용하는 의사소통 방식을 관찰하여, 발달연령에 따른 아동의 언어능력을 볼 수 있고, 상호 의사소통을 하는지 일방향적인지를 볼 수 있다. 놀잇감을 사용할 때 나타나는 아동의 감각 사용을 관찰하면 선호하는 감각이 무엇인지, 아동의 협응력과 통합력, 조절력을 본다. 놀잇감 정리를 관찰하며 부모의 권위를 따르는 아동의 행동을 볼 수 있는데, 부모의 지시나 제안을 따르는지, 무시하거나 반항하는지를 볼 수 있다. 아동이 부모의 권위를 대신할 때는 구조화된 상호작용 평가를 함께 사용해야 할지를 검토할 수 있다. 그러나 이 평가 도구는 부모와의 상호 반응성과의 연관성을 평가하기 위한 것이다. 따라서 아동 개인의 발달능력이나 놀이 수준이 평가되어야 할 때는 다른 놀이평가도구를 함께 사용해야 한다.

구조화된 부모-아동 상호작용 평가

실시 방법

구조화된 상호작용 평가의 실시장소는 장난감이 없고 주의가 산만하지 않은 방으로 책상과 의자 2개가 필요하다. 과제 준비물로는 과제 카드 10장, 봉투를 담을 수 있는 상자 재료가 든 봉투 6개이다. 봉투 (1)은 누르면 소리나는 장난감, 봉투 (2)는 3cm 정육면체 블록 20개, 봉투 (3)은 로션 1개, 봉투 (4)는 크레파스 1통, 8절지 도화지 한 장, 봉투 (5)는 얇은 책, 봉투 (6)은 작은 알갱이의 초콜릿 한 봉지를 넣는다. 부모를 아동의 왼쪽에 나란히 앉게 하고, 과제의 카드는 순서대로 뒤집어서(즉, 맨 위에 과제 ①번) 모의 왼편 책상 상단에 놓는다.

평가자는 부모와 아동에게 과제를 하는 방법을 소개하면서 간단한 지시를 한다: "이 카드에는 부모님과 아이가 함께하기를 원하는 것이 적혀 있습니다. 맨 위에 있는 카드부터 하시면 됩니다. 활동을 시작하기 전에 먼저 카드를 들고 큰 소리로 읽으세요. 그리고 그 활동을 하세요. 다음 활동을 언제 할지에 대한 결정은 부모님에게 달려 있습니다. 활동을 할 때 옳고 그른 방법은 없습니다. 활동을 모두 마쳤을 때, 몇 가지 질문을 하기 위해서 다시 돌아오겠습니다" 활동이 끝난 후 부모에게 몇 가지 질문을 한다. 실시 시간은 약 30~45분이다.

표 6-2 구조화된 부모-아동 상호작용 평가 과제

과제	영역	준비물
① 아이와 함께 장난감을 가지고 재미있게 노세요.	놀이	봉투 (1)
② 블록으로 구조물을 만들고 아이가 똑같이 만들게 하세요.	학습	봉투 (2)
③ 아이가 갓 태어났을 때 당신의 느낌을 아이에게 이야기하세요.	시각	
④ 아이를 남겨두고 방을 나갔다 1분 후에 들어오세요.	정서	
⑤ 아이에게 로션을 발라주세요.	양육	봉투 (3)
⑥ 아이에게 그림을 그리게 하세요.	학습	봉투 (4)
⑦ 아이와 함께 까꿍 놀이를 하세요.	놀이	
⑧ 당신이 아이에게 바라는 것을 이야기하세요.	시각	
⑨ 아이와 함께 간지럼 태우기 놀이를 하세요. 그리고 반응하지 않고 1분 동안 책을 읽으세요.	정서	봉투 (5)
⑩ 아이에게 과자를 먹여주세요.	양육	봉투 (6)

출처 : 송영례, 서귀남(2002).

〈사후 질문〉

- 부모님이 아이를 대할 때 평소와 다른 점이 있었습니까? 있었다면 어떤 점입니까?
- 아이가 부모님을 대할 때 평소와 다른 점이 있었습니까? 있었다면 어떤 점입니까?
- 부모님이 가장 좋았던 활동은 무엇입니까? 왜 그렇습니까?
- 부모님이 가장 싫었던 활동은 무엇입니까? 왜 그렇습니까?
- 아이가 가장 좋아했다고 생각하는 활동은 무엇입니까? 왜 그렇습니까?
- 아이가 가장 싫어했다고 생각하는 활동은 무엇입니까? 왜 그렇습니까?

한 과제를 시작하고 마무리하는 상황까지 부모와 아동의 반응들을 모두 기록한다. 말, 소리, 웃음, 시선, 표정, 신체 접촉 등 언어적 반응과 비언어적 행동을 모두 기록한다. 관찰된 행동에 기초를 둔 평가자의 추측을 기록한다.

평가 내용

구조화된 부모-아동 상호작용 평가는 구조화된 상황에서 부모와 아동의 특정한 상호작용을 관찰하고 평가하기 위해 부모와 아동에게 특정 과제를 제시하여 평가한다. 평가영역은 부모가 아동과 함께 놀아주는 상황을 나타내는 놀이, 아이에게 무언가 가르치는 상황을 나타내는 학습, 아이를 씻겨주고 먹여주는 상황을 나타내는 양육, 아이의 스트레스나 긴장 상황을 나타내는 정서, 아동에게 갖는 느낌과 기대를 나타내는 시각의 5개 영역이다. 그리고 전체 과제를 통해 평가할 수 있는 구조화 영역과 민감성 영역의 2개 영역을 포함하여 더 포괄적인 평가를 한다. 구조화는 특정한 상황을 이끌기 위해 아동에게 규칙과 제한을 설정하고 아동이 환경을 이해할 수 있게 하는 부모의 능력이다. 민감성은 아동의 욕구를 인식하고 반응하는 부모의 능력이다.

놀이 영역　과제 ①과 ⑦을 하는 동안 활동에 즐거움이 있느냐를 중점으로 평가한다. 이와 더불어 아동의 발달 수준과 정서상태에 맞추어서 반응하는 부모의 능력과 아동을 놀이에 참여시켜 놀이가 함께 이루어지는가를 평가한다. 부모는 아동의 관심을 놀이로 유도하는지, 아동에게 재미, 흥미, 놀라움을 제공하는지, 아동의 발달 수준에 적절한 놀이로 유도하는지, 아동에게 시선을 맞추는지 아동의 행동과 언어에 따라 반응하는지, 아동과의 놀이를 즐거워하는지를 평가하며, 아동은 놀이에 몰입시키려는 부모의 노력에 반응하며, 부모와의 놀이에 즐거워하는지를 평가한다. 부모와 아동이 함께 놀이에 즐겁게 몰입을 한다면 적절한 상호작용으로 보며, 부모가 이 이 놀이과제를 학습적인 상황이나 과제 지향적으로 이끌어간다면 부적절한 상호작용으로 평가한다.

학습 영역　과제 ②와 ⑥에서 아동의 수준에 적절한 과제를 요구하는 부모의 능력과 과제를 달성하기 위해 지지하고 격려하는 정서적 지원에 대한 부모의 능력을 중점으로 평가한다. 평가 내용은 부모가 아동의 수준에 알맞게 과제수행을 요구하는지, 아동이 과제를 수행할 수 있도록 지지하고 격려하는지, 아동이 과제를 수행할 때까지 기다려주는지, 아동이 과제를 수행할 때 도움이 필요하면 도와주는지, 아동이 실수했을 때 긍정적으로 반응하는지, 아동이 과제를 완성했을 때 칭찬하는지, 아동의 수행능력에 따라 알맞은 수준의 과제로 바꾸어 요구하는지이다. 아동은 부모의 지시에 따르고, 부모의 도움이나 시범에 주목하며, 결과물에 대해 좋아하는지를 평가한다. 부모와 아동이 유연하게 과제를 수행하며 과제 수행의 성취감을 함께 나눈다면 적절한 상호작용으로 평가하며, 부모가 아동 스스로 할 수 있는 과제를 대신 해주기, 아동이 과제를 수행하도록 들볶기, 아동에 대한 기대가 너무 높거나 낮기, 아동의 노력을 알지 못하기, 아동과 경쟁하기 등을 보인다면 부적절한 상호작용으로 평가한다.

양육 영역 과제 ⑤와 ⑩에서 아동의 욕구에 맞추어서 양육 활동을 제공하는 부모의 능력을 양육 활동 내용과 전달 방법으로 나누어 평가한다. 양육 활동 내용으로는 신체적·언어적·정서적인 표현을 평가하고 전달 방법으로는 부드러움과 따뜻함을 평가한다. 평가 내용으로 부모는 아동에게 신체적으로 접촉을 하는지, 아동에게 정서적인 애정 표현(미소, 시선 맞추기 등)을 하는지, 아동에게 언어적인 애정 표현을 하는지, 아동에게 제공하는 양육 활동이 안정되고 편안한지, 아동의 욕구에 맞추어 양육 활동을 제공하는지, 양육 활동이 충분한지이다. 아동은 부모가 제공하는 양육 활동을 받아들이는지, 부모의 애정 표현에 긍정적으로 반응하는지를 평가한다. 부모와 아동이 서로 편안함을 느낀다면 적절한 상호작용 반응으로 평가하며, 양육 과제를 가르치는 과제로 바꾸기, 과제를 건성으로 하기, 아동에게 부모의 역할을 강요하기 등은 부적절한 상호작용으로 평가한다.

정서 영역 과제 ④와 ⑨를 하면서 아동의 정서 상태를 인식하고 반응하고 공감해 주는 부모의 능력에 중점을 두고 아동의 정서 상태에 대한 인식 여부와 아동이 긴장할 때 긴장을 풀어줄 수 있는지를 평가한다. 부모가 부모 자신의 부재나 활동에 대해서 아동에게 설명하는지, 부모 자신의 부재나 활동 시에 아동이 혼자 할 수 있는 활동을 제안하는지, 아동의 긴장된 정서를 인식해서 아동을 진정시키는지, 아동이 혼자하는 활동에 대해 정서적으로 공감하는지를 평가한다. 아동은 부모의 부재나 활동에 대해 긍정적으로 반응하는지, 진정시키려는 부모의 노력에 긍정적으로 반응하는지를 평가한다. 부모와 아동이 안정된 정서를 보이며 긴장된 상태가 제거된다면 적절한 상호작용으로 평가하며, 부모의 반응으로 아동의 불편한 반응이 가중되거나 아동에게 자신의 감정을 투사한다면 부적절한 상호작용으로 평가한다.

시각 영역 과제 ③과 ⑧에서 부모가 아동에게 전달하는 이야기의 내용을 통해 아동에 대한 느낌과 기대에 대한 긍정성 및 이야기 전달 방법을 평가한다. 평가 내용은 부모가 아동에 대해 긍정적으로 표현하는지, 아동의 미래에 대해 긍정적으로 표현하는지, 아동에게 정서적인 애정 표현(미소, 시선 맞추기 등)을 하는지, 아동에게 언어적인 애정 표현을 하는지, 이야기를 신체적 접촉과 함께하는지, 말의 내용과 표현 방법이 긍정적으로 일관되는지이다. 아동은 부모의 이야기에 관심을 보이는지, 부모의 이야기에 긍정적으로 반응하는지를 평가한다. 부모와 아동이 정서적으로 공감이 이루어진다면 적절한 상호작용으로 평가하며, 현재의 문제를 모두 아동의 잘못으로 넘기거나 아동에게 직접적으로 부정적인 언어를 사용한다면 부적절한 상호작용으로 평가한다.

구조화 영역 모든 과제를 수행할 때 필요한 부모의 능력으로서 모든 상황에 대한 책임을 부모가 맡고, 제한을 설정하고, 아동에게 질서 있고 이해 가능한 환경을 제공하는 부모의 구조화 능력을 평가한다. 평가 내용은 과제에 대해 언어적으로 준비시키는지, 과제를 하도록 환경을 정리하는지, 과제를 하도록 흥미를 유발하는지, 과제를 하도록 제한을 설정하는지, 과제를 완수하는지, 주도적으로 과제를 시작하고 끝내는지이다. 부모가 정리되지 않고 무질서한 상호작용을 하거나, 아동에게 권위를 넘겨주거나 제한설정을 할 수 없다면 부적절하다고 평가한다.

민감성 영역 모든 과제를 수행하는 데 필요한 능력으로서 아동의 욕구를 살피고 인식하여 반응해주는 부모의 능력을 평가한다. 부모의 민감성은 각 영역별로 평가 항목에 포함되어 있다. 놀이 과제에서 아동에게 시선을 맞추는지, 아동의 행동과 언어에 따라 반응하는지, 학습 과제에서 아동이 과제를 수행할 때 도움이 필요하면 도움을 주는지, 아동이 실수했을 때 긍정적으로 반응을 하는지, 양육 과제에서 아동의 욕구에 맞추어 양육 활동을 제공하는지, 정서 과제에서 아동의 긴장된 정서를 인지하고 아동을 진정시키는지 등을 통해 평가한다.

부모-아동 상호작용 평가 사례

의뢰사유

은수(가명)는 생후 3세 6개월 된 남아로, 또래에 비해 발달이 늦어 모에 의해 놀이치료에 의뢰되었다. 모는 아동의 발달이 늦다는 것을 알고 있어 일상생활에서 아동의 욕구를 잘 이해해주려고 노력하고 있지만, 아동의 언어가 늦어서인지 장난감을 제시하면서 말을 걸면 아동이 처음에는 관심을 보이다가 곧 일어나서 다른 곳으로 가버려서 놀이가 중단되는 일이 자주 일어난다고 하였다. 모가 아동이 갑자기 울거나 바닥에 드러누워 소리를 지를 때는 어떻게 해야할 지를 모르겠다고 하였다. 어린이집에서 친구들과는 어울리지 않고 혼자서 놀 때가 많다고 하였다. 모는 놀이치료에서 아동이 잘 노는 방법을 배워서 모와도 잘 놀고 친구와도 잘 놀았으면 좋겠다고 하였다.

자유놀이 상호작용 평가

행동관찰　모는 입실하자마자 잠시 두리번거리더니 망치로 공을 두드리는 장난감을 아동에게 내밀고 "이거 해보자"라고 말하였다. 아동은 모가 내민 망치를 받아들고 고개를 숙여 계속해서 망치로 공을 두드리고, 모는 이때 "노란색 공", "빨간색 공" 등 공의 색깔을 알려주었다. 아동은 놀이를 중단하고 갑자기 일어나 다른 곳으로 가 트럭을 들고 와서 모에게 보여주면서 "크다"라고 말하였다. 모는 아동 말에 반응하지 않고, 망치 장난감을 아동 손에 쥐여 주면서 "이거 정리해야지"라고 하였고, 아동은 모를 쳐다보면서 가만히 있다가 망치 장난감을 제자리에 가져다 놓았다. 모가 박수를 치면서 "은수 최고"라고 하면서 엄지손가락을 들자, 아동은 가져왔던 트럭을 모에게 보여주었고, 모는 아동에게 "이게 뭐예요?"라고 물었다. 아동은 "크다"라고 하며 트럭을 밀기 시작하였다. 모는 "작은 트럭은 없어?"라고 다시 물었고, 아동은 트럭을 밀다가 멈추고 잠시 모를 보았다. 모는 버스를 하나 꺼내 "작은 버스"라고 말하고 다시 트럭을 가리키며 "뭐예요?"라고 물었고 아동은 "크다"라고 다시 답하였다. 아동은 바닥에 엎드려 트럭을 밀고, 모는 아동이 가지고 놀던 트럭을 같이 밀면서 "엄마가 밀까?"라고 물었고, 아동은 옆에 있던 탑 쌓기 장난감을 만지다가 다시 트럭을 밀면서 모의 말에 반응하지 않았다. 모는 또다시 아동이 밀고 있는 트럭을 같이 밀면서 "자동차 가져 와"라고 하였고, 아동은 말없이 장난감이 있는 바구니로 가서 자동차를 하나 꺼내어 그 자리에서 자동차를 밀었다. 모는 아동에게 "엄마에게 기차 주세요"라고 요구하였고, 아동은 가지고 있던 기차를 모를 쳐다보지도 않은 채 건네고, 이후 모에게 등을 돌려 다른 자동차를 꺼내 밀었다. 놀이시간 15분이 지났고 모와 아동의 자유놀이 시간이 종료되었다.

평가　모는 아동에게 놀잇감을 골라주고 해보라고 하거나, 아동에게 놀잇감의 크기나 색깔, 이름 등을 질문하기, 물건을 가져오도록 언어적 지시를 하는 등 모가 놀이를 주도하면서 간섭적이고 학습적인 상호작용을 나타내었다. 아동은 모에게 자신의 놀이를 보여주면서 관심을 요구하지만, 모가 아동에게 학습적인 요구를 하자, 자동차 굴리기 등의 단순한 행동을 반복하면서 모와 상호작용을 중단하고 자신이 하려는 놀이로 주의를 이동하였다. 모와 아동의 놀이 활동은 유지되지 않았고, 즐거운 정서 반응도 나타나지 않았다.

구조화된 상호작용 평가

행동관찰　모가 시도한 첫 번째 과제는 '아이와 함께 까꿍 놀이를 하세요'였다. 모는 손으로 눈을 가리고 까꿍을 시도하였고, 아동은 의자에서 일어나 밖으로 나갈려고 하였다. 모가 "아니야"라고 말하자, 아동은 책상 위에 있는 카드를 던졌고, 칭얼거리다가 바닥에 누워 버렸다. 모는 "싫어?, 싫어?"를 반복해서 말했고 "속상해?"라고 묻기도 하였다. "엄마하고 이거 하고 놀이실 가서 놀자"라고 말하였으나 아동은 바닥에 뒹굴면서 소리를 질렀다. 모는 이러한 아동을 가만히 지켜보고 있다가 두 번째 과제 카드를 읽었다. 두 번째 과제는 '블록으로 구조물을 만들고 아이가 똑같이 만들게 하세요'였다. 모는 바닥에 누워있는 아동을 가만히 지켜보다가 블록을 아동에게 내밀자, 아동은 블록을 마구 흩트렸다. 모는 가만히 지켜보다가 "싫어?, 싫어?"라고 반복해서 묻고 "그럼 다음에 하자. 엄마 정리할게"라고 말하였고, 아동은 "네"하고 대답하였다. 모가 블록을 정리하는 도중에 아동이 다시 블록을 발로 찼고, 모가 "발로 차면 안 돼"라고 말하자마자 아동은 다시 칭얼거리기 시작하였다. 모는 과제 카드를 여러 장 넘겨서 '아이를 남겨두고 방을 나갔다 1분 후에 들어오세요'를 읽었다. 그리고 "엄마 쉬하고 올게"라고 하면서 문을 열고 나가려 하자, 아동은 일어나서 나가려는 모를 붙들고 더 칭얼거렸다. 그러자 모는 또 다시 "쉬하고 올게"라고 하였고, 아동은 "네"라고 대답하였다. 아동은 모가 방을 떠나자 웃으면서 이리 저리 돌아다녔고, 모가 1분이 지나 들어오자 다시 칭얼거리기 시작하였다. 모는 '아이에게 로션을 발라주세요' 카드를 읽고 아동 손에 로션을 짜는 행동을 하였다. 아동은 처음에는 고개를 돌렸지만 곧 로션이 발라진 손을 비비기 시작했다. 모가 다른 과제로 넘어가려고 하였으나 아동은 로션 발린 손을 비비는 행동을 계속하였고, 모는 이를 지켜보다가 더 이상 다른 과제를 진행하지 않고 마무리하였다.

평가　모는 아동의 정서를 인식하여 반응하는 행동을 보이지만, 아동이 과제에 대해 거부 반응을 보이자 더 진행하지 못하고 중단하였다. 모는 아동이 칭얼거리기와 떼쓰기, 소리 지르기 등의 행동으로 거부 의사를 표현하면, 과제를 수행하도록 아동의 정서를 진정시키고, 재료에 관심과 흥미를 유발하면서 신체적·언어적으로 지원하기보다 지시나 요구를 철회하는 반응을 나타내었다.

상호작용 평가 피드백

상호작용 평가를 실시하고 난 다음, 치료자는 부모-아동 상호작용 평가결과를 부모에게 피드백하는 시간을 가진다. 피드백 시간에 모는 "놀이를 공부처럼 했네요"라며 학습적인 개입 때문에 아동이 자신과 놀이를 피하고 있다는 것을 알게 되었다. 모는 자신의 놀이 개입 방식이 아동의 언어와 인지 발달을 촉진한다고 생각해왔다. 또 아동이 하기 싫은 일을 강제로 하게 하면 부정적인 경험이 될 것이 걱정되어서 그냥 중단한 것이었는데, 도리어 아동의 부정적인 의사 표현 행동만 발달시키고 있었다는 것을 알았다. 모는 아동과 함께 놀이치료에 참여하여 일상적인 상황에서 아동의 감정 상태와 욕구를 이해하면서 적절한 제한과 규칙을 제시하고 아동이 따르도록 하는 것의 중요성과 방법에 대한 지도를 받기로 하였다.

부모-아동 상호작용 평가는 아동이 발달 및 정서 행동 문제로 놀이치료에 의뢰되었을 때 초기면접, 행동관찰, 표준화된 검사 이외에 부모의 양육 태도 및 부모-자녀 관계에 관한 정보를 수집하도록 한다. 이를 통해 놀이치료 장면에서 부모와 아동의 상호작용을 위한 구체적인 치료 목표를 설정할 수 있고, 부모-아동 상호 간의 행동 반응, 장점 및 대처 기술들을 평가해서 부모 개입을 위해 활용할 수 있으며, 문제 영역에 초점을 맞추어 치료 전과 후를 비교할 수도 있다.

부모-아동 자유놀이 상호작용 평가 영역 및 내용

아동명		생년월일	
성　별		평 가 일	

영역		내용
주도성	아동	□ 스스로 놀잇감을 선택한다. □ 스스로 놀이를 전개한다.
	부모	□ 아동이 놀잇감을 선택하도록 기회를 제공한다. □ 놀이가 전개되도록 돕는다.
함께 놀이	아동	□ 함께 놀자고 부모에게 요구한다. □ 놀이에 참여하려는 부모의 요구에 응한다. □ 놀잇감에 주의를 기울여 탐색하고 목적 있게 다룬다. □ 스스로 놀잇감을 바꾼다 □ 부모의 반영에 고무되어 놀이가 활발하다. □ 부모의 놀이 제안에 아동은 분명하게 의사표현을 한다. □ 놀이상황에 따라 감정 표현이 알맞다.
	부모	□ 함께 놀자는 아동의 요구에 응한다. □ 함께 놀자고 아동에게 요구한다. □ 아동이 선택한 놀잇감에 대해 관심을 나타낸다. □ 놀잇감을 바꾸는 아동의 행동에 긍정적으로 반응한다. □ 아동이 놀이에 몰입하도록 언어적/비언어적으로 반영한다. □ 아동 놀이를 돕거나 확장하기 위해 지시적이지 않은 제안을 한다. □ 놀이 상황에 따른 아동의 감정 표현에 대해 공감적으로 반응한다.
정서적 유대	아동	□ 부모의 얼굴을 응시한다. □ 부모의 시선이 가는 곳을 따라간다. □ 부모와의 눈맞춤이 자연스럽다. □ 부모에게 긍정적인 신체적 접촉을 시도한다. □ 부모의 신체적 접촉을 수용한다. □ 부모의 지원에 긍정적으로 반응한다.
	부모	□ 아동의 얼굴을 응시한다. □ 아동의 시선을 눈으로 따라간다. □ 아동과의 눈맞춤이 자연스럽다. □ 아동에게 긍정적인 신체적 접촉을 시도한다. □ 아동의 신체적 접촉을 수용한다. □ 아동의 행동에 대해 격려, 칭찬, 지지를 한다. □ 신체적 지원 및 언어적 지원이 동시에 이루어진다.

(계속)

놀이의 즐거움	아동	☐ 활동에 따라 움직임의 수준을 조절한다. ☐ 긍정적인 표정이 나타난다. ☐ 놀이의 즐거움에 대해 언어적으로 표현한다. ☐ 놀이의 즐거움에 대해 동작으로 표현한다.
	부모	☐ 아동의 움직임 수준에 맞춘다. ☐ 긍정적인 표정이 나타난다. ☐ 놀이의 즐거움에 대해 언어적으로 표현한다. ☐ 놀이의 즐거움에 대해 동작으로 표현한다.

구조화된 부모-아동 상호작용 평가 영역 및 내용

아동명		생년월일	
성 별		평 가 일	

영역		내용
놀이	부모	☐ 아동의 관심을 놀이로 유도한다. ☐ 아동에게 재미, 흥미, 놀라움을 제공한다. ☐ 아동의 발달 수준에 적절한 놀이로 유도한다. ☐ 아동에게 시선을 맞춘다. ☐ 아동의 행동과 언어에 따라 반응한다. ☐ 아동과의 놀이를 즐거워한다.
	아동	☐ 놀이에 몰입시키려는 부모의 노력에 반응한다. ☐ 부모와의 놀이에 즐거워한다.
학습	부모	☐ 아동의 수준에 알맞게 과제 수행을 요구한다. ☐ 아동이 과제를 수행할 수 있도록 지지하고 격려한다. ☐ 아동이 과제를 수행할 때까지 기다려준다. ☐ 아동이 과제를 수행할 때 도움이 필요하면 도와준다. ☐ 아동이 실수했을 때 긍정적으로 반응한다. ☐ 아동이 과제를 완성했을 때 칭찬한다. ☐ 아동의 수행능력에 따라 알맞은 수준의 과제로 바꾸어 요구한다.
	아동	☐ 부모의 지시에 따른다. ☐ 부모의 도움이나 시범에 주목한다. ☐ 결과물에 대해 좋아한다.

양육	부모	☐ 아동에게 신체적으로 접촉한다. ☐ 아동에게 정서적인 애정 표현(미소, 시선 맞추기 등)을 한다. ☐ 아동에게 언어적인 애정 표현을 한다. ☐ 아동에게 제공하는 양육 활동이 안정되고 편안한다. ☐ 아동의 욕구에 맞추어 양육 활동을 제공한다. ☐ 양육 활동을 충분히 한다.
	아동	☐ 부모가 제공하는 양육 활동을 받아들인다. ☐ 부모의 애정 표현에 긍정적으로 반응한다.
정서	부모	☐ 부모 자신의 부재나 활동에 대해서 아동에게 설명한다. ☐ 부모 자신의 부재나 활동 시에 아동이 혼자 할 수 있는 활동을 제안한다. ☐ 아동의 긴장된 정서를 인식해서 아동을 진정시킨다. ☐ 아동의 혼자 활동에 대해 정서적으로 공감한다.
	아동	☐ 부모의 부재나 활동에 대해서 긍정적으로 반응한다. ☐ 진정시키려는 부모의 노력에 긍정적으로 반응한다.
시각	부모	☐ 아동에 대해 긍정적으로 표현한다. ☐ 아동의 미래에 대해 긍정적으로 표현한다. ☐ 아동에게 정서적인 애정 표현(미소, 시선 맞추기 등)을 한다. ☐ 아동에게 언어적인 애정 표현을 한다. ☐ 이야기를 신체적 접촉과 함께 한다. ☐ 말의 내용과 표현 방법이 긍정적으로 일관된다.
	아동	☐ 부모의 이야기에 관심을 보인다. ☐ 부모의 이야기에 긍정적으로 반응한다.
구조화	부모	☐ 과제에 대해 언어적으로 준비시킨다. ☐ 과제를 하도록 환경을 정리한다. ☐ 과제를 하도록 흥미를 유발시킨다. ☐ 과제를 하도록 제한을 설정한다. ☐ 과제를 완수한다. ☐ 주도적으로 과제를 시작하고 끝낸다.
민감성	부모	☐ 아동에게 시선을 맞춘다. ☐ 아동의 행동과 언어에 따라 반응한다. ☐ 아동이 과제를 수행할 때 도움이 필요하면 도와준다. ☐ 아동이 실수했을 때 긍정적으로 반응한다. ☐ 아동의 욕구에 맞추어 양육 활동을 제공한다. ☐ 아동의 긴장된 정서를 인식해서 아동을 진정시킨다.

발달평가

아동의 연령에 따라 발달평가의 목적은 달라진다. 신생아기에는 주로 신경학적 이상을 영아기에는 운동, 감각, 인지, 언어, 사회성, 자조 부문의 문제를 조기에 발견해 조치하는 데 목적이 있다. 이를 위해 종합적인 발달평가가 이루어진다. 놀이치료자는 아동의 현재 발달기능 수준과 의뢰된 문제의 원인을 파악하기 위해 아동과 가족을 평가해야 한다. 특히 적절한 놀이치료 계획을 세우기 위해서는 아동의 모든 기능 범위에서 전반적인 발달 수준에 대한 정보를 갖고 있어야 한다. 발달평가를 통해 얻은 정보는 아동의 언어, 행동, 사회성, 인지, 운동발달 영역이 현재 아동의 생활연령에 비해 얼마나 지연되었는지 또는 영역 간의 불균형을 보이는지 등에 주목하면서 전반적인 발달을 개념화한다. 또한 발달평가를 통해 부모가 아동을 이해하는 데에도 도움이 된다.

발달평가 및 진단의 필요성

발달을 평가한다는 말은 아동의 발달이 자신의 생활연령에 맞는 수준인지를 평가하는 것이다. 자신의 생활연령에 맞는 수준은 그 연령단계에 상응하는 행동, 즉 발달 이정표에 따라 질서 있게 이루어지느냐 그렇지 않느냐를 의미하는 것이다. 아동의 연령단계에 상응하는 행동을 보고 **정상발달**이라 하고, 일부 영역에서 기대하는 수준보다 낮을 때 **발달 지연**이라고 한다. 아동의 발달은 각 영역이 밀접하게 상호 연관되어 이루어진다. 따라서 발달평가는 아동의 인지, 자조, 사회성, 언어, 대소운동 발달영역을 통합한 검사로 이루어져야 한다.

아동의 발달에서 정확한 평가와 진단이 필요한 이유는 주 양육자뿐만 아니라 부양육자, 관찰자들에게 영유아의 발달 상태를 더 잘 이해하도록 돕기 위해서이다. 또한 아동의 발달 지연이 또래보다 일부 영역에서 일시적이고 단순한 것인지, 영구적인 발달장애를 지니게 될 것인지를 알고자 함이며, 이를 통해 아동에게 적절한 중재와 교육을 조기에 제공하기 위해서이다. 아동발달의 통합적인 평가는 아동의 발달적 진전을 정상적인 아동의 규준적 행동과 비교하여 기술하고, 발달 지연 또는 이탈 여부를 판별하며, 나아가 미래의 성취와 예후를 예측하는 데 있다.

평가자는 발달평가의 대상과 목적에 따라 어떤 검사를 하며, 그 검사 결과를 정확하게 해석할 수 있도록 심리측정과 검사의 이론 및 해석방법을 숙지하고 있어야 한다. 또한 아동의 정상적인 발달에 대해 실제적인 지식과 경험이 있어야 하며, 아동이 속한 환경적 맥락, 즉 가정과 양육 환경을 잘 이해하여야 한다. 그리고 양육자에게 정보를 수집하여 활용할 수 있는 능력을 갖추어야 한다. 그리고 아동의 기질에 따라 간혹 낯선 장소와 낯선 평가자를 너무 경계하여 부모와 분리되지 않거나 불안하여 검사를 거부하는 경우도 있다. 또는 자극추구가 높아 산만하고 충동적이어서 검사를 시행하는 데 어려움이 발생할 수도 있다. 그러므로 아동의 기질과 특성을 파악하여 검사 상황으로 전환시킬 수 있어야 한다.

발달영역

인지발달

인지는 사물이나 사건을 이해하고, 이해한 내용을 저장하고, 저장한 내용을 필요할 때 기억해서 사용할 수 있는 능력이다. 인지발달은 인지능력이 내적으로 발달하는 정신과정으로 추상적 사고 또는 추론 능력, 지식을 습득하는 능력, 문제해결 능력의 세 가지로 구성되어 있다(윤치연, 2016). 인지발달은 의사소통, 사회성, 신체발달영역과 상호연관 되어 있으므로 이를 고려하여 발달에 따른 행동특성을 관찰하여 평가할 수 있다. 또한 아동의 연령에 따라 인지발달은 감각운동 기술(수단-목적, 대상영속성, 공간관계, 인과관계, 모방, 사물관련 놀이 등)이나 학문적 기술(글자나 단어의 같고 다름을 시각적으로 식별하는 행동, 선이나 도형을 모방하여 그리는 행동, 숫자를 차례대로 말하는 행동) 등을 관찰함으로써 평가할 수 있다.

언어(의사소통)발달

의사소통이란 두 사람 또는 그 이상의 사람 간의 정보가 전달되는 과정이다. 의사소통 기술은 말(speech), 언어(language), 의사소통(communication)을 모두 포함한다. 말은 발성 기관의 움직임에 의하여 만들어지는 소리와 소리의 합성이며, 언어는 다른 사람과의 의사소통을 위해서 사용되는 상징체계를 의미하며, 의사소통은 말하는 사람과 듣는 사람 간의 생각이나 의견, 감정 등의 의사 교환이다. 의사소통발달은 표현언어와 수용언어 모두에 초점을 맞추어 평가해야 한다. 즉, 아동이 의사소통하기 위하여 특정 수단이나 형태(예 : 몸짓, 발성, 단어, 문장)를 얼마나 잘 사용하는지 그리고 잘 이해하고 있는지에 초점을 맞춘다. 표현언어는 자신의 사고나 감정을 의사소통할 수 있는 능력이다. 아동의 몸짓, 발성, 단어나 기타 정보를 전달하기 위하여 사용되는 모든 행동을 관찰해야 한다. 수용언어는 자신에게 주어진 의사소통적 신호를 수용하고 이해하는 능력이다. 아동의 발달 수준에 따라 몸짓이나 표정과 같은 비언어적 반응을 이해하는지, 상황 단서가 없어도 상대방의 언어를 이해하는지 등을 알아보아야 한다. 이런 의사소통 능력의 발달은 다른 발달영역과도 밀접하게 관련되어 있다. 즉, 상징놀이나 인과관계 등 인지발달은 물론 표정이나 눈 맞춤과 같은 사회 · 정서적 발달과 관련되어 있으므로 이런 영역의 행동도 고려해야 한다.

사회정서발달

사회정서능력은 자신과 다른 사람의 느낌을 이해하고 사회적으로 적절한 방법으로 그에 반응하는 것이다. 사회정서발달은 환경을 이해하고 의사소통을 하면서 이루어지기 때문에 언어나 인지능력과 서로 밀접하게 관련되어 있으며, 양육자와의 긍정적인 상호작용으로 시작된다. 영유아기를 거쳐 아동기에는 또래와 긍정적인 상호작용을 하거나 사회적인 관계를 형성하는 기술을 습득해야 한다. 따라서 사회정서발달을 진단할 때는 먼저 아동의 기질을 파악해야 하며, 양육자와의 애착관계, 또래와의 관계를 파악해야 한다.

적응행동발달

적응 행동은 다양한 환경에 성공적으로 적응하게 하는 연령에 적합한 자조기술 및 기타 행동으로 환경 내에서 독립적으로 기능하게 하는 일상적인 기술을 의미한다. **자조기술**은 식사, 용변, 착탈의 기술 등 생활을 유지하기 위한 기본적인 행동으로 일반적으로 신체적 기능과 관련되어 있고, 독립성을 유발하며, 문화적인 관습을 따르게 된다. 일반적으로 적응 행동은 개인적 관리능력과 지역사회 적응능력으로 구분된다. 개인적 관리능력에는 옷 입기/벗기, 식사, 용변 처리, 몸단장 기술 등이 포함된다. 그리고 지역사회 적응능력에는 공공건물 이용하기, 지역사회 내에서 원하는 장소로 이동하기, 대중교통 이용하기 등과 같은 지역사회에서 문화적으로 적절한 기능을 수행하는 기술이 포함된다. 적응 행동 발달평가는 자연스러운 상황에서 관찰 정보를 통하여 그 발달 수준을 파악하는 것이 바람직하다. 따라서 일상생활에서 아동을 관찰하는 가족구성원이 제공하는 정보를 참조하는 것이 좋다. 또한 적응 행동 외에 다른 발달영역과의 비교를 통해 진단할 필요가 있다. 예를 들면, 식사 기술에서 숟가락이나 포크 등의 도구를 사용하기 위해서는 소근육 운동기술이 필요하므로 소근육 운동기술 발달의 진단을 참조하여야 한다.

운동발달

소근육과 대근육의 움직임을 스스로 통제할 수 있게 되는 능력의 발달이 **운동발달**이다. 대근육운동은 환경 내에서 이동하거나 돌아다니는 기술로 앉기, 기기, 서기, 걷기, 던지기, 제자리 뛰기 등이 포함된다. 소근육운동은 주로 손을 사용하는 기술로, 손바닥으로 잡기, 손가락으로 집기, 가위로 자르기, 끈을 구멍에 끼우기, 그리기 등이 포함된다. 일반적으로 운동 기능 기술은 학습의 기초를 형성하는 기본적인 기술로 인지, 사회 정서, 적응 행동 등의 발달에 결정적인 영향을 미친다. 즉, 움직이고 특정 자세를 취하고 균형을 잡는 등의 기본적인 신체 발달이 환경을 탐구하고 말을 하고 일상적인 자조기술을 수행하고 놀이에 참여하고 구체적인 지식을 습득해 나가는 모든 과정에 영향을 미친다. 운동 기능 발달을 진단할 때는 아동의 전반적인 발달 정도와 함께 특정 운동기술을 수행할 때 얼마나 능숙하게 잘 수행하는지에 대한 질적인 측면과 이러한 기술을 일상생활 중에 얼마나 정확하게 사용하고 있는지의 기능적인 측면을 알아보아야 한다. 환경 내에서 기능적인 움직임을 위한 기회가 있는지에 대한 환경 평가도 함께 고려해야 한다.

발달평가의 종류

아동을 평가하기 위해서 발달단계에 따른 중요 주제와 특성, 발달과업에 대한 충분한 이해와 더불어 발달검사, 행동관찰, 부모나 양육자를 대상으로 아동의 가정이나 어린이집, 유치원에서의 생활 등을 종합하는 것이 필요하다. 이를 위해서 다양한 평가 도구가 사용될 수 있다. 여기서는 영역별 발달 평가 도구와 목적을 소개하려고 한다. 또한 발달영역별 검사가 정확히 구분되어 한 영역만을 측정하는 검사도 있지만 인지, 언어, 운동, 사회성 발달 모두를 측정하는 검사 도구들도 있어 놀이치료자는 측정하고자 하는 발달영역과 목적에 맞는 검사를 적절하게 선택하여 사용해야 한다. 다음의 평가 도구는 전반적인 발달영역을 평가할 수 있는 검사 도구에서부터 특정 발달영역이나 장애를 진단할 수 있는 도구들이다.

한국형 Denver II

한국형 Denver II는 Denver II(Frankenburg & Dodds, 1990)를 신희선 외(2002)가 한국형으로 표준화하였다. 한국형 Denver II는 출생 후 1개월부터 6세 사이의 아동에게 사용되도록 개발되었고, 해당 연령에 적합한 검사 항목에서 아동의 수행 정도를 사정하기 위해 시행된다. 검사는 발달 지연 또는 문제의 가능성이 있는 아동을 선별하기 위해, 객관적인 검사로 발달 지연 의심을 확증하기 위해, 그리고 주산기 문제가 있었던 발달 문제 고위험 아동을 계속 관찰하는 목적으로 사용된다. 한국형 Denver II는 지능검사가 아니며 이후의 적응 또는 지적 능력에 대한 명확한 예측기능을 갖는 것은 아니다. 또한 학습장애, 언어장애 또는 정서장애와 같은 진단을 위한 것이 아니고, 검사 아동을 각 항목에서의 수행능력에서 같은 연령의 다른 아동과 비교하기 위한 선별도구이다. 한국형 Denver II는 110문항으로 사람들과 상호작용하고 일상생활을 위한 개인적 요구를 스스로 해결할 수 있는 자가 간호 능력을 측정하는 개인 사회성 발달능력 22문항, 눈·손의 협응, 작은 물체의 조작, 그리고 문제해결 능력을 측정하는 미세운동 및 적응발달 영역 27문항, 듣고 이해하고 언어를 사용하는 능력을 측정하는 언어발달영역 34문항, 앉고 걷고 뛰는 등 큰 근육운동을 측정하는 전체운동

발달영역 27문항으로 구성되어 있다.

K-Bayley-III

K-Bayley-III는 베일리 영유아 발달검사 제3판(Bayley Scale of Infant Development-III, Bayley
-III; Bayley, 2006)의 한국판으로 방희정, 남민, 이순행(2019)이 표준화하였다. K-Bayley-III
는 생후 16일부터 42개월 영유아의 발달적 기능을 평가하기 위한 개인검사로 발달 지연 영
유아를 선별하고 중재 계획을 위한 정보를 제공하는 것이 목적이다. K-Bayley-III는 검사자
의 실시와 주양육자의 체크리스트로 구성되어 있다. 검사자는 아동의 세 가지 발달 영역,
즉 인지발달, 언어발달(수용언어와 표현언어), 운동발달(소근육운동과 대근육운동)을 측정
한다. 그리고 주양육자는 두 가지 발달영역, 즉 사회-정서 발달과 적응 행동에서 아동의 발
달을 보고한다.

표 6-1 K-Bayley-III의 구성

검사영역		하위 검사 및 내용
인지발달		놀이영역, 정보처리영역, 수영역으로 구성되어 있고, 시각적 선호, 주의, 기억, 감각운동, 탐색, 조작, 개념형성, 문제해결, 놀이수준 등을 검사한다.
운동발달	대근육운동	아동이 자신의 몸을 얼마나 잘 움직일 수 있는지 평가한다.
	소근육운동	아동이 작업을 하는 데 손과 손가락을 얼마나 잘 사용할 수 있는지를 평가한다.
언어발달	수용언어	아동이 얼마나 소리를 잘 알아듣는지, 구어와 지시를 얼마나 잘 이해하는지를 평가한다.
	표현언어	아동이 소리, 몸짓, 단어를 사용하여 어느 정도 의사소통을 얼마나 잘하는지를 평가한다.
사회-정서 발달		다양한 정서 신호를 경험하고 표현하고 이해하는 능력을 6단계의 기능적 사회 정서 이정표를 통해 평가한다.
적응행동 발달		개념적 영역 : 의사소통, 학령 전 학업 기능, 자기 주도 사회적 영역 : 놀이 및 여가, 사회성 실제적 영역 : 지역사회 이용, 가정생활, 건강과 안전, 자조기술, 운동성

PEP-R

PEP-R은 심리교육 프로파일(Psychoeducational Profile, Schopler & Reichler, 1979 : PEP)을 김태련, 박랑규(1987)가 한국판으로 표준화하였다. PEP-R은 생활연령이 1~7세 5개월 30일의 아동을 6개월 단위로 각 연령 집단을 선택하여 평가한다. 아동의 발달기능과 행동특성을 평가하는 검사도구이다. 자폐스펙트럼 아동 및 발달장애 아동의 진단 및 평가를 위한 도구로서, 치료교육 프로그램 계획 및 평가에서 활용된다. PEP-R은 7개 영역의 발달척도 131문항과 4개 영역의 행동척도 43문항, 총 174문항으로 구성되어 있다(〈표 6-2〉). 발달척도의 항목들은 모방, 지각, 소근육 운동, 대근육 운동, 눈-손 협응, 언어 이해, 언어 표현의 7개 발달영역으로 구분되어 있으며, 행동척도는 자폐스펙트럼의 비정상적 행동패턴 특징을 규정하도록 만들어져 있고 대인관계 및 감정, 놀이 및 재료에 대한 관심, 감각 반응, 언어의 4개 영역으로 구분된다. PEP-R의 특징은 전체 표준 점수나 지수를 산출하도록 만들어진 도구가 아니므로 정상 비교 표본은 표준화 연구로 사용되는 것 대신, 특이한 학습 패턴

표 6-2 PEP-R의 척도 및 내용

척도 및 하위영역		내용
발달척도	1. 모방	다른 사람이 말한 것을 반복하거나 다른 사람이 하는 것을 흉내 내는 능력
	2. 지각	소리에 대한 반응, 시각 추적, 형태, 색깔, 크기의 지각 능력
	3. 소근육 운동	손 협응과 쥐기와 같은 운동 기능
	4. 대근육 운동	팔, 다리 등 대근육의 사용 운동 기능
	5. 눈·손 협응	눈과 손을 함께 사용하는 능력
	6. 동작성 인지	언어에 의존하지 않는 과제들의 수행능력과 언어이해 능력
	7. 언어성 인지	언어 또는 몸짓을 통해 표현하는 능력
행동척도	1. 대인관계 및 감정	사람들(부모 및 검사자)과의 관계와 정서반응
	2. 놀이 및 검사 재료에 대한 흥미	선호하는 놀이유형과 검사재료 사용방법
	3. 감각 반응	시각, 청각, 촉각 자극에 대한 반응의 민감성과 감각 통합 양상
	4. 언어	의사소통 유형, 억양, 언어모방(반향어) 등

출처 : 김태련, 박랑규(1987).

에 대한 정보를 제공하는 것이 목적이다. 또 다른 특징은 발달항목의 채점방식이 합격, 싹트기 반응, 실패의 3수준으로 나뉘는데 과제를 풀 수 있는 방법에 대한 약간의 지식은 있지만 성공적으로 완성할 능력이 없거나 반복 시연해야 하는 경우 싹트기 반응으로 채점할 수 있다는 점이다. 이는 성공하지 못한 과제에 대한 아동의 잠재능력을 가늠할 수 있다. PEP-R은 아동의 일반적인 학습 능률에 대한 대략적인 정보를 얻을 수 있고, 검사과정 중 아동의 사회적 이해수준을 평가할 수 있으며, 검사자의 감정 변화에 대한 아동의 반응을 관찰할 수 있으며, 아동을 동기유발시키는 효율적인 방법을 평가할 수 있어 아동을 교육하고 치료하는 데 효과적으로 활용하는 평가 도구라 할 수 있다.

K-CDI

K-CDI(Korean-Child Development Inventory, 한국아동발달검사)는 미국에서 처음 출판된 MCDI를 보완하여 개발한 CDI를 한국 실정에 적합하도록 김정미, 신희선(2010)이 표준화한 것이다. K-CDI는 발달이정표에 제시되는 아동의 기본적인 발달적 기술이나 성취할 수 있는 발달내용을 목록화해 놓은 것으로 부모를 통하여 아동에 대한 심도 있는 발달적 정보를 얻기 위한 체계적인 정보를 제공하는 아동발달 검사도구이다. K-CDI는 15개월~만 6세 아동에게 적용할 수 있다. 교육적 진단 및 평가를 위해 사용되는 많은 발달척도들과는 달리 여기서 기술된 발달목록은 대다수의 아동들이 발달시기에 따라 나타내는 발달이정표의 행동에 대한 연구에 기초한 것이다. K-CDI는 '부모-보고에 의한 진단' 방법으로 일차적으로 부모가 현재 아동의 발달적 기능 수준을 사정하고 발달상 의심되는 아동은 부가적으로 전문가에게 좀 더 자세한 진단을 받을 수 있다. 이는 간편하고 용이함을 목적으로 하는 선별검사에 부합하며, 특히 어린 영유아기 아동을 대상으로 발달적 진단을 할 때, 부모로부터 주어지는 정보는 매우 중요하다는 점에서 의미 있는 평가방법이다. K-CDI는 8개의 하위발달영역(사회성, 자조행동, 대근육운동, 소근육운동, 표현언어, 언어이해, 글자 및 숫자)으로 구성되어 있으며, 각 영역에 관한 270문항과 현재 나타나는 아동의 증상과 문제에 관한 30문항을 포함해 총 300문항으로 이루어져 있다. K-CDI의 특징은 진단된 결과를 규준화된 점수로 설명할 수 있으며 시각적으로 아동발달 결과를 나타내는 프로파일을 제공한다는 것과 각 발달문항에 대한 표시로 아동의 청각능력, 건강, 성장, 그리고 행동상의 문제 등에 관

하여 부모의 관찰을 기술하는 문항을 추가하여 진단결과를 설명하는 보충자료를 제공한다. 따라서 치료자나 교사는 K-CDI 결과 보고서를 통해 아동에게 적절하고 효과적인 교육을 제공하는 데 활용할 수 있다.

BGT

BGT(The Bender Visual Motor Gestalt, 벤더게슈탈트검사)는 시각-운동 지각의 성숙 수준을 평가하고 정서 장애를 알아내기 위한 것이다(Bender, 1946; 정종진, 2003 재인용). BGT는 시각적 자극을 제시하고 이를 모사시킴으로써 지각-운동적 기능을 통하여 개인의 특징적인 인성을 밝히려는 비언어적 검사로 문화적 영향을 덜 받는다. BGT는 지각-운동 발달과 능력, 뇌손상과 기질적 기능장애, 정신분열증, 우울증, 정신신경증, 지적장애, 발달적 성숙도, 인성기능과 역동, 정서적 문제, 불안상태, 학교학습의 준비도, 다양한 학습문제 및 학습장애 등을 진단하는 데 유용하다. BGT는 9장의 간단한 기하학적 도형으로 구성되어 있으며, 이 도형들을 피검자에게 한 장씩 차례로 보여주고(시각적), 그것을 종이 위에 그리도록 한 다음(운동기능), 그 결과에 대하여 형태심리학 이론을 기초로 개인의 심리적 과정을 분석하고 해석한다. 또한 피검자가 무엇을 어떻게 지각하고 있는가와 지각이 어떻게 이용되는지의 방법도 평가한다. 검사에 필요한 도구로 BGT카드(연필로 모사할 아홉 장의 추상적 도형 시리즈), 용지(A4), 연필, 지우개가 있으며, 조용한 방에 표면이 고른 책상에서 실시하며 검사 시간은 10분 정도 소요된다. 검사는 카드에 인쇄된 도형을 한 번에 하나씩 제시하고 그것을 모사한다. 아홉 장을 다 그린 뒤 새로운 종이에 앞에서 그렸던 도형을 기억해서 그리도록 한다. BGT의 채점방법은 Pascal-Suttel, Hutt, Koppitz의 방법 등 다양하다.

K-DTVP-3

K-DTVP-3(Korean Developmental Test of Visual Perception-3, 한국판 아동 시지각 발달검사)는 만 4~12세 아동의 시지각 능력과 시각-운동 능력을 측정하기 위해 개발된 시지각 발달검사이다(문수백, 2016). K-DTVP-3는 문자학습 준비기능과 시지각 발달상의 장애를 진단, 확인하고 시지각 훈련프로그램의 효과적인 활용을 도모하는 것이다. 검사는 다섯 가지 시지각 요인들인 시지각 요인들은 눈-손 협응, 따라 그리기, 도형-배경, 시각통합, 형태 항상

표 6-3 K-DTVP-3의 종합척도와 하위검사

종합척도		하위검사	내용
일반 시지각 (GVP)	시지각 통합지수 (VMI)	눈-손 협응 (Eye-Hand Coordination)	시각적 경계에 따라 정밀한 직선이나 곡선을 그리는 능력을 측정
		따라 그리기 (Copying)	그림의 특성을 재인하는 능력과 모델을 따라 그리는 능력을 측정
	운동 축소화- 시지각 지수 (MRVP)	도형-배경 (Figure-Ground)	혼란스럽고 복잡한 배경 속에 숨겨진 특정 그림을 찾는 능력을 측정
		시각통합 (Visual Closure)	불완전하게 그려진 자극 그림을 완전하게 재인하는 능력을 측정
		형태 항상성 (Form Constancy)	하나 이상의 변별적 특징(크기, 위치, 음영 등)에 따라 변이된 2개의 그림을 짝짓는 능력을 측정

출처 : 문수백(2016).

성으로 구성되어 있다. K-DTVP-3의 낮은 점수들은 아동의 시력 문제, 눈·손 협응의 어려움, 학습의 어려움, 가정이나 다른 많은 생활에서 겪는 경험에 부정적인 영향을 줄 수 있는 어느 정도의 신경심리적 결함을 가지고 있음을 시사한다. 따라서 임상분야의 많은 전문가들이 실제적인 정보를 얻고 이를 교육 및 치료에 활용하고 있다.

SMS

SMS(Social Maturity Scale, 사회성숙도 검사)는 자조, 이동, 작업, 의사소통, 자기관리, 사회화 등과 같은 적응 행동을 평가하기 위한 검사이다(김승국, 김옥기, 1995). 개인의 성장 또는 변화를 측정하고, 개인차를 측정하는 도구로 사용할 수 있고, 부적응을 보이는 개인을 위한 치료 및 훈련 후의 향상을 측정하는 도구로 사용된다. 또한 지적장애를 진단할 때 개인의 적응 행동을 구별하는 도구로도 사용한다. 검사는 총 117문항으로 구성되어 있고, 각 문항은 연령별로 배열되어 있다. 평가는 아동의 주양육자를 대상으로 1:1 면접을 통해 실시한다.

K-Vineland-II

K-Vineland-II(한국판 바인랜드 적응행동척도, 2판)는 바인랜드-II(Sparrow, Balla & Cicchetti, 2005)의 한국판으로 황순택, 김지혜, 홍상황(2015)이 표준화한 적응 행동 측정도

표 6-4 K-Vineland-II의 구성

주영역 하위영역	내용
의사소통 영역	
수용	말을 어느 정도로 듣고, 주의집중하고, 이해하는지 그리고 무엇을 이해하는지
표현	말을 어느 정도로 구사하는지, 정보를 제공하고 모으기 위해 단어와 문장을 어떻게 사용하는지
쓰기	글자를 이해하는지, 글을 읽고 쓸 수 있는지
생활기술 영역	
개인	먹는 것, 입는 것, 그리고 위생관리가 어느 정도 가능한지
가정	개인이 수행하는 집안일을 어느 정도 수행하는지
지역사회	시간, 돈, 전화, 컴퓨터, 직업기술을 어떻게 사용하는지
사회성 영역	
대인관계	다른 사람들과 어떻게 상호작용하는지
놀이 및 여가	어떻게 놀고, 어떻게 여가시간을 사용하는지
대처기술	다른 사람들에 대한 책임감과 세심함을 어떻게 드러내는지
운동기술 영역	
대근육운동	움직이고 조작하기 위해 팔과 다리를 어떻게 사용하는지
소근육운동	사물을 조작하기 위해 손과 손가락을 어떻게 사용하는지
적응행동조합	의사소통, 생활기술, 사회성, 운동기술 영역의 합
부적응행동 영역(선택적)	
부적응행동지표	개인의 적응적 기능을 방해하는 내현적, 외현적 행동과 그 밖의 바람직하지 않은 행동의 조합점수
부적응행동 결정적 문항	임상적으로 중요한 정보를 제공하는 보다 심각한 수준의 부적응적 행동들

출처 : 황순택, 김지혜, 홍상황(2015).

구이다. 적응 행동의 평가는 지적장애인과 같은 적응 행동에 상당한 제한이 있는 사람들뿐만 아니라 다양한 장애(예를 들어, 발달장애, 학습장애, 청각 및 시각장애, 주의력결핍과잉행동장애, 정서 및 행동장애, 다양한 유전적 장애 등)의 임상적 진단에 사용될 수 있고, 장애가 없는 개인의 적응 수준을 평가하는 데도 도움이 될 수 있다. 더불어 아동의 발달 문제뿐만 아니라 적응기능이 손상된 고령의 사람들을 평가하여 독립적인 생활을 유지하는 데 도움이 되는 방법을 찾는 데도 활용하는 도구이다. 이 척도의 대상은 0~90세의 개인이며 의사소통, 생활기술, 사회성, 운동기술의 4개 영역과 11개 하위영역으로 구성되어 있다. 실시 방법은 면담형과 보호자평정형으로 되어있다. 면담형과 보호자평정형은 문항과 측정 내용은 동일하다. 다만 면담형의 경우 임상가가 대상자에 대해 보호자와 면담을 하면서 평가하고 보호자평정형은 보호자가 대상자에 대해 직접 평정한다는 점에서 실시 형식상 차이가 있다. 이 검사를 통해 측정되는 주영역과 하위영역의 기능 수준은 특수 프로그램과 서비스를 위한 자료를 제공한다. 또한 표준화된 다양한 지수를 제공하여 개인 간 비교뿐 아니라 여러 기능영역들 간의 개인 내 비교가 가능하므로 정교하면서도 풍부한 해석이 가능하고, 나아가 치료영역의 선택, 치료 효과의 검증 등 치료적 접근에 활용하기가 용이하다.

K-CARS2

K-CARS2(Korean-Childhood Autism Rating Scale, 2nd, 한국판 아동기 자폐평정 척도 2)는 Childhood Autism Rating Scale-2(Schopler, Van Bourgondien, Wellman, & Love, 2010; CARS-2)의 한국판으로 이소현, 윤선아, 신민섭(2019)에 의해 표준화되었다. K-CARS2의 기본 목적은 의뢰된 모든 연령대의 사람에 대한 장애진단 가설을 개발하도록 돕는 간략하면서도 질적으로 정확하고 신뢰할만하며 종합적인 요약 정보를 제공하는 데 있다. K-CARS2는 개정된 지침서와 세 가지 양식의 평가지로 구성되어 있다. 세 가지 양식이란 표준형(Childhood Autism Rating Scale, Second Edition-Standard Version, CARS2-ST) 및 고기능형(Childhood Autism Rating Scale, Second Edition-High Functioning Version, CARS2-HF) 평가지와 부모/양육자 질문지(Questionnaire for Parents or Caregivers, CARS2-QPC)를 말한다. 두 가지 평가지 모두 자폐스펙트럼장애를 지닌 사람을 판별하고 이들을 다른 장애로부터 구별하도록 돕기 위해 개발된 고유의 평가 시스템에서 정의하는 15가지 행동에 대

하여 질문한다. CARS 양식은 CARS-2 표준형(CARS2-ST)으로 이름이 변경되었다. 이 평가지는 CARS 양식에 포함되었던 동일한 평가 영역을 포함하며, 필기하고 기록할 수 있는 공간을 넓게 제공함으로써 초판보다 사용하기 쉽게 제작되었다. 부모/양육자 질문지(CARS2-QPC)는 표준형 또는 고기능형 평가지를 사용하는 전문가가 연계해서 사용할 수 있도록 부모나 양육자로부터 정보를 얻게 해주는 비채점 질문지이다. 아동기 자폐 평정 척도의 표준형(CARS2-ST)과 고기능형(CARS2-HF)은 각각 평가자에게 자폐 진단과 관련된 주요 영역에 대해 1부터 4까지 평정하도록 질문하는 15개의 항목으로 구성된다. 각 평가지에 포함된 평가 항목의 목록은 〈표 6-5〉에서 보는 바와 같다. 각 평가지에는 평가되어야 하는 15개의 기능영역에 대한 종합적인 설명이 포함되었다. 각각의 평정 수준을 대표하는 행동 종류의

표 6-5 CARS2-ST와 CARS2-HF의 평가 항목

CARS2-ST 항목	CARS2-HF 항목
6세 미만의 아동 또는 6세 이상이면서 측정된 전반적 IQ가 80 미만이거나 의사소통이 눈에 띄게 손상된 아동	측정된 전반적 IQ가 80 이상이면서 의사소통이 유창한 6세 이상의 아동
1. 사람과의 관계	1. 사회, 정서 이해
2. 모방	2. 정서 표현 및 정서 조절
3. 정서 반응	3. 사람과의 관계
4. 신체 사용	4. 신체 사용
5. 사물 사용	5. 놀이에서의 사물 사용
6. 변화에 대한 적응	6. 변화에 대한 적응/제한된 관심
7. 시각 반응	7. 시각 반응
8. 청각 반응	8. 청각 반응
9. 미각, 후각, 촉각 반응 및 사용	9. 미각, 후각, 촉각 반응 및 사용
10. 두려움 또는 불안	10. 두려움 또는 불안
11. 구어 의사소통	11. 구어 의사소통
12. 비구어 의사소통	12. 비구어 의사소통
13. 활동 수준	13. 사고/인지적 통합 기술
14. 지적 반응 수준 및 일관성	14. 지적 반응 수준 및 일관성
15. 전반적 인상	15. 전반적 인상

출처 : 이소현, 윤선아, 신민섭(2019).

구체적인 사례를 보여주기 위해서 모든 항목 각각에 대한 상세한 평가 방향이 제공된다. 표준형 및 고기능형 평가지 모두 행동의 빈도뿐만 아니라 그 강도, 특이함, 지속시간을 근거로 만들어졌다. 이는 사례에 대한 종합적인 정보를 통합하는 데 상당한 융통성을 허용하며, 동시에 일관성 있는 양적 결과를 얻을 수 있게 해 준다. 또한 전문가는 부모에게 장애 진단 관련 피드백을 제공하고 기능 프로파일을 작성하고 중재 계획을 세울 때에도 사용할 수 있다.

발달평가의 사례

의뢰 사유 및 아동 정보

만 3세 7개월인 남아는 말이 늦고 부모를 포함한 타인과의 상호작용이 잘되지 않아 의뢰되었다. 아동은 외동으로 부모와 함께 살고 있으며, 주 양육자는 모이다. 아동 출생 후 1년간은 모가 육아 휴직을 이용해 아동을 돌봤으며 복직을 위해 어린이집에 보냈고 현재도 다니고 있다. 부모는 맞벌이하여 아동과 많은 시간을 보내지 못했으며 특히 부가 아동기 때 언어와 신체 발달이 늦었기 때문에 아동도 곧 말을 할 수 있을 것으로 생각하여 기다리다 또래보다 매우 느린 것 같다는 어린이집 교사의 권유에 센터를 방문하였다.

행동관찰

아동은 눈 맞춤이 잘되지 않고, 호명이나 질문에 반응이 없었다. 자발어보다는 반향어가 많았으며, 단어 위주로 말을 하였고, 독특한 억양과 말투를 사용하였다. 놀이상황에서 엎드려 자동차를 움직여 굴러가는 바퀴를 보거나, 블록 놀이에서는 둥근 모양의 블록을 나열하고 놀았다. 치료자가 함께 놀자고 유도하여도 혼자 놀았으며, 관심이 있는 활동이 없을 때는 멍하게 앉아 있거나 놀이치료실 안을 원을 그리며 돌아다녔다.

검사 결과

K-CDI(한국아동발달검사)

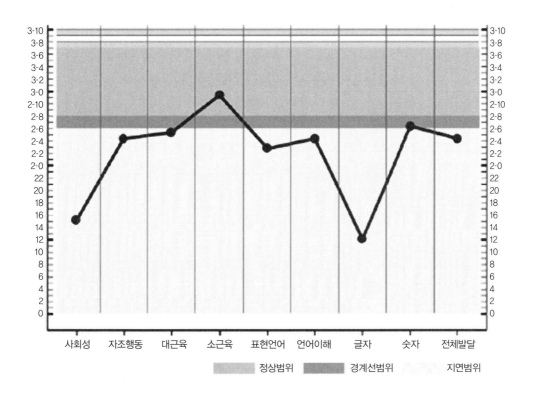

사회성	자조행동	대근육 운동	소근육 운동	표현언어	언어이해	글자	숫자	전체발달
15개월	2세 4개월	2세 5개월	2세 11개월	2세 2개월	2세 4개월	12개월	2세 6개월	2세 4개월
지연	지연	지연	정상	지연	지연	지연	지연	지연

K-CDI 결과에서 소근육 운동발달을 제외한 나머지 언어발달, 대근육 운동발달, 자조행동, 사회성 발달이 아동의 생활연령에 비해 1~2년 이상 지연된 것으로 평가되었다. 특히 사회성 영역에서 2년 이상의 지연을 보인다.

SMS(사회성숙도 검사)

사회연령(SA)	2.5세	자조 일반(SH)	자기 관리(SD)	사회화(S)
		2.23세	–	1.34세
사회성지수(SQ) (SQ)	69점	이동(L)	작업(O)	의사소통(C)
		2.69세	2.82세	1.75세

　SMS 결과를 살펴보면, 생활연령이 3세 7개월(3.58세)인데 사회연령은 2.51세, 사회성지수가 69점으로 모든 영역이 지연되어 있으나 사회화와 의사소통에서 심각한 지연을 보이는 것으로 평가되었다. 자조(SH)영역은 만 2세 2개월 수준으로 외투를 혼자 벗을 수는 있지만 입는 것이 어려우며, 사회화(S)영역에서는 만 1세 4개월 수준으로 나이가 비슷한 다른 또래들과 같이 한 자리에서 싸우지 않고 따로 놀 수는 있지만, 어울려 놀지는 못한다. 이동(L)영역은 2세 8개월 수준으로 혼자서 층계를 걸어 내려갈 수는 있지만, 가까운 이웃집에 혼자 놀러 가지는 못하며, 작업(O)영역에서는 2세 9개월 수준으로 집안에서 잔심부름(물건 가져다주기, 밥상에 수저 놓기)을 할 수는 있지만, 가위로 종이나 천을 자르지는 못한다. 의사소통(C)영역에서는 1세 9개월 수준으로 짧은 문장으로 말을 할 수는 있지만, 자신의 경험을 설명하거나 이야기하지는 못하는 것으로 평가되었다.

CARS(아동기 자폐증 평정척도)

각 척도 평정점수															
3	2.5	3	2	2	1.5	2.5	2	1.5	2.5	3	2.5	3	2	2	34
I	II	III	IV	V	VI	VII	VIII	IX	X	XI	XII	XIII	XIV	XV	총점

총점

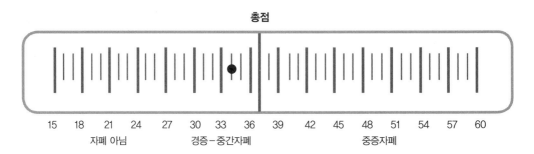

15　18　21　24　27　30　33　36　39　42　45　48　51　54　57　60

자폐 아님　　　　경증–중간자폐　　　　중증자폐

CARS 결과, 총점 34점으로 경증-중간 자폐로 평가되었다. 아동은 자신의 연령에 비해 다른 사람에게 관심이 부족하고 주로 혼자서 놀며, 언어모방은 일정 수준 가능하나 행동 모방은 반복적인 촉구가 필요하며, 표정이 단조롭고 어색하며 신체 협응력이 부족하다. 또한 아동은 익숙한 장소에서 익숙한 사람에게 시선 맞춤은 가능하나 그 외는 어렵고 멀리 있는 자극을 볼 때, 흘겨서 보는 경우가 있다고 한다.

발달평가를 통해 아동에 대한 발달 수준 및 개인적 특성에 대한 정보를 얻었다. 이 정보는 초기면접, 아동 행동관찰, 다른 평가들에서 얻은 정보와 통합하여 아동을 위한 치료 및 교육 중재에 활용할 수 있다. 위 아동은 전반적인 발달이 지연되어 있고 자폐스펙트럼 장애의 특성도 보이며 타인과의 상호작용도 어려움이 있는 것으로 평가되었다. 아동에게 언어, 인지, 사회성을 증진시켜 줄 수 있는 개입이 필요할 것으로 보인다. 따라서 특수 교육, 언어치료, 놀이치료, 감각통합치료 등을 권고할 수 있을 것이다. 특히 놀이치료에서는 아동에게 놀이를 통해 다양한 자극과 발달 수준에 맞는 상호작용을 경험시켜 아동의 발달을 전반적으로 촉진하고 상호작용을 증진시킬 수 있을 것이다. 부모가 아동과의 적절한 상호작용을 할 수 있도록 돕기 위한 부모-아동 상호작용증진 놀이치료를 권고할 수 있다.

사례개념화

놀이치료가 효과적으로 이루어지려면 치료를 받는 대상자에 대한 이해, 즉 사례개념화가 선행되어야 한다. 사례개념화는 내담 아동 문제 증상, 원인, 관련 요인, 치료 개입 방법을 설명하는 과정으로, 놀이치료자는 효과적이고 효율적인 치료 개입을 위해 내담 아동에 대한 다양한 정보를 이론적으로 종합하여 치료 목표 및 계획을 수립한다. 놀이치료에 아동이 의뢰되면 현재 문제를 구체적으로 확인하고 그 문제가 발달해 오게 된 배경 정보를 수집해서 문제 행동의 발생 원인과 유지 요인, 보호 요인과 취약 요인 등에 대한 가설을 형성한다. 놀이치료에 의뢰된 아동의 문제 행동은 동일하게 보이더라도 그 행동의 원인과 발달 경로는 다르며, 유사한 경험이 다른 결과를 초래하기도 하고 다른 경험이 유사한 결과를 초래하기도 한다. 놀이치료에서 아동과 아동의 환경을 총체적으로 이해하는 것은 중요하고도 필수적인 작업으로, 놀이치료자는 아동과 아동 환경, 아동-환경의 상호작용 정보를 체계적으로 수집하고 발달적 맥락에 맞춰 정립해서 조직화하고 통합하여 사례의 가설을 전개한다. 잘된 사례개념화는 발달적 관점을 잃지 않고 아동을 내적 요인과 외적 요인, 환경 요인, 역사 등의 체계 속에서 맥락적으로 이해할 수 있도록 하며, 이러한 이해를 바탕으로 가장 효과적인 치료 목표와 계획을 수립하도록 해주어 치료의 성과를 촉진한다.

사례개념화의 필요성

놀이치료에서 사례개념화는 아동에게 변화가 필요한 부분을 발견하고, 그 변화를 돕기 위해 사례를 전체적으로 이해하는 과정이다. 놀이치료에서 사례개념화는 왜 필요한가?

첫째, 사례개념화는 문제를 진단하고 평가하는 과정을 통해 아동의 문제를 이해하도록 한다. 치료자는 아동의 현재 기능 및 발달 수준을 평가하고, 아동의 문제가 얼마나 심각한지 파악하고 문제와 관련한 다양한 요인을 탐색한다. 사례개념화는 아동이 갖고 있는 문제와 원인을 탐색하여 핵심 문제를 다루는 치료를 실행함으로써 치료의 진전과 종결의 시점을 알기 위한 지표로 사용할 수 있다.

둘째, 사례개념화는 치료자의 사례 이해의 깊이를 더하도록 해서 효과적인 개입이 일어날 수 있도록 한다. 사례개념화는 치료자가 아동을 인지적 수준으로 진단하고 평가하는 것에만 머무르게 하지 않고 아동이 문제 행동을 나타나게 하는 이유를 깊이 있게 이해하고 중재의 목표와 방향을 계획하도록 하여 실제적인 치료적 개입과 연결할 수 있다. 예를 들어 친구를 때리고 괴롭히는 행동을 하는 7세 여자 아동이 있다고 가정해보자. 만약 이 행동의 원인이 '동생이 태어난 후 어머니가 자신을 이제는 사랑하지 않는 것 같아 슬프고 불안하고 화가 나서, 이 감정을 친구들에게 풀고 있다'고 이해된다면 아동의 불안과 슬픈 마음을 이해하여 보다 건강한 방식으로 감정을 표현하고 사랑받고자 하는 욕구를 해결할 수 있도록 돕는 실제적인 개입을 할 수 있다. 또한 부모가 아동이 부정적인 행동을 할 때만 걱정하고 근심하여 관심을 주고 있고 이것이 그 행동을 유지하도록 한다면 부모의 행동 변화는 아동 문제해결의 잠재적 자원이 될 수 있다. 치료자는 사례개념화를 통해 아동을 어떻게 바라보면 되는지가 이해되고 그래서 치료가 어디로 향할지에 대한 목적, 목표와 방법을 수립하고 정리하게 하여 놀이치료 개입의 효율성을 높인다.

셋째, 사례개념화는 치료자와 아동, 부모의 치료적 협력과 동맹을 강화한다. 놀이치료가 효과적으로 진행되기 위해서는 아동과 부모 모두와의 협력적 관계를 잘 형성해야 한다. 사례개념화는 이러한 아동과 부모와의 치료 동맹을 위한 기초가 된다. 만약 아동과 부모가 놀이치료에 참여하여 얻을 수 있는 이득을 모른다면 치료하는 데 필요한 동기가 부족할 수 있다. 치료자가 아동을 잘 이해하여 문제를 해결할 방안을 찾는 것은 아동과 그 부모에게 문제해결의 희망을 주어 치료적 동기를 높이고, 놀이치료에 대한 신뢰감을 높이면서 협력적인 관계 형성이 빠르게 이루어지도록 한다.

넷째, 사례개념화는 놀이치료자의 전문성을 발달시킨다. 놀이치료자는 사례개념화를 해서 사례를 이해하고 치료를 계획하며 놀이치료를 실행한다. 만약 실제적인 변화가 일어나지 않는다면 이유를 탐색하고 사례개념화를 수정·보완하여 다시 개입하는 과정을 거친다. 임상현장의 경험이 적은 치료자는 놀이치료 이론과 실제의 연결이 명확하지 않은 사례개념화로 시작을 하지만 치료를 거듭해가면서 점차 이론과 임상경험을 연결하여 놀이치료 사례개념화를 할 수 있는 능력을 키우면서 전문성이 발달하게 된다.

사례개념화의 요소

놀이치료자는 아동의 문제를 인식하고 이를 해결하도록 도와주기 위해서 아동의 문제에 관한 전체적인 시각을 형성하여야 한다. 이를 위해 아동의 특성에 대해 살펴보고 아동에게 영향을 미치는 환경을 파악해서 아동이 왜 그러한 문제를 보이는지에 관한 사례개념화를 하고, 그 사례개념화에 따라 치료를 받아야 할 대상을 정하고, 치료 목표가 정해지고 중재 활동과 치료자 역할을 정한다(송영혜, 2019). 놀이치료자는 놀이치료 이론에 따라 아동의 문제에 영향을 미치는 아동의 특성 요인, 아동의 환경 요인, 아동-환경 관계 변인을 확인해서 사례개념화를 한다. 사례개념화는 주로 치료 초기에 이루어지지만 일회적인 작업은 아니며 치료가 진행되는 전체 과정 동안 검증하고 수정하고 보완해나가는 과정적인 작업이다. 여기서는 놀이치료를 시작하기 전이나 치료 초기에 활용할 수 있는 사례개념화 요소를 제시하며, 각 요소는 문제 이해하기와 치료 계획하기로 나누어 설명한다.

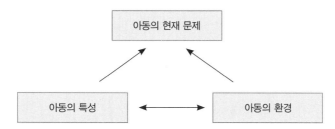

그림 8-1 아동의 현재 문제와 아동 특성 및 아동 환경과의 관계

출처 : 송영혜(2019).

문제 이해하기

치료자가 아동의 문제를 확인하고 그 문제의 원인이 무엇인지 또 문제해결을 방해하는 요인이 무엇인지를 확인하는 과정은 놀이치료의 핵심이다(Jongsma, Peterson, & McInnis, 2000). 놀이치료자는 초기면접, 행동관찰, 심리검사, 놀이평가 등에서 얻은 정보를 근거로 아동의 특성과 아동에게 영향을 미치는 환경, 아동-환경의 상호작용을 파악해서 아동의 현재 기능을 설명하고, 문제를 정의하며 문제의 발생 요인과 유지 요인에 대한 가설을 설정한다. 다음은 놀이치료에 의뢰된 아동의 문제를 이해하기 위한 사례개념화의 요소이다.

- 현재 기능 설명하기
- 문제 정의하기
- 문제 발생 요인의 가설 설정
- 문제 유지 요인의 가설 설정

현재 기능 설명하기

인지 영역   아동의 인지기능 수준과 아동의 핵심 믿음에 대한 설명이다. 인지기능 수준은 총체적인 지적 기능을 설명하는 것으로 지능 지수도 중요하지만, 더 중요한 것은 인지발달 수준이다. 인지발달 수준에 대한 이해는 인지가 아동의 세계에서 정보를 조직하고 처리하는 데 영향을 미친다는 점에서 중요하다. 사례개념화에서는 실제 인지발달 수준이 아동의 연령과 일치하는가를 고려해서, 지남력, 기억, 집중력, 추론, 지능, 판단력, 통찰, 사고과정의 조직화, 외상 증후 등의 다른 인지 과정과 관련하여 아동의 인지 기능을 해석하는 지표로 사용한다(O'Connor & Ammen, 1997). 예를 들어 판단력이 손상된 10세 아동이 두 명이 있다고 가정할 때, 한 아동은 전조작기 단계를, 다른 아동은 구체적 조작기 단계의 인지발달 수준을 보인다면, 첫 번째 아동은 연령에 적절한 판단력이 결여된 것이고, 두 번째 아동은 인지적으로는 적절하나 다른 문제로 인해 인지능력이 방해를 받는 경우가 된다. 만약 아동의 인지발달 수준이 전조작기 단계를 보인다면 아동의 문제해결을 위해 놀이치료 회기 안에서는 조금 더 경험적인 요소를 고려해야 할 것이다.

그리고 핵심 믿음은 아동이 구성하고 있는 생각이나 믿음으로, 아동의 자기개념과 타인 및 세상에 대한 시각을 설명한다. 자기개념은 아동 자신이나 자신의 특징, 태도 등을 분명하게 서술할 수 있는 아동의 능력으로, 자신을 그대로 묘사하는 능력과 자신을 객관적으로 볼 수 있는지, 그리고 자기 존중의 측면으로 확인한다. 타인 및 세상에 대한 시각은 아동이 세상을 둘러 싼 시각이 어떠한지를 알아보는 것으로, 타인에 대한 시각과 생활에 대한 만족과 어려움 정도가 포함되어 있다. 물론 이러한 믿음은 아동에 의해 진술되는 것이지만 아동이 어떻게 생각하는지에 대해 치료자가 가설을 가질 수 있다. 이는 치료자가 아동이 자신과 타인, 상황을 이해하는 방식을 잘 예측할 수 있게 하며, 아동의 관점을 택할 수 있도록 한다. 이는 아동이 문제에 대해, 무엇을 어떻게 생각하는지와 문제해결에서 아동이 어떻게 대처하는지의 실마리를 제공한다.

정서 영역   정서 기능은 놀이치료가 긍정적인 성과가 있는지 여부를 평가하는 중요한 요소이며 사례개념화뿐만 아니라 놀이치료의 전 과정과 모든 단계에서 중요하게 고려된다. 정서 기능은 정서 범위, 정서의 적절성, 정서 조절 등으로 설명한다. 정서 범위는 정서 유형에 따른 감정을 경험하고 표현해낼 수 있는 정도를 말한다. 정서 유형은 크게는 불안 관련 감정, 우울 감정, 화나고 공격적인 감정, 긍정적 감정의 네 가지 범주로 나눌 수 있는데, 아동이 모든 유형의 감정을 느낄 수 있는지, 어떤 유형의 감정이 우세한지, 정서적 균형이 유쾌한 쪽으로 치우치는지, 불쾌한 쪽으로 치우치는지 등을 설명한다. 치료적 성과를 고려할 때 아동이 상황에 적절한 방식으로 모든 유형의 정서를 경험하는 능력이 있거나 정서를 발달시키는 것이 중요하다(O'Connor & Ammen, 1997). 정서의 적절성은 아동의 정서가 주어진 사건에 맞추어 감정을 적절하게 표현하는 정도를 말한다. 즉, 아동이 경험한 정서가 상황과 일치하는가이다. 사실 아동은 정서를 경험하고, 경험하고 있는 정서가 무엇인지 알며, 그것을 표현하는 능력 중에 어떤 것이라도 문제가 생길 수 있지만 사실 어떤 것이 문제인지 확인하는 것은 어렵다. 일부 아동들은 정서적 반응으로 해석할 수 있는 상당한 신체적·행동적 반응을 보이지만 이러한 반응을 적절하게 명명하지 못하기도 한다. 예를 들어 주먹을 꼭 쥐고 발로는 문을 차면서 표정은 일그러져 있지만 자신이 화가 났음을 인정하지 않는다. 이런 아동은 자신의 감정을 알아차려서 경험하는 정서가 무엇인지 알고 표현하는 능력을 키워가야 한다. 또 다른 예로, 다양한 유형의 감정을 상황에 맞게 경험하고 확인할 수 있으나 감정을 표현하지 않거나 표현하지 않으려고 하는 아동도 있다. 이는 감정을 표현하는 것이 욕구를 적절히 만족시키는 요소 중 하나라고 생각하지 못하기 때문일 수 있다. 또 정서표현이 경험이나 방어로 인해 차단된다고 하기보다는 경험을 전달해주는 언어가 충분히 발달하지 않아 제대로 표출하지 못하는 경우도 있다. 정서 조절은 자신의 감정을 다루는 아동의 능력을 말한다. 이는 표현되는 정서 반응이 다양한지를 통해 확인할 수 있다. 예를 들어, 작은 좌절이든 큰 좌절이든 상관없이 두 경우 모두 격하게 소리를 지른다면 좌절감을 표현하는 반응이 너무 한정적이다. 아동이 잘 기능하고 있다면 정서를 불러일으키는 상황에서 지나치게 과잉 반응을 하거나 과소 반응을 하지 않고 정서의 범위와 정도를 조절할 수 있다. 정서 조절은 아동이 문제해결을 섬세하게 조정할 수 있도록 하며, 타인과 환경으로부터 더 나은 반응을 이끌어낸다.

행동 영역　전체적인 인상과 행동 기능에 대한 설명이다. 이는 외모, 활동 수준, 언어, 태도 등을 확인해서 설명한다. 외모가 아동 나이에 비추어 볼 때 적절한가의 여부, 그리고 특징적인 모습에 관해 전반적으로 확인한다. 외모는 양육의 질과 학대나 방임의 단서이기도 하며, 이 외모가 아동의 기분이나 전체 기능에 영향을 미친다면 정신건강의 지표가 되기도 한다. 지나치게 높거나 낮은 활동성 수준은 대체로 주의력결핍장애나 우울, 불안의 표시가 될 수 있다. 언어의 문제는 학업 및 사회적 기능의 문제를 함축하기 때문에 정서적 기능에도 영향을 미친다. 아동의 의사소통 능력이 어떠한지, 아동의 언어가 연령에 적절한지, 신경학 혹은 심리학적 문제를 암시하는 지표인지 등을 설명한다. 태도에서 연령에 비해 미성숙한지 지나치게 성숙한지, 방어적인지 협조적인지, 반항적인지 순응적인지, 지나치게 거부적인지 아니면 친밀한지 등을 설명한다. 그리고 이러한 태도가 시간과 장소, 대상 등에 따라 달라지는지를 설명한다. 이는 타인이 아동을 어떻게 인식하는지, 아동이 타인에게 어떤 반응을 할 것인지에 대한 실마리를 얻게 하고, 애착이나 사회적 기술의 결핍 등을 확인할 수 있다.

대처반응 영역　문제 상황에서의 대처반응 패턴에 대한 설명이다. 아동이 문제 상황에서 자신의 행동을 변화시키는 반응을 하는지, 아니면 타인의 행동을 변화하려고 하는 반응을 하는지를 설명하는 것이다. 자신의 욕구를 일관되고 적절하게 충족할 수 있는 아동이라면 상황에 적절하게 자신의 행동을 변화시키는 반응을 하기도 하고, 아니면 타인의 행동을 변화하려는 반응을 하기도 한다. 즉, 자신의 행동이 타인으로부터 긍정적 반응을 이끌어낼 수 없다는 것을 알았을 때 스스로 행동을 바꾸고자 시도할 것이고, 또 타인의 적절하지 못한 행동 때문에 자신에게 어려움이 생긴다면 타인의 행동을 바꾸도록 요구할 것이다. 그리고 대처반응 양식을 설명할 때 문제를 변화시키는 힘이 어디에 놓여있는지에 대한 아동의 지각도 함께 설명한다. 내적 통제를 하는 아동은 자신이 그 힘을 가지고 있다고 믿는 반면, 외적 통제를 하는 아동은 다른 사람이 변화를 위한 힘을 가지고 있다고 믿는다. 그러나 이는 상황에 따라 크게 달라지는 변수여서 구별되지 않을 수도 있다. 예를 들어 성적을 높이기 위해 자신이 노력하면 된다고 생각하는 아동도 수학 과목에서는 '더 좋은 선생님을 만나면 잘할 수 있을 거야'라고 생각할 수 있다. 자신의 욕구를 효과적이고 적절하게 충족하는 아동은 문제를 변화시키는 힘이 어디에 있는지 판단할 때 상황을 고려한다. 문제 상황에 대한 변화의 힘을 어디에 있다고 생각하는가에 대한 지각과 대처반응 양식의 특정 조합은 문제행동의 원인이 되기도 한다. 만약 아동이 문제에 직면했을 때 자신이 바뀌어야 한다고 생각하지만, 문제해결을 위한 힘이 자신에게 없다고 믿는다면 이런 조합은 종종 무기력과 좌절감을 일으킨다. 반면 문제해결을 위해 타인이 변해야 하며 자신이 이 변화를 만드는 힘이 있다고 믿는다면, 타인이 자신에게 맞추지 못하여 좌절될 때 공격적일 수 있다. 이 경우 놀이치료의 목표는 다양한 상황에서 아동에게 합리적인 판단 능력을 키우도록 하면서 유연한 반응 양식을 가지도록 하는 것이 될 수 있다.

문제 정의하기

치료자는 아동이 경험하고 있는 문제가 무엇인지, 이러한 문제가 언제부터 시작되었는지, 문제의 빈도와 강도는 어떠한지, 문제에 대한 대처방식은 무엇이며, 이 문제가 시간이 경과하면서 어떻게 변화되었고, 문제로 파생되고 있는 또 다른 문제는 무엇인지 등을 확인한다. 치료자는 아동의 문제를 관찰 가능한 행동과 DSM-5(Diagnosis and Statistical Manual-5, APA, 2013)의 증상으로 설명할 수 있다. 이는 아동의 문제를 객관적으로 기술할 수 있지만, 아동의 문제를 다양한 시각으로 인식해서 이해하는 것은 제한시킨다. 그리고 아동의 문제에 대한 아동의 시각과 양육자의 시각을 확인한 후 설명할 수 있다. 양육자가 아동의 문제를 이해하는 것과 아동 자신이 경험하고 이해하는 것이 다를 수 있어, 치료자는 아동과 양육자가 아동의 문제를 어떻게 정의하는지, 또 어떻게 변화되기를 원하는지 등을 확인한다.

이때 아동의 시각과 양육자의 시각이 일치된다면 문제로 정의될 수 있다. 그러나 양육자와 아동이 문제에 대한 의견일치가 어려울 수도 있다. 예를 들어 부모는 등교 거부가 일차적인 문제라고 생각하고, 아동은 친구관계가 문제라고 생각한다면 치료자가 양육자의 관점으로만 문제를 정의하고 치료 과정을 선택할 때 아동을 놀이치료에 참여시키는 것은 힘든 일이 된다. 그래서 치료자는 적어도 놀이치료를 시작하기 위한 문제는 '현재 아동을 괴롭히고 힘들게 하는 것'으로 정의할 수 있다(O'Connor & Ammen, 1997). 치료자는 초기면접, 심리검사, 놀이평가 등의 정보를 통합해서 문제를 정의한다. 치료자는 문제가 밖으로 표출되는 방식(행동)과 문제가 내적으로 경험되고 해석되는 방식(감정, 믿음)을 이해해서, 아동 자신에게 어떤 영향을 미치고 있으며, 타인들에게는 또 어떤 영향을 미치는지를 확인해서 정의한다.

문제 발생 요인의 가설 설정

문제 발생의 요인에 대한 가설은 효과적인 문제 해결에 대한 접근을 보다 쉬워지게 한다. 치료자가 문제의 원인에 대한 가설을 세우는 주요한 이유는 아동의 문제가 발달한 맥락을 이해해서 원인이 되는 요인들의 방해를 최소화하는 계획을 개발하는 것이다. 아동을 변화시키려면 변화를 방해하는 요인들을 일정한 방법으로 차단할 필요가 있으며 다른 자원 요인이 제공되어야 한다. 문제 발생 요인의 가설은 아동 요인, 시간 요인, 환경 요인으로 수립한다.

아동 요인 아동의 현재 기능 및 문제와 관련한 아동의 개인 요인에 대한 가설이다. 이는 과거 경험이 아니라 아동 자신의 선천적 요인을 말한다. 외모, 지적 능력, 학습 능력, 생물학적 기능 등과 관련한 유전적 · 선천적 장애와 기질, 발달상의 한계 등을 아동의 현재 기능이나 문제와 연관하여 가설을 수립하는 것이다. 아동 요인이 현재 기능과 문제를 발생시키는 원인이라고 해도 놀이치료 과정에서 해결할 수는 없으며 다만 치료 전략 및 기대하는 기능 수준을 정하도록 한다.

시간 요인 아동이 성장하는 동안 일상생활에서 일어난 특정 사건이 현재 기능과 아동의 문제에 어떤 역할을 하였는지에 대한 가설이다. 같은 사건이라도 아동이 언제, 어떤 기능 수준에서 경험하느냐에 따라 사건에 대한 이해, 통제 소재의 지각, 아동의 역할, 또 문제해결에서 차이가 있다. 예를 들어, 만약 5세 때 이혼한 아동과 12세 때 이혼한 아동이 있다면 부모의 이혼에 대해 똑같은 방식으로 영향을 받지 않을 것이다.

환경 요인 아동을 둘러싼 환경적 요인들에 대한 가설이다. 아동의 환경이 현재 아동의 문제에 어떤 역할을 하였는지에 대한 가설로, 여기서 초점은 각 요인이 어느 정도의 영향을 미쳤는가가 아니라, 각 요인이 어떤 영향을, 어떻게 미쳤는가를 확인하는 것이다. 치료자는 주요 양육자와의 애착 관계, 모자 관계의 특성, 가족의 전체적인 특성, 형제 역할, 또래 역할 등에 대해 가설을 수립한다. 특히 주요 양육자와의 애착 관계는 아동의 향후에 갖게 되는 모든 상호작용의 근간이 된다는 점에서는 아무리 강조해도 지나치지 않다. 놀이치료에서는 애착관계에 문제가 있다면 아동이 현재 생활에서 적절하게 기능하는지를 예측하기 전에 이것이 먼저 다루어져야 한다. 또한 부모의 이혼과 재혼, 학대 등이 있었다면 아동의 현재 문제에 어떻게 영향을 미쳤는지 가설을 수립한다. 형제 간의 출생 순위에 따른 서열과 경쟁, 연령과 성별의 차이로 인한 갈등 등과 같은 형제 역할에 대한 가설도 설정한다. 특히 또래 집단에서의 관계와 또래 역할을 간과해서는 안 된다. 또래로부터 받은 부정적인 평가는 아동의 자기개념에 깊게 각인이 된다. 그 밖의 가족 이외의 다른 환경적인 역할에 대한 가설 수립도 필요하다. 건강한 가정에서 잘 자란 아동이, 심각한 교통사고를 경험하고 문제를 일으키기도 하고, 유치원이나 학교, 학원 등에서 의도치 않게 부정적인 영향과 상처를 받을 수도 있다. 또한 잠재적인 영향에 대해서도 주의를 기울여야 하며 폭력적이고 성적인 영상에 대한 노출과 같은 영향도 확인해야 한다.

문제 유지 요인의 가설 설정

문제의 발생 요인은 이해하는 것도 중요하지만, 아동의 문제가 지속되는 요인에 대한 가설을 설정해야 한다. 문제를 유지하게 하는 요인에 대한 가설은 아동의 향후 건강과 발달을 촉진시키기 위해서 반드시 바뀌어야 하는 요인을 찾고, 변화를 돕는 잠재적인 자원을 파악하도록 한다. 문제의 유지 요인에서는 아동 요인, 환경 요인, 문제에 대한 사고와 정서, 행동의 대가와 이득 요인에 대한 가설을 설정한다.

아동 요인 치료자는 아동의 개인 요인이 현재의 어려움을 유지시키거나 문제해결을 방해하는 정도에 대한 가설을 수립한다. 현재 문제를 발생시킨 원인이 되는 아동의 요인이 지속적인 유지요인이 될 수도 있는데, 예를 들어 신경학적 손상이 원인이 되어 학습에 어려움을 겪는 아동이 있다고 가정하면, 복잡하고 추상적인 학습 상황에서 이러한 신경학적 손상으로 계속해서 학습 성취가 높지 않아서 학습 문제는 계속 유지된다.

환경 요인 문제를 유지하거나 문제해결을 방해하는 요인의 탐색이기도 하지만 변화의 자원 및 지원으로 기능할 수 있는 가능성을 파악하게 한다. 특히 가족의 경우에는 문제해결을 방해하는 가족 및 가족 구성원에 주목해야 한다. 아동의 문제로 인해 가족 구성원은 무엇을 얻게 되는지, 아동이 건강하게 된다면 가족 구성원이 잃게 되는 것은 무엇인지 등을 파악하고 가족이 아동의 발전을 방해하는 정도와 변화의 자원 및 지지원으로 기능할 수 있는 가능성도 파악한다. 또한 문제를 유지하거나 문제 해결을 방해하는 또래 역할이 있는지 또 기타 환경적 요인이 있는지 등을 파악하며, 이 또한 문제해결을 방해하는 정도와 함께 변화의 자원 및 지지원으로 기능할 수 있는 가능성도 파악해야 한다. 예를 들어 아동이 스스로 하지 않는 자율성 문제가 있어 왔고 부모가 잔소리를 하면서도 아동의 일을 대신해주고 있었다면 아동의 자율성을 방해하는 부모의 양육태도가 아동 문제를 지속시키는 요인이 될 수 있다.

이득 요인 아동이 현재 문제를 지속하면서 얻게 되는 것과 잃게 되는 것의 가설로, 좋지 않은 결과를 야기하는 생각, 감정, 행동을 지속해서 얻게 되는 이득과 손실을 지각하고 있는지를 파악하는 것으로 문제로 잃는 것보다 얻는 것이 더 많을 때 유지된다. 즉, 객관적으로는 좋지 않은 결과를 야기해도 참을만큼 강력한 주관적 강화인자가 있다. 사실 이것은 매우 주관적인 경험이지만 아동이 이러한 점을 스스로 의식하고 있다는 의미는 아니다. 자신의 심리 내적 및 행동적 작용에 대해 자각하지 못하는 경우가 더 흔하며 아동이 전혀 의식하지 못하고 있다면 이러한 사실을 자각시키는 것이 초기 치료 목표가 될 수 있다. 만약 자각이 있는 경우라면 문제해결에 좀 더 직접적으로 초점을 맞출 수 있다.

치료 계획하기

치료자가 아동의 문제를 해결하기 위해서 치료 목표를 설정하고 중재를 계획한다. 이는 초기면접과 다양한 평가를 통해 수집된 자료를 검토하고 해석하여 발전시킨 사례개념화 과정에서 이루어진다. 치료자는 각 사례가 갖는 독특성에 따라 치료 목표와 놀이치료 과정을 함께 고려해서 어떤 활동을, 누가, 어떻게, 언제까지 하는가의 측면을 고려해서 치료 초기부터 종료까지 아동과 양육자와의 치료적 관계를 확립하면서 치료를 계획한다(O'Connor, 2000). 아동 문제를 해결하기 위한 치료 계획의 요소는 치료 목표 설정과 중재 계획이다.

목표 설정

치료 목표들의 일부는 초기면접에서 아동이나 부모의 치료 기대와 함께 설정하기도 하고, 놀이치료자가 아동 문제를 정의하고 원인과 유지 요인의 가설을 발전시킨 사례개념화 내용을 토대로 설정하기도 한다. 치료자는 아동의 문제를 확인해서 전체 치료 목표를 설정하고 이 목표가 도달하는 과정을 위한 구체적인 단계로 단기 목표를 세분화한다(송영혜, 2002). 이때 놀이치료자가 초점을 두는 이론에 따라 정보를 수집하고 통합하는 초점이 다를 수 있어 치료 목표도 달라질 수 있다. 그러나 이 책은 놀이치료자의 이론적 배경이 달라도 활용할 수 있는 놀이치료 과정을 소개한다. O'Connor와 Ammen(1997)의 목표 개발 과정은 가능한 많은 영역에 걸쳐 아동의 현재 기능과 연결하므로 놀이치료자가 처음 목표를 설정해 가는 과정을 익히기에 유용하다. 현재 기능의 발달 수준에서 가장 낮은 수준의 기능을 놀이치료의 출발점으로 사용하도록 하며, 최대 기능 수준, 즉 그 아동의 능력과 맥락에서 달성하고자 하는 수준이 전체 목표 혹은 놀이치료의 이상적인 마지막 목표가 될 수 있다.

목표 개발 단계 놀이치료자는 가설을 설정하면서 개발된 목표를 모두 나열하며 앞서 현재 행동 기능 패턴에서 확인된 특정 요소를 통해 목표를 개발할 수 있다. 이러한 전반적 목표 목록은 치료자의 이론적 배경과 요구에 따라 변용해서 사용하면 된다.

　치료자가 치료 목표에 전반적인 목록을 만들었다면, 다음 단계로 이 전반적인 목록의 범주를 묶어볼 수 있다. 목표의 범주는 안전과 위기, 안전기지, 발달, 문제 내용과 관련된 목표, 대처 목표, 환경 목표로 나누어 볼 수 있다. 목표의 범주 또한 치료자의 이론적 배경과 요구에 따라 변용해서 사용하면 된다. 안전과 위기 범주는 아동이나 타인의 급박한 위기 상황에 관한 목표로 모든 치료 목표에 우선할 만큼 위험한 사건에 대한 목표이다. 예를 들어 가정 내 아동 폭력이 일어났다면 가해자와 피해자의 환경 분리를 중재 목표로 정하게 되고 그 목표는 안전/위기 범주에 포함된다. 안전기지 범주는 기본적인 신뢰와 애착 형성에 초점을 맞춘 목표이다. 아동의 환경에서 한 사람의 어른과 안정적인 정서적 애착을 형성하기 전까지는 특정 내용의 치료가 효과적일 수 없는데, 안정적인 관계 형성이 되지 않은 상황에서 다른 상호적 관계 및 또래나 친구와의 만족스러운 대인관계 발달이 불가능하기 때문이다. 만약 아동이 환경에서 한 사람과의 안정적인 애착이 형성되어 있지 않을 때 안전기지의 범주에 포함시켜야 한다. 발달 목표는 아동의 현재 발달 기능 수준을 잠재력까지 끌어올리는 목표로 연령에 필요하다고 생각되는 보편적인 기술을 말한다. 예를 들어 차례 지키기와 같이 보편적인 기술은 발달목표에 해당된다. 또 다른 범주는 문제/문제의 내용과 관련된 범주

표 8-1 전반적 목표 목록의 예

- 현재 나타나는 특정 문제의 감소 혹은 변경하기
- 아동의 발달적 기능을 극대화하기
- 전반적 상황에서 인지기술을 사용할 수 있는 아동의 능력을 극대화하기
- 적절하고 효과적으로 욕구를 충족시키는 아동의 능력을 향상시키기
- 아동의 능력에 방해가 되는 현재의 잘못된 믿음을 수정하기
- 아동의 능력에 방해가 되는 과거의 경험 혹은 외상의 경험을 최소화시키기
- 아동이 감정을 경험하고, 명료화하고, 표출할 수 있게 하기
  - 아동이 신체적 단서를 인식하고 감정을 명료화할 수 있게 하기
  - 아동이 감정을 광범위하게 경험하도록 하기
  - 아동이 감정 표출을 위한 단어와 전략을 가지게 하기
  - 아동이 문제 해결에서 자신과 타인의 감정을 사용할 수 있게 하기
- 아동이 상황에 맞는 균형 잡힌 대처반응을 갖게 하기
- 아동이 자신의 능력을 최소 혹은 최대화하도록 돕는 전략을 통해 문제 해결하기
- 아동이 다양한 상황에서 문제의 통제소재 평가에서 적절한 판단을 할 수 있게 하기
- 아동의 능력에 방해가 되는 다른 환경요인을 최소화하기
  - 다른 환경의 도움을 극대화하기
  - 아동의 일차적 애착관계 극대화하기
  - 아동의 현재 행동 패턴과 환경과의 상호작용 개선 전략 개발하기
- 놀이치료에서 만든 변화를 수용해서 치료 과정에 계속 참여시키기

출처 : O'Connor & Ammen (1997). 편집 및 재구성.

로 전통적인 놀이치료에서 다루는 목표이다. 예를 들어 부모의 이혼으로 아동의 슬픈 감정을 다루고 해결하는 것은 여기에 해당된다. 대처목표 범주는 아동에게 적합한 대처기술을 개발하거나, 상황에 적합한 대처기술을 개발하는 것을 말한다. 예를 들어 차례지키기 모든 아동이 배워야 하는 기술이지만 틱 행동으로 인한 놀림에 대한 대처기술은 특정 아동만이 배우는 것으로 대처목표의 범주에 들어갈 수 있다. 그리고 환경 목표는 최적의 성장과 발달을 촉진하기 위해 아동을 둘러싼 환경에서 이루어져야 하는 변화와 관련된 목표를 말한다. 마지막 단계는 목표의 순위를 정하는 것이다. O'Connor와 Ammen(1997)은 목표의 순서를 정할 때 하나의 순위에 하나 이상의 목표를 정하였다. 일부 놀이치료자는 목표를 상, 중, 하로 목표의 순위를 정하기도 하고, 다른 치료자는 장기 목표와 단기 목표로 나누어 정하기도 한다. 목표의 순위는 아동이나 다른 사람에게 가장 위험할 수 있는 상황이 최우선 목표가 되며, 아동발달의 가장 낮은 영역을 반영하는 목표가 우선 순위가 된다. 예를 들어 내가 느끼는 정서가 어떤 감정인지 명명하기가 어렵다면, 자신의 정서를 언어로 표현한 후 타인의 정서를 활용하는 문제해결 접근을 시도한다. 또한 아동을 둘러싼 환경 요인은 아동의 발전을 위해서 먼저 다루어야 할 문제로 목표에서 우선 순위에 둔다. 만약 아동의 문제해결을 방해하는 요인이 있다면 이러한 요인도 우선순위로 다룰 수 있다. 그러나 목표들은 동등하게 우선 상황이 될 수 있으며 많은 경우 아동의 문제해결 기능이 좋아질수록 낮은 순위 목표는 점차 없어진다.

중재 계획

중재를 계획할 때는 최선의 치료적 중재와 가능한 치료적 중재, 치료 기간의 제한 여부, 문제의 원인을 제거해야 하는지, 문제를 완화해야 하는지, 누구를 대상으로 할지, 무엇을, 어느 정도로 제공해야 하는지 등으로 구체적으로 설정한다. 치료자는 놀이치료를 직접적으로 중재할 때 가장 바람직한 변화를 산출할 수 있는 중재 범위와 전략을 계획한다.

중재 범위 놀이치료의 중재 범위는 아동 개별 놀이치료, 부모참여 놀이치료, 가족 놀이치료, 또래집단 놀이치료 등이 있다. 어떤 중재를 선택할지는 문제의 원인보다는 변화를 만들어낼 수 있는 아동의 능력에 대한 치료자의 평가에 달려있다. 어떤 경우는 여러 중재가 복합적으로 계획될 수 있는데, 예를 들어 아동 개별 놀이치료를 진행하면서 부모가 참여하는 놀이치료를 함께 진행할 수 있다. 아동 개별 놀이치료는 내담아동과 작업을 하는 것으로, 아동 문제에 초점을 맞추면서 아동의 발달기능의 전반적인 향상과 자신의 욕구를 효과적이고 적절하게 충족시킬 수 있는 능력의 향상에 초점을 맞출 때 계획될 수 있다. 부모 참여 놀이치료는 아동과 부모의 요구가 균형을 이루도록 부모와 아동의 상호작용을 증진하거나 개선하고자 할 때 고려될 수 있다. 가족 놀이치료는 가족 구성원 간 균형을 배울 수 있도록 하며, 가족이 아동의 역기능과 문제행동의 근원이 아니더라도 아동이 가정 안에서 욕구를 적절히 충족할 수 있도록 또 환경 맥락에서 가족 전체의 욕구를 더 잘 충족시키고자 할 때 유용하게 적용될 수 있다. 물론 이때는 가족 구성원의 욕구와 가치를 고려하여 접근해야 한다. 또래집단 놀이치료는 아동의 일상생활의 상당 부분을 차지하는 또래에 대해 접근하는 것이다. 아동은 가정 내 및 가정 이외 모든 상호작용을 통해 자신의 욕구를 효과적으로 충족시키도록 배우기는 하지만 아동의 실제 일상생활에서 상당 부분을 차지하는 것은 또래 상호작용이다. 또래는 내담아동의 욕구를 충족시키는 데 실질적인 방해 요인이 될 수도 있고, 충족 요인이 될 수도 있다. 또래 상호작용에 어려움이 있는 아동은 또래집단 놀이치료에 참여하면 큰 도움이 된다.

중재 전략 놀이치료 과정을 통해 달성되어야 목표를 제시하고, 중재 방식을 제시해서 실제로 무엇을 할 것인지를 결정하는 것이다. 치료자는 계획을 실행하고 아동이 점차적으로 발달하고 문제해결에 참여하도록 적극적인 역할을 해야 한다. 즉, 중재 유형에 따른 놀이치료 시간에 이루어지는 중재 방식을 실제적이고 구체적으로 계획한다. 예를 들어 아동과 주 1회 개인 놀이치료를 진행하면서, 40분은 아동과의 아동중심 놀이치료, 10분 정도의 부모와의 일정한 피드백 시간, 학교 적응을 돕기 위한 교사와의 상담 등을 계획할 수 있다. 놀이치료 회기의 구조화 정도를 결정하고 치료적인 활동과 치료자의 역할에 대한 전략을 계획한다. 이러한 중재 전략은 치료자가 무엇을 실제로 할지를 결정하는 것으로 실용적이어야한다. 예를 들어 또래관계 기술 향상을 목표로 한다 하더라도 또래 집단을 구성하는 것이 가능하지 않을 수 있다. 부모 모두 직장을 다니고 있어 놀이치료 시간에 함께 올 수 없다면, 부모상담에 대한 실용적인 전략을 고안해야 한다.

사례개념화 사례

지금까지 문제를 이해하고 해결하기 위한 놀이치료의 사례개념화 요소를 알아보았다. 놀이치료자는 사례개념화 요소를 빠트리지 않으면서 사례를 간결하고 초점을 맞추어 개념화하여야 한다. 사례개념화는 치료자가 초점을 두는 이론에 따라 사례개념화의 기술 방식도 다를 수 있다. 놀이치료자는 사례에 대한 슈퍼비전과 함께 여러 사례를 검토하고 연구하면서 사례개념화를 완성해 나가길 바란다. 다음은 학교 적응이 어려워 의뢰된 초 2학년 여아의 놀이치료 사례개념화이다.

인적사항 및 의뢰사유 사례 아동은 학교 적응이 어려워 의뢰된 초 2학년 여아로, 가족은 부(40, 공무원), 모(38, 간호사), 남동생(6세)이 있다. 담임교사는 학교에서의 아동의 행동(예 : 수업시간에 산만한 태도, 준비물과 과제를 챙기지 못함, 잘못을 지적하면 혼자서 중얼거림, 친구들과 어울리지 못하고 고립됨 등)에 대한 걱정을 부모에게 전달하였고 부모가 놀이치료에 의뢰하였다. 놀이치료를 통해 부모는 아동이 친구들과 잘 어울리며 숙제를 잘했으면 좋겠고, 아동은 친구들이 자신을 괴롭히지 않았으면 좋겠다고 하였다.

발달사 및 양육 환경 아동은 3.8kg, 자연분만으로 건강하게 태어났고, 잘 먹고 잘자는 순한 아기였다. 생후 15개월부터 모가 다시 직장에 나가면서 외조모에게 맡겨졌다. 외조모(63)는 아동을 먹고 입히고 씻기는 것에 치중하면서 대부분 TV를 보게 하거나 혼자 놀도록 놔두었다. 부모는 귀가 시간이 늦어 아동과 함께 시간을 보내지는 못하였다. 부는 일을 할 때는 '똑부러지게' 하는 편이지만 아동에게는 무뚝뚝한 편이며, 모는 밝은 성격이긴 하지만 집에서는 말을 많이 하지는 않는다고 하였다. 아동이 만 3세 4개월경 남동생이 태어났고 질투는 없었으나 큰 관심을 보이지도 않았다. 이 무렵부터 어린이집에 다니기 시작하였으나, 그 외의 시간은 여전히 외갓집에서 혼자 놀거나 TV를 보았다. 아동은 부모에게 말을 많이 하려고 했지만, 부모는 별로 반응을 해주지 못하였다. 6세에 유치원으로 옮기면서 집과 더 멀어져 근처에 친구가 없었고, 외조모가 친구를 집에 데려오는 것을 싫어하고 밖에 나가는 것도 싫어해서 여전히 혼자서 책이나 TV를 보면서 시간을 보냈다. 6세경 교사로부터 아동이 '독창적이고, 동문서답이 많고, 혼자 놀지만 착하다'라는 말을 들은 적이 있었지만 크게 걱정하지 않았다. 초등학교 입학 후 2학기가 되자 두통과 복통을 호소하며 종종 등교를 하지 않으려고 했다. 모는 아동의 행동에 걱정은 되었지만 아동이 학습에는 큰 어려움을 보이지 않았고, 무엇보다 아동 자신이 힘들다는 정서적 호소 없이 부모의 요구대로 학교에 다녔기 때문에 복통이나 두통을 호소하면 병원에 데려가서 약을 먹이는 정도로 대응하였다. 점차 아동이 가정에서 여러 가지 문제 행동(예 : TV와 스마트폰 많이 보기, 방 정리 안 하기, 학교 숙제 안 하기, 동생과 싸우기 등)을 보이게 되었고, 이로 인해 부가 화를 폭발하며 종종 체벌하는 일이 발생했다. 아동은 부를 무서워하며 피해다니기만 하고 행동은 나아지지 않았다. 모는 부의 화를 가라앉히도록 한 후 아동이 원하는 물건을 사주거나 가족 캠핑을 시도하면서 아동을 달래주었다. 2학년에 올라가 교사가 부모면담을 요청하게 되었고, 이때 부모는 아동이 학교생활에 잘 적응하지 못한다는 것을 알게 되었다.

아동 문제 이해하기 아동은 현재 IQ 102의 보통 수준의 지능으로, 추상적인 사고력과 학습을 통한 지식 습득이 가능하며, 행동의 민첩성 또한 양호하다. 그러나 학습 시에는 쉽게 주의가 분산되어 지속적인 과제 수행의 요구를 잘 따르지 않는다. 아동은 특별한 정서적 어려움을 호소하지 않으며, 말이 빠르고 웅얼거리는 말투를 나타내며 대부분의 대화에서 사실적인 표현을 보이고 있어 아동의 감정 표현은 잘 드러나지 않는다. 또 자신의 흥미나 관심사에만 몰두하여 이야기를 하면서 타인의 감정에 대한 이해나 배려가 부족하고, 공감력도 떨어져 의사소통에서 정서교류가 어렵다. 아동은 대인관계에서 만족감이 충분하지 못하고 욕구 충족도 낮은 수준이나 이에 대한 인식이나 적극적인 노력은 부족하다.

아동은 이른 시기에 미디어에 일방적으로 노출되면서 초기 안정된 애착을 형성하기 위한 정서적 상호작용이 부족하였고 새로운 사회적 경험도 제한되었다. 바쁜 부모와 외조모는 아동이 자기 혼자만의 흥미와 관심사에만 몰입하는 것을 방관하면서 정서적인 상호작용 경험은 지속적으로 제한되었다. 이는 아동이 자신뿐만 아니라 타인의 정서를 파악하지 못하게 하면서 주변 사람과의 친밀한 관계 형성을 어렵게 하고, 사회적 상황에 대한 이해 및 판단 기능의 성장을 방해하였다. 그러나 이러한 아동의 특성은 바쁜 부모의 욕구를 방해하지 않았기 때문에 입학 전까지는 문제로 드러나지 않았다.

초등학교에 입학 후 점차 새로운 요구가 늘어나고 집단 활동에 참여해야 할 상황이 증가하였으나, 아동이 자신의 흥미나 관심사에만 몰두하여 이야기를 하거나 타인의 감정에 대한 이해나 배려, 공감력도 떨어져 의사소통에서 정서 교류가 어려워 가정과 학교에서 부모와 교사, 또래들과의 관계에서 갈등이 발생하는 일이 잦아지게 되었다. 아동은 타인과의 관계에서 갈등이 발생할 때 자신의 정서상태를 인식하지 못하여 두통이나 복통의 우회적인 반응으로 표현하는 것으로 보이며, 좋아하는 글을 쓰거나 공상하기, TV나 스마트폰을 보는 것에 몰입하는 것으로 해결하여 왔던 것으로 보인다. 부모는 아동의 행동적으로 드러난 문제에 대해서만 초점을 두고 처벌적인 훈육, 물질적인 충족, 가족 여행 등을 제공하는 피상적인 해결책만을 제시하고 있어 아동의 문제는 지속되고 있는 것으로 보인다.

치료 계획　아동의 치료 목표는 아동 자신과 타인의 정서 이해 및 표현, 일상생활에서 요구되는 관계 기술의 증가다. 부모는 아동의 정서 · 행동적 특성을 이해하며 정서적으로 상호작용하는 능력을 증가시키고 긍정적인 양육 지침을 가지고, 정서적 상호작용 반응을 높이는 것이다. 매주 1회 아동 개별의 놀이치료 40분과 10분의 놀이치료에 대한 부모 상담과 10회기의 부모참여 놀이치료를 계획하였다. 아동의 개인 놀이치료와 부모참여 놀이치료가 끝난 후 아동의 또래집단 놀이치료를 계획한다. 아동 개별의 놀이치료에서 놀이치료자는 아동이 다양한 놀이 활동을 통해 정서를 이해하고 표현할 수 있도록 하고, 아동의 정서를 반영하고 공감하면서 대화의 기본 태도를 형성하도록 돕는 역할을 한다. 또한 부모에게는 정서적 상호작용의 중요성을 인지시키고, 자녀와 즐거운 놀이 경험과 정서에 관심을 기울이며 대화하는 훈련을 제공한다. 또한 학습 관리, 생활 관리 등 아동의 적응 기능을 향상시키는 양육 지원을 하도록 교육한다.

아동과 관계 형성하기

철수(가명)는 5세 남자아이로 어린이집에서 친구들과 잘 어울리지 못하고 혼자서 돌아다니는 행동을 보여 놀이치료에 의뢰되었다. 철수의 모는 입학을 앞두고 학교생활에 적응하지 못할 것을 걱정하였다. 모의 보고에 의하면 철수는 새로운 장소에 대해 거부감을 느끼면 울면서 소리를 지르는 행동을 하는데, 이런 경우 그 장소에는 다시 가지 않으려고 했기 때문에 철수의 어머니는 놀이치료실에서도 같은 일이 일어날 것을 걱정하고 있었다. 놀이치료실에 처음 찾아온 날 철수는 놀이치료자가 무릎을 굽혀 눈높이를 맞추며 인사를 건네어도 고개를 돌려 치료자를 쳐다보지 않았다. 철수는 어머니와 떨어지지 않으려는 듯 손을 꼭 잡고 어머니와 함께 놀이치료실 앞에 갔다. 철수는 놀잇감을 둘러보지만 들어가지는 않았다. 어머니가 "엄마는 대기실에서 기다릴 거야"라고 하여도 철수는 머뭇거리기만 할 뿐 들어가려고 하지 않았다.

놀이치료자와 철수는 앞으로 어떻게 관계를 형성해나가야 할까? 놀이치료실에 오는 아동의 대부분은 자신과 가깝고 의미 있는 성인인 부모 혹은 교사들의 필요성에 의해 놀이치료를 시작한다. 아동은 놀이치료실이라는 낯선 공간에서 어떤 생각을 하고 어떤 감정을 느끼며, '놀이 선생님'이라는 낯선 사람을 만날 때 어떤 느낌일까? 놀이치료를 하기 위해서 놀이치료자와 아동은 놀이치료실에 함께 입실하여 관계를 형성한다. 아동은 놀이치료 안에서 치료자와 새로운 상호작용을 경험하고, 새로운 인지적·정서적 경험을 하며, 자신이 놀이치료에 오게 된 문제를 해결하기 위한 경험을 하게 된다. 이러한 치료적 경험이 이루어지기 위해서 놀이치료자와 아동의 관계가 긍정적이고 신뢰롭게 형성되는 것은 놀이가 가진 치료적 가치만큼이나 변화를 일으키는 중요한 치료적 요인이 된다. 그렇다면 놀이치료자는 어떻게 해야 아동과 긍정적이고 신뢰로운 관계를 형성할 수 있을까? 그리고 그것은 왜 중요한가? 이 장에서는 아동과 치료자의 관계 형성의 중요성과 치료 초기 아동과 관계 형성하기 위한 치료자의 태도를 중심으로 알아본다. 그리고 놀이치료 초기 과정에서 나타날 수 있는 공통적 상황을 소개하고 치료적 관계 형성을 위한 치료자의 태도와 반응에 대해서 알아볼 것이다.

관계 형성의 중요성

놀이치료자의 이론적 배경과 상관없이 모든 형태의 놀이치료에서 아동과 치료자의 관계 형성은 중요하다. O'Connor(2000)는 아동중심 놀이치료자만 아동을 존중하고 아동–치료자 관계를 중요시한다고 생각하는 것으로 치료자와 아동의 관계에 부여하는 중요성과 가치를 축소해서는 안 된다고 하였다. 그러면서 놀이치료에서 아동과 치료자의 관계가 주는 세 가지 기능을 제시하여 관계의 중요성을 강조하였다. 첫째, 치료자와 아동의 관계는 아동에게 지지를 제공한다. 지지는 자기 존중을 개발하고 유지하도록 돕고, 외부 상황을 재평가하도록 한다. 즉, 아동이 발달적 진보를 형성하는 발판이 되며, 아동이 외적 자극과 극복할 수 있는 능력 간의 조화를 위해서 겪는 스트레스를 완화시킨다. 또한 높은 수준의 사회적 조망 수용 능력을 갖게 하며, 문제 해결의 학습을 위한 중요한 맥락을 제공한다. 둘째, 아동과 치료자의 관계는 놀이치료 작업동맹을 위한 기초 역할을 한다. 놀이치료에서 아동과 치료자의 관계는 아동이 주변 생활에 있던 사람들과 관계해 온 것과 다르며 상호작용의 주된 목적은 아동을 돕는 것이다. 치료자와 아동의 관계는 아동이 문제를 노출하고 감정을 표현하는 치료적인 작업을 보다 쉽게 이루어지도록 돕는다. 셋째, 치료자와 아동의 관계의 발달, 유지, 성공적 활용은 그 자체가 치료 기법의 기능을 한다. 놀이치료자가 아동과 상호관계를 하는 과정을 통해서 새로운 상호작용의 경험이 일어나게 되면 이러한 새로운 상호작용의 경험은 아동의 변화를 이끈다. 치료자와 아동과의 관계 속에서 아동의 인지적 이해와 정서적 이해가 변화하는 경험이 일어나게 되면, 아동은 과거에 해 왔던 상호작용 경험과는 다른 경험을 하면서, 이전까지의 아동 자신의 세계와는 다른 이해가 갖춰지게 되고, 이로 인해 아동의 욕구를 충족시켜 줄 수 있는 새롭고 더 효과적이며 더 적절한 방법을 생성할 수 있는 문제해결에 몰두할 수 있게 된다.

아동과 관계 형성을 위한 치료자 태도

내담자와 치료자의 관계가 치료적으로 작용하기 위해서 치료자는 내담자와 긍정적이고 신뢰로운 관계를 형성하는 태도가 필요하다. 놀이치료에서 아동과 치료자의 관계가 긍정적이고 신뢰롭게 형성되는 것은 초기면접에서부터 시작되어 치료의 종료까지 지속해야 할 만큼 중요하다. 아동이 치료자를 만나는 경험은 새로운 경험이고 새로운 관계이다. 치료자는 아동이 낯선 놀이치료자에게 편안하고 안전감을 느낄 수 있도록 긍정적이고 믿을만한 사람이 되기 위해서 어떻게 할지를 미리 생각하고 준비해야 한다. 그래서 지금부터는 첫 만남이 이루어지는 대기실에서부터 놀이치료 상황까지 치료적 관계를 형성하고 발전시켜가는 치료자의 적절한 태도에 대해 알아볼 것이다.

관계 형성의 시작

놀이치료를 시작하면 치료자는 부모와 아동을 동시에 만나게 된다. 치료자는 오늘 처음 만난 아동이 부모의 손에 끌려 놀이치료실에 왔으며 이 방문이 아동에게 어떤 느낌을 줄 수 있는지를 생각해야 한다. 치료자는 아동이 그동안 만나온 사람들처럼 놀이치료자도 무언가를 해주거나 요구하는 사람이라고 생각할 수 있다는 것을 알아야 한다. Landreth(2012)는 아동 스스로가 보잘것없고 무시받는 존재라고 느끼게 되는 것은 아동이 문제를 일으키는 원인 중 하나로 그러한 느낌을 놀이치료에 와서 처음부터 느끼지 않도록 하는 것이 중요하다고 하였다. 그래서 치료자는 아동이 지금 현재 여기서 가장 중요한 사람이고 소중하게 여겨진다는 것을 알도록 부모보다 아동과 먼저 인사를 한다.

아동과의 첫 만남

치료자는 몸을 낮춰 아동과 눈을 맞추고 따뜻한 미소를 지으면서 인사를 하는 것이 중요하다. 치료자는 아동보다 위에 있는 존재가 아니며, 아동은 바로 그 순간 이 장소에서 가장 중요한 사람이 되고, 치료자는 아동과의 관계를 형성하기 위해 그곳에 있는 것이다. 우선 놀이치료자는 아동에게 자신에 대한 짧은 소개를 하고 놀이치료실로 안내하면서 다음과 같이 말할 수 있다. "이제는 놀이실로 갈 시간이야. 엄마는 우리가 돌아올 때까지 대기실에 계실 거야" 대기실에 부모가 기다리고 있다는 것은 부모가 놀이치료실을 볼 수 없다는 것을 알게 되는 일이기도 하고, 다시 돌아왔을 때 부모가 기다린다는 것도 알게 되어 안심이 되는 일이기도 하다. 이때 주의할 점은 치료자가 아동에게 놀이치료실에 가고 싶은지, 놀이치료실에 갈 준비가 되었는지와 같은 선택을 암시하는 질문을 하지 않는다는 것이다. 물론 놀이치료실에 갈지 안 갈지 아동이 결정할 수 있지만, 아동이 정말로 들어가려고 하지 않는다면 가지 않으려고 하는 이 자체가 놀이치료에서 다룰 중요한 문제이다. 만약 아동이 들어가기를 주저한다면 "놀이실에 들어가서 놀지 말지 결정하는 데 시간이 더 필요하구나!"라고 할 수 있다. 아동이 여전히 들어가기 싫어한다면 치료자는 "어머니, 놀이치료실 복도까지는 함께 가도 괜찮아요. 그러면 철수가 놀이실이 어디 있는지 엄마가 알고 있다는 것을 알게 될 거예요"라고 하면서 아동과 놀이치료실 앞까지 함께 가게 한다. 대부분의 아동은 모가 치료자와 함께 복도를 걸어가는 동안 홀로 대기실에 있고 싶지 않기 때문에 대부분은 놀이치료실에 들어간다. 보통은 아동이 혼자서 놀이치료실에 들어가지만 그렇지 않을 때도 있다. 이 경우는 아동에게 부모가 놀이치료실에 함께 들어가서 10분 정도의 시간을 보낸 후 대기실로 가서 기다릴 것이라고 말해주고, 아동의 긴장이 풀어지면 부모에게 적당한 때에 놀이치료실을 나가도록 한다. 아동에게 확신을 줄 수 없다면 치료자는 부모가 놀이치료실에 함께 입실하거나, 놀이치료실 밖 복도 의자에 앉게 하고 문을 열어놓아 아동이 안심할 수 있도록 한다. 놀이치료실을 거부하는 아동을 데리고 들어가는 것은 치료자에게는 큰 도전이 된다. 그렇다고 치료자가 아동을 안아서 놀이치료실로 강제로 끌고 들어오지 않아야 하며, 부모에게도 그렇게 하지 않도록 해야 한다. 아동이 놀이치료실에 가는 것을 완강히 거부한다면 아동에게 놀이치료실에 들어가기를 강요하기보다 아동과의 놀이치료 없이 부모상담을 통해 치료를 진행할 수도 있다. 아동과 치료자의 관계 형성은 반드시 놀이치료실 안에서 이루어져야 하는 것은 아니며 아동과 만남이 시작되는 모든 시간, 모든 공간에서 이루어져야 한다.

놀이치료실 소개하기

치료자와 아동이 놀이치료실에 들어오면 치료자는 아동에게 놀이치료실을 어떻게 소개할지 생각해야 한다. 예를 들어 "여기는 우리의 놀이실이야. 그래서 네가 하고 싶어 하는 여러 가지 방법으로 놀 수 있는 곳이란다"라고 간단히 말할 수 있다. 또 다른 예로 "놀이치료실에서 아이들은 장난감을 갖고 놀거나 자신의 생활에서 일어난 일들에 대해 말할 수 있어"라고 할 수 있다. 그리고 주에 몇 번 오는지, 언제 오는지, 얼마나 놀이치료실에 머물 것인지를 설명하고, 아동의 놀이치료와 함께 부모 상담이 진행된다는 것도 설명한다. 예를 들어 "매주 화요일 3시부터 40분 동안 너를 만나고, 10분은 너의 부모님을 만날 거야"라고 말할 수 있다.

놀이치료에 오게 된 이유 설명하기

아동중심 놀이치료자는 놀이치료를 받게 되는 구체적인 이유를 알리는 것이나 들으려고 하는 것이 필요하지 않다고 하면서, 아동이 "내가 왜 여기에 오는 거예요?"라고 질문하기 전까지는 놀이치료를 하는 이유를 말하지 않는다. 만약 아동이 궁금해한다면 "너의 부모님은 네가 가끔 집에서 보이는 너의 행동에 대해 걱정을 많이 하신단다. 그래서 매주 화요일에 네가 이곳에서 특별한 시간을 가지기를 바라신단다"라고 설명한다. 놀이치료실에 오게 된 이유를 아동과 어떻게 이야기할지 생각하는 놀이치료자는 놀이치료를 받는 이유에 대한 아동의 생각을 먼저 묻기도 한다. 아동이 놀이치료에 오는 것에 대해 부정적인 생각을 가질 수 있기 때문이다. 놀이치료에서 무엇을 할 것이라고 생각하는지, 또 놀이치료에 오는 것에 대해 어떻게 느끼는지, 무엇을 얻을 것으로 생각하는지, 부모는 놀이치료에 대해 무엇이라고 말했는지 등을 물을 수 있다. 이는 아동에게는 놀이치료 의뢰 이유, 놀이치료 과정, 그리고 치료자와의 관계에 대해 스스로 어떻게 이해하고 있는지를 생각해보도록 하며, 치료자는 아동의 주관적인 생각을 알 수 있고 놀이치료 기간에 일어나는 일에 대한 아동의 생각을 이해할 수 있다(Kottman & Meany-Walen, 2016).

놀잇감 정리에 대해 결정하기

치료자는 놀이치료가 끝난 후 놀잇감을 어떻게 정리할지에 대해 생각해야 한다. 아동중심 놀이치료자는 아동이 놀잇감과 도구를 치우게 하는 것은 아동을 존중하지 않는 것이라고 생각한다. 아동은 자기 자신과 삶에 대한 경험 전체를 표현하기 위해 놀잇감과 도구를 필요로 하며, 아동에게 정리하라는 요구는 자기가 표현한 것을 치우라고 요구하는 것이다. 아들러 놀이치료자는 아동과 치료자를 평등한 관계로 보기 때문에 치료자와 아동이 놀이치료실을 함께 치운다. 그 이유는 효과적인 파트너십에서 함께 치우는 것은 각자가 스스로의 행동에 책임을 져야 한다는 것을 알려주기 때문이다. 놀이치료자가 놀잇감을 정리하도록 하는 문제를 검토할 때는 아동이 놀이치료를 받으러 온 이유에 대해 생각해야 한다. 경직성이나 강박적 행동의 징후를 보이는 아동은 어지른 것을 치우고 통제하기 위해 많은 에너지를 쏟으므로 자유롭게 행동할 수 있도록 도움이 필요하다. 이러한 아동에게는 자신의 가치를 확인하고 치료자의 수용을 얻기 위해 방을 정리할 필요가 없다는 경험이 도움이 될 수 있다. 놀잇감 정리하기로 힘겨루기를 하는 아동에게는 정리를 요청하지 않는 것이 좋다. 지저분하게 만드는 것으로 치료자가 가진 수용의 한계를 시험할 수 있다는 것을 알아 힘겨루기에 사용할 수도 있기 때문이다. 이런 요청은 치료적 관계 형성을 처음부터 망치게 할 수 있다. 치료자가 아동에게 함께 치우는 것을 권하지 않기로 했다면 다음 아동을 위해 이번 치료 시간과 다음 아동의 치료 시간 사이에 간격을 만든다. 그리고 혹시 놀이치료실이 특별히 지저분해서 시간이 더 필요하다면 아동에게 시간을 단축한다고 전달하지 않고 조금 빠르게 마치는 것도 하나의 방법이 된다.

정해진 시간에 마치기

치료자는 회기가 끝나는 시간을 어떻게 알릴지 생각해야 한다. 아동이 떠날 시간 5분 전에 남아있는 시간을 알리는 것이 좋다. 이렇게 시간을 알려주는 것은 아동이 놀이를 마칠 준비를 하도록 하고, 지금 하는 놀이를 빨리 완성하게 하거나 이미 계획한 다른 활동으로 전환할 수 있게 한다. 만약 시간에 대한 분명한 개념이 없거나 완전히 놀이에 몰두한 아동에게는 1분 전에 다시 한번 알려주는 것이 좋다. 대부분 놀이치료 시간과 다음 놀이치료 시간 사이에는 준비 시간이 있어야 하므로 정해진 종료 시간을 꼭 지켜야 한다. 가끔 놀이치료 시간이 끝났는데 새로운 놀이를 시작하려고 하거나 놀이를 마치지 않는 경우가 있다. 그런 경우에는 "오늘은 시간이 끝났다. 엄마가 기다리고 있는 대기실로 갈 시간이야"라고 알린다. 만약 마무리가 조금 남은 상황이라면 1~2분간 더 기다릴 수 있으며, 새로운 놀이로 이어지지 않도록 주의한다. 그러나 어떤 아동은 마치는 시간을 알려도 나가려고 하지 않는다. 이런 일은 놀이치료에서 종종 있는 일이다. 어떤 아동은 놀이치료가 너무 재미있어서 나가지 않고, 어떤 아동은 놀이치료 시간이 한정되어 있다는 것을 알고 있어 치료자와 힘겨루기로 나가지 않기도 한다. 어떤 이유에서든지 놀이치료 시간은 연장되지 않는다. 다음 예시는 퇴실을 거부하는 아동에게 Landreth(2012)가 적용한 방법이다.

> 치료자 : 오늘 시간은 이제 끝났다(치료자가 일어선다). 엄마가 기다리고 계신 대기실로 갈 시간이야.
>
> 아동 : (하고 있던 놀이를 계속 한다)
>
> 치료자 : 너는 그 놀이를 더 하고 싶어 하지만 오늘 시간은 끝났어(아동이 계속 놀이하는 동안 문 쪽으로 두 걸음 정도 간다).
>
> 아동 : 조금만 더 할 거예요(하던 놀이를 계속 한다).
>
> 치료자 : (문 쪽으로 두 걸음 더 간다). 그건 정말 네가 재미있어 하는 놀이구나! 하지만 나갈 시간이야.
>
> 아동 : 저를 좋아하지 않는군요. 정말 저를 좋아한다면 여기서 더 놀게 해 줄 텐데.
>
> 치료자 : 오, 내가 너를 좋아한다면 너를 더 오래 놀게 해 줄 거라고 생각하는구나. 네가 정말 더 놀고 싶어 한다는 걸 안다. 하지만 나갈 시간이야(문 쪽으로 두 걸음 더 가 손잡이를 돌려서 조금 문을 연다).
>
> 아동 : (치료자가 문을 열어 놓은 것을 본다). 거의 다 됐어요. 1분이면 돼요.
>
> 치료자 : (문을 더 크게 연다) 네가 결정한 시간만큼 놀고 싶어 하는 걸 안다. 하지만 시간이 끝났어(아동을 쳐다보면서 문 밖으로 걸음을 옮긴다).
>
> 아동 : (마지못해 일어나 문 밖으로 나간다)

비밀 보장에 관한 것

아동과 회기를 시작하면서 치료자가 생각해두어야 할 기본 사항은 비밀 보장에 관한 것이다. 비밀 보장은 예민하고 민감하게 생각하고 준비해야 할 사항이다. 아동은 치료자가 누구에게 자신에 대해 이야기를 하고, 또 자신에 대해 무엇을 이야기하는지 궁금해한다. 부모가 친구나 친척, 선생님에게 그동안 자신에 대해 여러 이야기를 하는 것을 들어왔기 때문이다. 그래서 비밀 보장이란 말 자체를 이해하기 어려운 매우 어린 연령의 아동은 별 상관이 없는 경우도 있지만, 놀이치료 시간은 안전하고 비밀이 보장되는 시간임을 알리는 것이 원칙이다. 그러나 이때 주의해야 할 부분이 있다. 이 과정에서 아동은 놀이치료실에서 있었던 일은 자신도 말하지 않아야 하는 비밀로 생각할 수가 있다. 그래서 부모에게 말을 하지 않고 비밀로 하는 것에 대해 죄책감을 느낄 수도 있고, 타인에 의해 폭력과 학대를 경험하고 그 사실을 비밀로 하라는 말을 들어온 아동은 비밀이라는 말 자체에 두려움과 불안이 있을 수도 있다. 그래서 비밀 보장을 아동에게 말할 때는 "이 시간은 특별한 시간이야. 나는 네가 하는 말이나 행동을 부모님과 다른 사람에게 말하지 않을 거야. 그러나 네가 부모님이나 다른 사람에게 알려주는 것은 괜찮아. 그건 네가 결정할 수 있어"라고 말하는 것이 좋다. 간과하기 쉬운 것이 하나 있는데, 놀이치료 시간에 만든 아동의 작품을 다른 사람이 보도록 전시해두지 않는 것도 비밀 보장과 관련한 내용이다. 이것은 아동의 사생활을 침범하는 것으로 아동이 작품을 보여줘도 된다고 결정하기 전까지는 부모나 다른 사람이 보지 않도록 한다. 그리고 비밀 보장을 하지 않아도 되는 예외 사항도 있다. 이는 제3장 놀이치료의 윤리적 문제에서 다루었다.

아동과 관계 발전하기

치료자는 아동과 새롭게 시작된 관계가 치료적인 관계로 발전하도록 노력을 한다. 놀이치료실에서 아동은 치료자에게 완전히 수용되는 가운데 자신의 모든 것을 이 순간에 표현하고 경험할 수 있다. 아동과 치료자의 치료적 관계 형성은 아동과 치료자가 만나는 그 순간부터 시작되며 이때 아동이 경험하는 그 순간을 치료자가 얼마나 민감하게 이해하고 반응하는가에 따라 발전해 간다.

아동의 공간 존중하기

치료자는 아동이 편안함을 느끼는 물리적인 거리를 유지한다. 만약 치료자가 아동의 얼굴과 부딪힐 정도로 가까이 있다면, 아동이 자유롭게 놀이하는 것을 방해받는다. 또 만약에 어떤 아동이 치료자와 멀리 떨어져 혼자 놀이를 하고 앉아 있다면 분명 이유가 있을 것이다. 아동은 치료자에게 편안함을 느낄 때나 필요하다는 생각이 들 때 치료자에게 접근한다. 치료자가 이러한 관계 차원을 존중하는 것은 아주 미묘하지만 아주 강력한 메시지를 전달한다. 그래서 치료적인 관계를 발전시키기 위해서 치료자의 존재를 알게 하면서도 아동의 놀이에 관심과 참여를 나타낸다는 것을 보여주는 자세와 거리를 유지하는 것이 중요하다.

반영하기

비언어적 행동 반영하기 놀이치료실에서는 아동의 비언어적 표현을 들어야 한다. 치료자는 아동이 경험하고, 느끼며, 바라고, 생각하고, 궁금해 하는 것과 언어로 표현할 수 없는 것을 주의 깊게 듣는다. 아동은 꼭 말로 하는 단어를 통해서가 아니더라도 항상 그 자신에 대해 무언가를 전달하고 있으며, 치료자는 귀뿐만 아니라 눈으로 아동을 경청해야 한다 (Landreth, 2012). 그래서 아동의 비언어적 행동을 치료자가 언어적으로 반영하는 반응은 아동과의 관계를 발전시키기 위해 유용하다. 이것은 아동의 행동과 비언어적 놀이를 언어적으로 말하는 것으로, 예를 들어 아이가 말 없이 모래 속에 인형을 묻고 있다면 "너는 그 인형을 모래에 묻고 있구나"와 같이 치료자가 관찰한 아동의 행동을 단어로 묘사하고 표현한다. 이러한 반응은 치료자가 아동과 아동의 놀이에 관심을 가지고 아동의 세계를 이해하기 위해 노력하고 있다는 것을 보여준다. 또한 치료자가 아동과 함께하고 있음을 느끼게 하여 아동의 안전하고 따뜻한 감정이 촉진된다. 그러나 비언어적 행동 반영하기를 할 때 치료자는 아동의 놀이나 행동을 중계하듯이 매번 언급하지 않아야 하며, 아동의 행동 및 정서 반응에 조화롭게 진실되고 따뜻하게 진술해야 한다.

내용 반영하기 치료자는 아동의 언어적 상호작용을 요약하거나 다른 말로 바꾸어 표현하고 반영할 수 있다. 내용 반영하기는 아동에 대한 치료자의 이해와 수용을 보여주므로 치료자와 아동의 관계를 발전시킨다. 치료자가 아동의 언어적 상호작용을 요약하거나 다른 말로 바꾸어 표현하게 되면 치료자가 아동의 메시지를 경청하고 이해한다는 것이 전달된다. 또 아동이 치료자의 메시지를 들으면서 자신이 말했던 것을 다시 듣는 기회가 제공되어 아동이 자신의 경험에 대한 지각을 분명히 하도록 하여 아동 자신들의 이해를 명확히 하도록 한다.

감정 반영하기 아동의 감정을 치료자가 언어적으로 반영하는 반응은 아동과 치료자의 관계를 발전시킨다. 아동이 감정에 반영하는 것은 아동의 감정과 욕구를 이해하고 수용한다는 것으로 놀이치료자가 아동에게 관심이 있고, 아동을 이해하기 위해 노력한다는 것을 나타낸다. 만약 아동이 감정을 표현하였을 때 반응을 보이지 않는다면 아동은 자신이 수용되지 못한다고 생각하게 된다. 아동은 부정적이며 강렬한 감정까지도 이해하고 수용하는 놀이치료자와 함께하면서 자신과 자신의 모든 감정이 수용되는 경험을 한다. 그래서 아동의 감정을 반영하는 치료자의 공감적 반응은 표정, 단어, 목소리 톤을 통해 나타나는 아동의 감정과 조화를 이루어야 한다. 치료자가 아동의 감정 수준 이하로 너무 단조로운 톤으로 말을 하면 아동에게 관심을 적절하게 전달하지 못하게 되고, 반대로 아동의 감정보다 더 흥분된 목소리로 반응을 하면 치료자만큼 흥분하지 않아서 아동은 자신이 잘못되었다고 느끼거나 자기 행동을 신뢰할 수가 없게 된다. 그래서 감정 반영하기를 할 때는 치료자의 목소리와 표현의 톤이 아동의 감정과 조화를 이루어서 표현되어야 한다.

치료적 제한 설정하기

놀이치료실에서 아동이 물건을 부수고, 치료자를 꼬집거나 때린다면 어떻게 반응을 해야할까? 제한 설정은 놀이치료에서 가장 중요한 측면의 하나이면서도 놀이치료자에게 가장 어렵게 느껴지는 부분이기도 하다. 제한 설정은 아동과 치료자를 보호하고 안전한 치료적 환경을 제공하여 관계를 발전시킨다. 또한 아동의 책임감, 자기통제력, 자기조절 능력을 학습하도록 돕는다. 제한이 필요할 때 제한을 하지 않으면 아동은 자신에 관해 중요한 것을 학습할 기회를 잃게 되므로 명확한 기준에 근거해서 일관성 있게 제시하는 것이 필요하다. 놀이치료 회기 중에 설정할 수 있는 제한은 다양하며, 다음 내용이 포함된다(VanFleet, Sywulak, & Snicak, 2010).

- 창문, 거울, 카메라를 향해서 어떤 것도 던져서는 안 된다.
- 크레파스나 마커를 벽, 가구, 칠판에 사용해서는 안 된다.
- 날카로운 물건으로 펀치백을 쿡 찌르거나 던지거나 차서는 안 된다.
- 놀잇감을 파손하거나 망가뜨려서는 안 된다.
- 아동이나 치료자에게 해를 입힐 수 있는 것은 어떤 것도 일어나서는 안 된다.
- 딱딱한 장난감을 치료자에게 던져서는 안 된다.
- 아동은 신발을 제외하고는 옷을 계속 입고 있어야 한다.

- 모래는 모래상자나 모래 용기에 담겨 있어야 한다.
- 놀잇감이 입에 넣을 수 있도록 만들어진 것이 아니라면 아동은 입에 장난감을 넣을 수 없다.

그렇다면 언제 제한을 설정해야 할까? 첫 회기에서 놀이치료실에 대한 일반적인 소개를 할 때 제한 설정을 해야 할까? 제한 설정이 필요할 때까지 기다려야 할까? 경험적으로 첫 회기부터 제한 목록을 알려주는 것은 필요하지 않다. 제한 목록을 먼저 말하는 것은 놀이치료의 수용적인 분위기를 만드는 것에 방해가 된다. 특히 수줍어하고 두려움이 있는 아동이나 강박적으로 올바르게 행동하려는 아동은 더 위축이 된다. 어떤 아동에게는 제한 목록이 치료자를 시험하는 아이디어가 되기도 한다. 그리고 또 어떤 아동은 치료적 제한 설정을 할 필요가 없다. 아동에게는 놀이치료가 새로운 경험을 하는 시간이다. 그래서 제한 설정의 최적 시기는 제한해야 할 문제가 발생하였을 때이다.

그렇다면 놀이치료에서 제한 설정은 어떻게 이루어져야 하는가? Landreth(2012)는 치료적 제한 설정 방법에 대해 다음 세 가지를 제안하였다. 첫째, 제한을 설정할 때는 조건적인 제한 설정보다는 전체적인 제한 설정을 한다. 예를 들어 "너는 벽에 조금만 색칠을 해야 해"보다는 "놀이치료실의 벽은 색칠하는 곳이 아니야"라고 하는 것이 더 정확하다. 둘째, 치료적 제한 설정을 할 때, 책임이 어디에 있는가를 분명히 전달하기 위해 항상 아동에게 초점을 둔다. 즉 "우리는 물건을 거울에 던지면 안 된다"와 같은 제한은 치료자가 거울에 물건을 던질 의도가 없기 때문에 부적절하며, 초점이 아동에게 맞춰져 있지 않아 제한의 영향을 감소시킨다. 셋째, 제한을 설정할 때는 침착하고, 인내심 있게, 있는 그대로, 확고하게 해야 한다. 서둘러서 급하게 설정한 제한은 치료자의 불안과 아동에 대한 믿음의 부족을 드러내는 것이다. 예를 들어 아동이 장난감 칼로 치료자를 찌르겠다고 위협할 때 아동이 적절하게 반응할 것이라고 신뢰하며 치료자가 침착하게 앉아있다면 아동은 적절하게 행동할 것이다. 그러나 치료자가 아동에 달려들어 장난감 칼을 잡으려 한다면 치료자의 행동은 '나는 너를 신뢰하지 않는다'라는 메시지를 전달하는 셈이 된다. 사실 이러한 강력한 순간은 치료자에게 불안을 일으키고 치료자의 태도와 신념, 동기가 드러난다. 제한 설정은 치료 관계를 발전시키는 구조화를 제공하면서 실제 생활을 경험하게 만든다. 제한 설정의 목적은 행동을 중지시키는 것이 아니라 아동이 자신의 감정 및 욕구를 수용할 수 있는 방식으로 표현하도록 촉진하는 것이라고 할 수 있다. 제한을 너무 많이 설정하면 아동은 자신에 관해서 학습할 수 없게 되고, 자신을 적절히 표현할 수 없게 된다. 실행 불가능한 제한은 치료자와의 신뢰의 발전을 심각하게 방해해서 치료 관계를 망친다. 그러므로 치료적 제한 설정을 할 때 가장 중요한 것은 아동에 대한 신뢰와 믿음이다. 아동이 책임 있게 반응할 것이라는 신뢰와 믿음이 있다면 치료자는 너무 성급하지 않게, 그리고 안정적으로 용기 있게 침착하게 반응할 것이다.

치료 초기에 일어날 수 있는 상황과 치료자 반응

놀이치료실에서 아동과의 관계는 항상 새롭고 창조적이며 아동마다 다르고 흥미롭다. 특히 치료 초기 각 아동이 주어진 놀이치료 시간 동안 무엇을 할지 예측하는 것은 불가능하다. 그러나 치료 초기에 일어날 수 있는 상황 중 공통적으로 자주 언급되는 상황들이 있다. 여기서는 놀이치료실에서 일어날 수 있는 공통적 상황 몇 가지를 소개하고 이때 치료자의 반응으로 고려할 점들에 대해 알아본다. 치료자가 이러한 상황들에서 어떻게 반응하는지 알고 있다면 침착하고 수용적인 반응을 하게 되어 치료적 관계를 형성하는 데 도움이 될 것이다.

장난감이나 음식을 가지고 들어가려는 것

어떤 아동은 좋아하는 장난감이나 인형을 가지고 놀이치료실에 들어가려고 한다. 이때 가지고 온 물건이 아동에게 중요한 의미가 있는 인형이나 장난감이라면 허용될 수 있다. "놀이치료실에 무언가를 가지고 왔구나. 그건 특별한 장난감인가 보구나"라고 말하며 아동의 바람을 수용할 수 있다. 그러나 아동이 가지고 오는 모든 장난감이 다 허용되지는 않는다. 특히 스마트 기기, 책 등은 치료자와의 상호작용을 방해할 수 있어 관계 형성을 촉진하지 못하기 때문에 허용하지 않는다. 이때 치료자는 아동의 감정에 민감해야 한다. "네가 놀이실에서 그 게임을 하고 싶어 하는 걸 나도 알아. 하지만 그건 여기 대기실에 놓고 가야 해. 놀이실에서 돌아오면 다시 가지고 놀 수 있어"라고 말해준다. 또 아동은 가지고 온 과자를 놀이치료실에서 먹으려고 하기도 한다. 놀이치료실에는 음식을 가지고 들어가지 않는 것이 일반적으로 좋다. 그 이유는 과자를 먹는 것으로 주의가 분산되어 아동이 놀이에 집중하지 못하기 때문이다. 또한 아동이 치료자에게 과자를 권할 때 만약 거절을 하면 자신을 거부했다고 느낄 수 있고, 허용한다면 다음 회기에 과자를 또 가져올 수도 있고, 치료자에게도 과자를 가져오도록 요구할 수 있기 때문이다. 양이 얼마 남지 않았다면 다 먹고 들어갈 수 있도록 기다려줄 수 있으며, 양이 많이 남아있다면 놀이치료실에 다녀와서 먹을 수 있도록 한다.

놀잇감이나 놀이도구를 가져가려고 하는 것

놀이치료 초기에 가장 많이 일어나는 상황 중 하나는 놀이치료실에서 놀잇감을 가져가려는 행동이다. "이 뽀로로 인형은 우리 집에 없는 건데, 가져가면 안 될까요? 이건 내가 제일 좋아하는 것이에요"라고 한다면 치료자는 어떻게 반응해야 할까? 원칙은 놀이치료실의 놀잇감은 집으로 가져가지 않는 것이다. 이렇게 하는 이유에 대해 Landreth(2012)는 다음과 같이 설명하였다. 첫째, 놀이치료는 정서적 관계에 기초하고 있어서 내적으로 가져가는 것이 외적으로 가져가는 것보다 더 중요하기 때문이다. 즉, 놀이치료에서는 물건을 나누는 것보다 정서를 나누는 것이 더 중요하다. 둘째, 놀이치료실은 다른 아동도 오는 곳으로 놀잇감을 가져가게 하면 다른 아동의 표현의 자유를 방해하기 때문이다. 그래서 놀이치료실에 있는 물건은 대기실에도 가져가지 않는다. 셋째, 아동이 놀잇감을 다시 가져오지 않을 때의 문제이다. 아동에게 놀잇감을 가져가도록 허락하였는데 다시 가져오지 않을 때는 치료자는 놀잇감을 다시 가져오도록 설득해야 하고 이것은 놀이치료자의 역할이 아니다. 그럼 어떻게 하면 좋을까? "그 뽀로로 인형을 집에 가지고 가서 놀면 재미있을 거야. 하지만 놀잇감은 놀이실에 두고 집에 갔다가 다시 와서 가지고 놀도록 하자"라고 대답해주면 된다. 만약에 아동이 놀이치료실에 있는 특정 놀잇감을 부모에게 보여주고 싶어 한다면, 놀이치료가 끝난 후에 부모를 놀이치료실로 초대하여 보여줄 수 있다. 아동이 그린 그림은 집에 가져갈 수 있지만 치료자가 그렇게 하라고 먼저 제안할 필요는 없으며, 치료자가 아동의 그림을 보관하려 한다면 아동에게 허락을 받는다. 점토로 만든 것을 집에 가져가는 것을 제한하는 것은 예산 형편에 따라 필요할 수도 있고 필요하지 않을 수도 있다.

그렇다면 아동이 놀이치료를 하는 도중에 장난감을 주머니에 슬쩍 넣는 것을 보았다면 어떻게 할 것인가? 정직하게 고백하기를 기다려야 할까? 남의 물건을 가져서는 안 된다고 도덕적으로 훈계를 할까? 누군가의 물건을 가져갔을 때 생길 수 있는 일을 아는지 질문해서 치료자가 알고 있음을 암시적으로 알릴까? 비싸지 않은 장난감이니까 모른척 할까? 사실 다 적절하지 않다. 놀이치료자는 아동이 그 장난감을 집에 가져 간 후에 느끼게 될 죄책감을 염려해야 한다. 그래서 "너 잊어버린 것 없어?", "오늘 집에 가기 전에 해야 할 일이 하나 더 있지 않아?"와 같은 말은 별로 도움이 되지 않고 아동에게 혼란만을 준다. 그냥 아동의 행동에 대해서 간결하고 분별력이 있게 확고하게 이야기하면 된다. 다음은 장난감을 몰래 가져가려 한 것을 알았을 때 Landreth(2012)가 제안한 치료자 반응의 예시이다.

> 치료자 : 자동차를 집에 가져가고 싶어 하는 걸 안다. 하지만 네 주머니 속에 있는(주머니를 가리킨다) 자동차는 여기 두고서 다음에 와서 가지고 노는 것이란다.
> 아동 : 무슨 차요? 자동차를 가지지 않았어요(비어 있는 쪽 주머니를 손으로 친다).
> 치료자 : 차를 가지지 않은 척하고 싶어 하지만 네 주머니에 자동차가 있어(주머니를 가리킨다).
> 아동 : (주머니에 손에 넣어 자동차를 꺼낸다)

놀이치료 시간에 드나드는 것

놀이치료 시간 동안에 놀이치료실을 마음대로 드나들게 허용하는 것은 권할 만하지 않다. 마음대로 드나드는 것은 치료 관계의 발전을 심각하게 방해하고, 관계를 완성하지 못하게 하며, 관계를 위해 끝까지 노력하는 것도 방해한다. 특히 제한이 설정되거나, 아동이 분노나 놀란 감정을 표현할 때는 특히 더 그렇다. 아동은 물을 마시러 가거나 화장실에 가는 경우를 제외하고는 계획된 시간이 끝날 때까지 놀이치료실을 나가지 않도록 하는 것이 좋다. 그렇다면 어떻게 해야 할까? "나는 네가 이 방을 나가고 싶은 걸 알지만, 우리는 이 놀이실에서 15분이 더 있어야 나갈 수 있단다"라고 반응한다. 놀이치료 시간에 화장실에 가려는 상황은 종종 일어난다. 이러한 상황을 예방하려면 놀이치료 시작 전에 미리 화장실에 다녀오게 하는 것이 가장 좋은 방법이다. 그러나 미리 화장실에 다녀왔더라도 중간에 화장실에 가야 할 상황이 생기기도 하고, 또 급하게 입실을 하다 보면 놀이치료 도중에 화장실에 가야 할 상황이 생기기도 한다. 그러나 아동이 어리거나 화장실이 멀리 있다고 해서 놀이치료실 안에서 그냥 병이나 아기 변기에 소변을 보게 하지는 않는다. 반드시 화장실에 가야 하며, 이때 보호자가 돕게 하거나 아동이 스스로 하도록 한다. 뇌성마비 아동과 같이 거동이 불편하거나 부득이한 상황으로 치료자가 도움을 줘야 한다면 미리 보호자의 동의를 받아 두어야 한다.

지금까지 아동과 치료자의 관계를 형성하기 위한 치료자의 태도와 반응을 알아보았다. 경험이 적은 놀이치료자에게는 놀이치료 시간에 아동이 무엇을 할지 예측하고 그 반응을 미리 연습해보는 것이 아동과의 관계 형성에 도움이 된다. 이때 중요한 것은 놀이치료자의 태도와 반응은 아동에 대한 수용을 높이고 아동의 존엄성과 자기 존중이 보존되고 증진되 도록 해야 한다는 것이다. 그러기 위해서 놀이치료자는 기계적인 반응을 하기보다는 아동 에 대한 이해와 진정한 관심을 가지고 진솔하고 창의적인 반응을 하기 위해 노력해야 한다.

놀이치료 기법과 주제

놀이치료자는 신뢰 관계를 형성하기 위하여 수용과 허용을 구분하면서 아동의 기질과 발달 수준에 민감하게 반응하고 구조화한다. 이러한 초기 과정을 거치면서 놀이치료자, 놀이치료 시간, 놀이치료실 등에 대한 안정감이 생기고 놀이치료자와 아동 간에는 아동의 성장과 발전을 위한 작업 동맹이 형성된다. 쉽게 무너지지 않는 관계에 대한 믿음이 생기게 되는 것이다. 그리고 놀이치료가 거듭되면서 놀이치료자가 제공하는 환경 속에서 아동은 서서히 성장하고 진전을 보인다. 치료의 초기 단계를 넘어서 중기로 접어들면 아동은 긴장으로부터 풀려나 안정감을 느낀다. 이에 초반의 긍정적 변화와 달리 자신의 좀 더 깊은 내면세계를 놀이에 표현하기 시작하면서 가족이나 주변 사람을 시험에 들게 하거나 치료자와 실랑이하기도 한다. 놀이를 통해 무의식적으로 자신의 내면세계가 표현되기도 하나 어느 정도는 자신이 인식하고 해석한 내면세계가 표현되기 시작한다. 그러면서 다양한 방법과 양상으로 두려움과 불편함을 느껴 저항이나 퇴행을 보이기도 한다. 이럴 때 놀이치료자는 아동이 적응적이고 건강하게 해석하고 행동할 수 있도록 교정적 경험을 제공해 준다. 대체로 아동이 과거 양육자와의 관계에서 결핍되었던 욕구를 충족시키고 자신의 과거에서 일어났던 외상적 경험을 재경험하도록 돕는 것이다. 또한 사회적 상황이나 가족과의 관계에서 문제가 되는 행동의 원인이라고 할 수 있는 부분에 대한 새로운 인식이나 재경험 등이 이루어진다. 아동이 과거에 경험했던 상처와 결핍을 극복하고 현재의 생활에 맞게 활동할 수 있는 새로운 경험으로 재창조하는 것이다. 현재에 충분히 적응하고 기능하기 위해서는 과거의 실체를 부정하기보다는 현재에 통합하도록 돕는다. 통합을 돕기 위해서 부적절하고 부정적인 감정, 사고를 해소하거나 재조직화하는 경험을 가지도록 한다. 이때 치료자는 아동이 어느 시기에 부적절한 경험을 어떻게 하였는지를 탐색하고 아동의 충족되지 못한 욕구가 무엇이고, 미해결된 감정과 갈등이 무엇인지를 알고 있어야 한다. 그리고 아동 내면의 갈등과 어려움을 표현하도록 해야 하며, 이를 반복할 수 있는 장을 만들어 주어야 한다. 치료자는 이를 담아주고 버텨줄 수 있는 인내심과 역량이 필요하다. 또한 여러 가지 장애로 인해 적응을 어려워하는 아동에게는 구조화된 치료기법을 맞춤으로 제공할 수 있어야 한다. 예를 들어 주의력결핍과잉행동장애 아동의 심리적인 상처를 다루기 위해서 은유적인 기법도 효과가 있겠지만 주의력이나 작업기억 능력이 부족할 경우 이 능력을 향상시키기 위한 놀이를 선택할 수 있다. 그리고 자폐스펙트럼 장애 아동에게 모든 것을 선택하고 책임지게 할 수는 없다. 놀이나 기다림을 가르치기도 하고 상동 행동 대신 다른 행동을 할 수 있게 돕는 치료자의 개입 수준이 상당히 높은 행동 수정이 필요하기도 하다. 놀이치료자가 가진 이론적 배경에 따라 다양한 접근이 가능하겠지만 최근에는 통합적이고 절충적인 개입이 이루어지고 있다(O'Connor, Schaefer, & Bruverman, 2016). 따라서 치료자는 아동의 발달 수준에 맞고, 문제행동에 적합한 치료 전략을 세우면서 치료 기법을 고려한다.

아동의 심리 내적인 문제뿐 아니라 외현적 문제행동을 다루는 데 도움이 되는 기법은 상당히 많으며 이를 치료적으로 사용하는 것은 치료자의 역량에 달려 있다. 이 장에서 소개하는 기법은 '반드시 이렇게 해야 한다는 게 아니라 이렇게도 할 수 있다'라는 점을 꼭 기억해 주기 바란다.

놀이치료의 기법

발달 및 애착 증진을 위한 놀이치료 기법

발달 및 애착의 문제를 가진 아동의 경우 여러 가지 발달 영역에서 불균형을 보이는데 그중 타인과의 관계 맺기와 같은 사회성 발달 영역에서 큰 어려움을 보인다. 그래서 놀이치료자는 접촉을 통한 신체 활동을 제공하여 아동의 발달 및 애착을 증진하고 재경험하는 기회를 제공한다. 접촉을 통한 신체 활동은 아동으로 하여금 신체 자아, 접촉의 즐거움, 함께 하는 것의 기쁨을 경험하게 하며, 치료자와 아동 간의 인간적인 소통 방법으로 접촉을 통해 정서적 교류가 이루어진다. 또한 신체 접촉은 대뇌피질에 자극이 전달되어 심리적으로나 생리적으로 각성 수준을 정상으로 유지하는 데 도움을 준다(임용택, 2003). 이는 신체적 접촉을 통해 감각지각을 중추신경에서 받아들이며 심리적 안녕감을 경험하게 한다는 의미이다. Brody(1993)는 치료놀이에서 신체 접촉을 많이 하면 쉽게 친밀감을 느끼고 애정 표현이 촉진된다고 하였다. 게슈탈트 치료에서도 신체 감각을 통해서 유기체 자신의 요구와 감정을 외부세계와 접촉함으로써 건강한 개체로 성장해 나간다고 한다(Corsini & Wedding, 2000). 또한 신체 접촉은 긍정적 자아 형성 및 타인과의 사회적 관계유지를 위해 중요한 요소이며, 유아의 정서 지능에 긍정적인 영향을 미친다(박창옥, 최효영, 이성희, 2010). 이처럼 신체 활동 놀이치료 기법은 아동에게 애착을 재경험시키며 사회성을 발달하도록 돕는 효과적인 놀이치료 기법이다.

발달이 늦거나 불안정 애착 아동은 처음에는 접촉을 불편해하고 반응을 보이지 않는다. 그럴 때도 기다리면서 다른 접촉 방법을 찾아 자연스럽고 자발적인 신체 접촉이 이루어지도록 해야 한다. 치료자가 아동에게 접촉하는 경험을 통해 자기 자신을 인식하게 된 아동은 신체 감각을 통해 자아감을 발달시키며, 자기 자신을 나로 인식하며 상대방을 대상으로 지각한다. 아동에게 접촉의 경험을 제공하는 놀이치료자는 진정한 의미의 접촉을 경험해야 하며, 접촉해주는 사람이 되기 위해서는 접촉받는 것을 배워야 한다. 그리고 아동이 접촉을 느끼기 위해서는 아동 스스로 접촉받는 것을 허용해야 한다. 아동은 접촉을 통해 남에게 보여짐을 먼저 경험하는데 태어나서 부모가 아동을 처음으로 접촉해 줄 때 그런 경험을 하게 된다. 접촉이 필요한 아동에게 관계를 만들어주기 위해 놀이치료자는 놀이치료 장면에서 일어나는 활동을 통제한다. 그러기 위해서 놀이치료자는 아동의 특성과 자극에 대한 수위와 반응 방식을 민감하게 파악하는 것이 중요하며, 적절한 자극 제공을 통한 안정감과 신뢰를 제공해야 한다. 또한 아동이 치료자와의 관계 내에서 자극을 충분히 편안하게 탐색하고 즐길 수 있도록 기다려주어야 하며, 탐색 이후 빠르게 전환될 수 있게 민감하게 반응해야 한다. 거부적인 아동에게는 불편함을 공감하고 모델링을 통해 서서히 접근하며, 정서적 즐거움을 가질 수 있도록 함께 즐길 수 있어야 하며, 아동이 즐거운 정서를 표현할 때도 공감적 반응을 해주어야 한다. 그리고 아동이 가진 에너지나 분노를 사람이 아닌 놀이로 자연스럽게 전환될 수 있도록 하며, 아동의 분노나 공격성을 안전하게 표출될 수 있도록 수용해준다. 아동의 에너지 수위가 높고 표출할 수 있는 적절한 통로를 찾지 못하는 경우, 놀이치료자는 안전하고 유연한 경계나 제한을 통해 구조를 제공하여 에너지를 적절하고 안전하게 표출할 수 있도록 한다. 또한 위축되어 있고 자신을 잘 표현하지 못하는 아동에게는 자신의 모습을 자유롭게 표현할 수 있게 치료자는 수용적이고 허용적인 태도를 보인다. 또한 치료 자는 친밀감이나 친근감을 유지하기 위해 신뢰감에 기초하여 아동과의 접촉이 자연스럽고 편안할 수 있도록 신경 써야 한다. 아동의 놀이에 맞추어 반응해주고 함께 즐길 수 있도록 한다. 구성해가는 즐거움과 결과물에 대한 성취에 대해 충분히 만족감을 느낄 수 있도록 공 감한다. 그리고 아동에게 접촉을 통한 신체 활동을 제공할 때 신체적 긁힘과 상처가 생기지 않도록 조심해야 한다. 또한 사전에 부모에게 신체 접촉에 대한 동의를 구하도록 한다.

표 10-1은 신체 활동의 예와 치료적 요인 및 유의사항이다. 신체 활동의 치료적 요인에 는 관계 형성, 탐색하기, 정서적 활성화, 자율감 표출, 신체적인 감각 활성 및 조절, 긴장감 완화, 친밀감 형성 등이다.

표 10-1 신체 활동의 예와 치료적 요인 및 유의사항

활동명	활동의 예	치료적 요인 및 유의사항
신체 접촉	• 안마하기 • 간지럼 태우기 • 촉각볼/물풍선 : 손, 발, 배 등 문질러 주기 • 물풍선으로 배, 얼굴 문질러 주기 • 뺨 부풀린 뒤 누르면서 소리내기 • 아동 몸에 입으로 소리 나는 바람 불어주기 • 신체 관심 : 아동의 신체를 확인한다. 눈, 코, 입, 발가락, 손가락 하나하나 말해주며 아동의 신체에 관한 관심을 전달한다. • 로션을 손, 발 등에 발라주고 물티슈로 닦아주기	• 관계 형성 • 정서적 활성화 • 신체감각 활성 및 조절 • 긴장감 완화 • 친밀감 형성 아동에 따라 선호하는 신체 부위가 있으며 거부적인 아동도 많으므로 가능한 것부터 천천히 시행한다.
땅콩볼 타기	• 아동을 안고 땅콩볼에 앉아서 엉덩이를 들썩이면서 타기 • 놀이치료자는 땅콩볼에 앉고 아동은 서서 가볍게 타기 • 땅콩볼을 벽에 붙이고 아동의 겨드랑이에 손을 넣고 몸을 잡고 뛰어주기 • 땅콩볼 위에 아동을 앉히거나 엎드리게 하여 좌우/앞뒤로 몸을 흔들어 주기 • 땅콩볼을 벽에 붙이고 손을 잡아주는 등 혼자서 뛰게 하기	• 관계 형성 • 정서적 활성화 • 신체감각 활성 및 조절 신체가 안정감을 가지도록 잡아준다.

트램펄린 타기	• 트램펄린에 아동을 앉힌 후 치료자가 아동의 발이나 다리를 굴러주기 • 노래를 불러주면서 박자를 맞추어 뛰게 하기 • 트램펄린을 뛰면서 공을 던져 바구니에 넣기 • 놀이치료자와 함께 트램펄린 타기	구르기가 되지 않는 아동일 경우 흔들리는 감각과 즐거움을 느낄 수 있게 한다.
불기 활동	• 비눗방울 불기 • 작게 자른 색종이 불어주기 • 비눗방울을 작거나 크게 불어 아동이 관심을 갖게 하고 주의 집중하도록 하기 • 비눗방울이나 자른 색종이를 입김으로 불거나 부채로 불기 • 비눗방울 터트리기	• 관계 형성 • 정서적 활성화 • 자율성 • 상호작용 • 신체감각 활성 및 조절 • 긴장감 완화
풍선 놀이	• 풍선을 불 때 커지는 풍선에 손을 대게 한다. • 풍선을 불어 날려준다. • 풍선 속에 수수깡이나 종잇조각을 넣어 분 것을 보여주며 차거나 던지기 • 풍선을 높이 매달아 놓고 점프하여 치게 하기 또는 조금 높게 매달아 아동을 안거나 목마를 태워서 치게 하기 • 풍선 속에 따뜻한 물이나 찬물을 넣어 만져보게 하기 • 풍선을 손으로 치기, 라켓으로 치기	거부감이 있으면 거리를 조정한다. 아동의 시작 추적, 불기 능력 확인 후 제공한다. 풍선에 대한 거부감이 있는 아동에게는 점진적으로 노출한다.
이불 놀이	• 김밥 말이(아동을 눕히고 김밥을 말듯 이불을 말고, 싸고, 자르는 다양한 상징 활동을 함께 제공한다.) • 이불 그네나 이불 스케이트 태우기 • 까꿍 놀이하기 • 이불로 텐트 치기	• 긴장감 완화 • 정서적 활성화 • 친밀감 형성
신문지 놀이	• 신문지 펀치하기(펼쳐진 신문지를 주먹으로 찍기, 큰 창호지 통과하기) • 찢어진 신문지로 아동의 손이나 발을 덮고 '두껍아 두껍아 헌 집 줄게' 노래를 부르면서 아동의 반응을 유도하기 • 찢어진 신문지를 뭉쳐 공을 만들어 던지기 놀이를 하기 • 물에 적셔 던지기 • 찢어진 신문지를 날리면서 '눈' 노래를 부르기 • 찢어진 신문지로 아동의 손이나 발을 덮고 '두껍아 두껍아 헌 집 줄게. 새집 다오' 노래를 부르면서 신체 접촉과 조절을 시키기. 마지막 '살았다' 하면서 발산하기	김밥 말이를 할 때 아동의 얼굴이 감싸지지 않도록 조심하되 괜찮은 아동일 경우 얼굴이 보이지 않으면 까꿍 놀이로 유도한다. 신나게 표출한 후 편안하게 이완되어 함께할 수 있는 활동으로 연결하거나 정리를 하도록 한다.

(계속)

| | • 인간 그네(놀이치료자들이 아동의 겨드랑이와 다리를 잡고 그네를 태워주기)
• 방석 타기(방석 위에 아동을 앉힌 후 뒤에서 밀어준다.)
• 아동을 거꾸로 들기(허리를 잡고 몸이 접히게 해서 돌려주기, 발목을 잡고 돌려주기)
• 큰 대야 안에 아동을 앉혀주고 흔들흔들 기울이다가 바닥에 놓아주기
• 미끄럼 타기(큰 시트지를 깔고 쉐이빙 폼이나 로션을 바닥에 짠 후 아동의 겨드랑이에 손을 넣고 미끄러지듯 미끄럼 태우기, 앞뒤로 흔들기, 트위스트 추기 등)
• 무릎 쿵덕쿵(성인의 무릎에 아동을 앉힌 후 "하나, 둘, 셋" 구령을 붙이며 셋을 셀 때 아주 높이 올려준다.)
• 비행기 태우기 | • 관계 형성
• 정서적 활성화
• 신체감각 활성 및 조절
• 긴장감 완화
• 친밀감 형성

아동이 스스로 조절이 어려우면 다양한 도구를 활용한다.
점성과 미끄러움, 피부 자극을 고려하여 쉐이빙 폼, 헤어젤, 로션, 오일 등을 사용한다. |
| 기타
신체 활동 | | |

외상을 경험한 아동을 위한 놀이치료 기법

외상은 '실제적이거나 위협적인 죽음, 심각한 상해 또는 개인의 신체적 안녕을 위협하는 사건을 본인이 직접 경험하였거나 타인에게 일어나는 것을 목격한 경우, 그리고 그로 인해 극심한 공포, 무력감, 두려움 등의 감정을 경험한 경우'라고 한다(APA, 2013). 아동은 외상으로 인해 퇴행을 보이거나 공포, 두려움, 불안 등을 호소하며 학습이나 발달이 지연되는 경우도 발생한다. 아동기에 가족, 특히 주 양육자로부터 받은 학대 외상 경험은 정서 인식 및 표현, 정서 조절 등 전반적 정서 능력 발달에 부정적인 영향을 미친다. 아동기 학대 및 방임에 노출되었던 경험은 정서 조절 과정을 방해하며(van der Kolk & Fisler, 1994), 아동학대 피해자는 주로 정서적 억제를 대처전략으로 사용하며(Leitenberg, Greenwald, & Cado, 1992), 학대적 환경에서 자란 아동은 정서를 인식하고 표현하는 것을 어려워한다(Goldsmith & Feryd, 2005). 이렇듯 외상을 경험한 아동은 자신의 정서를 조절하지 못하는 경우가 많고 이로 인해 행동 조절의 실패, 학습 지연 및 부진, 사회적 부적응, 대인관계 어려움을 경험하게 된다. 따라서 놀이치료에서 아동이 자신을 은유적으로 표현할 수 있는 상징화와 투사적 기법을 통해 외상에 대한 부정적 정서를 표출하면서, 안정화가 되고, 회복 탄력성이 증가하며, 재경험을 통해 적응적이고 안정적인 삶을 살아가고 긍정적인 관계를 맺도록 돕는다.

인형집 놀이

놀이치료실이라면 인형집이 있을 것이다. 여기에는 두 채의 집이 필요하다. 비슷해 보이는 집이라도 아동은 각각 다르게 그 집을 바라본다. 하나는 따뜻하고 안전한 집, 다른 하나는 불안하고 불편한 집으로 표상한다. 집 놀이는 아동의 정신 상태에 대한 상징적 표현, 특히 가정이나 가족에 대한 표상을 반영하며, 아동의 정신 상태를 기점으로 거슬러 올라가면 종종 초기의 외상 경험을 알게 된다. 인형집 놀이를 통해 아동은 학대 경험을 안전하게 표현할 수 있다. 아동이 한 집은 평화롭고, 한 집은 난폭하다고 표현할 경우 아동의 가정에 대한 양가감정을 드러내는 것일 수 있다. 집은 부모, 양육자에 대해 아동이 느끼는 감정을 표현하는 상징이다.

부모가 이혼한 후 모와 함께 살게 된 8세 여아의 사례로 모의 남자친구와 함께 살게 되면서 외가를 오가게 되었다. 모와 모의 남자친구는 신체적 학대는 하지 않았으나 정서적으로 방임하였다. 다음은 치료가 중기로 접어들면서 자신이 처한 상황을 놀이로 표현한 것이다.

아동 : (집 두 채를 약간 간격을 두고 바닥에 내려놓고 집안을 꾸미기 시작함.) 이 집(작은 나무집)은 춥고, 무너지기 직전이에요. 이 집(크고 빨간 지붕의 3층 집)은 따뜻하고 튼튼해요.

치료자 : 그렇구나.

아동 : (여자아이 인형을 잡고 보여주며) 이 아이는 이 두 집 모두에 살아요.

치료자 : 두 집 모두가 이 아이의 집이구나.

아동 : (작은 집에 인형을 넣으면서) 이 집에 있고 싶지만 무서운 개가 살아요. 늘 으르렁거려요. 주인이 아주 맛있는 먹이를 줘도 먹을 때만 조용해요. 그래서 이 아이는 이 집에 가고 싶지만 가고 싶지 않기도 해요.

치료자 : 저런 무서운 개가 으르렁거리고 있으니 가고 싶어도 갈 수가 없구나.

아동 : 그 집 주인은 향이 좋은 향수를 가지고 있어요. 그래서 그 집에 그 집주인 향기가 나서 좋아요. 자주 못 가서 아쉽지만 조금 괜찮아요. (큰 집에 인형을 넣으면서) 이 집에서 쉬고 밥도 먹고 간식도 먹고 힘을 보충한 뒤 작은 집에 가서 개와 맞서려고 해요. 그래서 개 훈련하는 법을 공부해요. (치료자 : 아~그렇구나!) 그런데 아직 많이 배우지 못했고, 큰 개를 다루기엔 이 아이는 너무 작아요. 좀 더 시간이 필요할 것 같아요.

아동은 자신의 상황을 두 채의 인형집과 그곳에 사는 개와 개 주인을 통해 은유적으로 표현하고 있다. 치료가 중기로 접어들면서 점점 자신이 처한 상황에 대한 통찰이 일어나고 무엇이 문제이며, 자신이 할 수 있는 것과 자신에게 지지가 되는 것을 구분하게 되면서 힘을 얻는 치료 과정을 경험할 수 있었다.

연기 날려버리기

과거에 힘들었던 경험(기억)을 떠올려 보고, 그것을 어떻게 해결했는지를 '기억, 해결책, 도움'을 적을 수 있는 질문지를 아동에게 주고 작성하게 한다. 자신의 외상을 직면하기 힘들어하는 내담자에게는 사용하지 않는 것이 좋으며, 내담자가 힘이 생겨 자신의 문제를 직시하려고 할 때 이를 지지하고 격려하면서 활동해야 한다. "너는 너의 눈앞에 뿌연 연기가 자욱해서 너에게 일어난 일을 볼 수가 없어. 이 연기를 날려버리고 앞으로 나아가고 싶은데 그 앞에 뭐가 있을지 두려워. 하지만 지금 많은 용기가 생겼고, 너 자신을 믿을 수 있게 되었어. 그럼 같이 걸어가 볼까?"라고 말한 뒤 함께 생각해봐야 할 질문을 아동에게 한다.

〈질문〉

- 나에게 무슨 일이 일어났나요?
- 나는 무엇을 했나요?
- 나를 도와준 사람이 있었나요?
- 내가 살아남게 한 힘은 무엇일까요?
- 나는 그것을 통해 무엇을 배웠나요?
- 나는 그 사건을 겪고 어떻게 변했나요?
- 그 사건을 나에 대해 무엇을 말해주나요? 등

다리 만들기

'다리 만들기' 활동은 두 장의 A4 용지와 두꺼운 종이가 필요하다. 먼저 현재 나를 힘들게 하는 것이 무엇인지 생각해보고 그것을 A4 용지에 그림으로 그려 보게 한다. 그 그림을 보고 어떤 감정이 드는지, 무슨 생각이 드는지, 신체의 변화가 느껴진다면 어디에 어떤 변화가 느껴지는지를 이야기 나눈다. 감정이나 생각, 신체 변화 등을 적어둔다. 새로운 종이에는 지금의 아픔, 상처, 외상을 극복한 후에 내가 어떠한 삶을 살고 싶은지, 어떤 감정, 어떤 생각을 하고 싶은지에 대한 그림을 그리도록 한다. 그림을 그린 후 그림을 보고 어떤 감정이 드는지, 무슨 생각이 드는지, 신체의 변화가 느껴진다면 어디에 어떤 변화가 느껴지는지를 이야기 나눈다. 감정이나 생각, 신체 변화 등을 적어둔다. 마지막으로 두 장의 그림을 연결하는 다리를 만든다. 두꺼운 종이로 다리를 만들고 색칠을 한다. 그 다리의 양 끝을 현재와 미래 종이에 붙인다. 현재에서 미래를 연결하는 데 필요한 다리가 완성되었다. 다리를 보며 어떻게 외상이 회복되는지 이야기해본다. 연결한 다리에 다리를 연결하는 데 방해가 되는 장애물과 나에게 도움을 주는 사람이나 능력(자원)에 대해 적어본다. 적은 내용을 서로 이야기해본다. 집단놀이치료일 경우 집단 구성원의 이야기를 듣고 느껴진 점이나 배우고 싶은 점도 나눈다.

산만하고 충동적인 아동을 위한 놀이치료 기법

또래보다 산만하고 충동적인 아동의 경우 주의력결핍과잉행동장애를 가지고 있을 수 있다. 이런 아동의 어려움은 짧은 주의 폭, 충동성, 과잉행동, 파괴적인 행동과 분노, 주의 전환의 실패, 무계획적인 실행과 수행의 미완성 등이다. 아동을 위한 치료적 개입의 기본 전제는 아동이 과잉행동, 충동성과 부주의로 인해 성공을 경험하기 어려우므로 충분한 성취감을 느끼도록 돕는 것이 필요하다. 이를 돕기 위한 지시적 놀이치료 기법을 소개한다.

시간 안에 미션 완성하기

- 목적 : 주의 폭 향상하기
- 시간 안에 그림 따라 그리기, 시간 안에 땅콩 옮기기, 시간 안에 화살 과녁에 맞추고, 시간 안에 줄넘기 10회 하기 등
- 준비물 : 칩 30개(바둑알 30개), 초시계, 활동에 맞는 장난감이나 도구

시간 안에 미션 완성하기는 회기 내에서 아동의 주의 폭을 향상하는 놀이 기법으로 게임과 유사한 활동이다. 아동에게는 시간 안에 미션을 완성하면 마지막에 보상을 받을 수 있다고 말한다. 시간 안에 완성할 활동을 여러 가지 준비하여 제시한다. 먼저 치료자가 아동에

게 활동을 알려주고 아동이 그 활동을 하는 데 어느 정도 시간이 걸리는지 측정한다. 만약 치료자가 제시한 활동이 '그림 똑같이 그리기'라고 한다면 이 활동을 총 세 번 할 것이며, 시간 안에 미션을 완성하면 칩을 3개 받을 수 있고, 세 번을 다 시행한 후 칩이 7개 이상이면 상을 받을 수 있다고 말한다. 이를 이해했는지를 아동에게 다시 말해보게 한다. 미션을 잘못 해석할 수도 있기 때문에 자세히 설명해주고 활동 전에는 아동의 어떤 질문도 대답해준다. 치료자는 아동이 충동적이므로 그림을 따라 그리는 동안 다른 곳을 쳐다보거나 멈추지 말고 과제에만 집중해야 함을 말해주어야 하고, 수행 중간 중간 집중을 잘하고 있을 때 칭찬이나 격려를 해준다.

이 활동은 훈련이라고 할 수도 있다. 따라서 놀이치료자는 아동이 흥미를 잃지 않고 재미있게 여러 번 할 수 있게 해야 하며, 아동의 능력에 따라 몇 초나 몇 분의 시간 제한이 늘어날 수 있으며, 아동이 성공 경험을 할 수 있도록 활동의 난이도나 시간을 고려해야 할 것이다. 보상은 치료자가 미리 리스트를 만들어 놓고 그 리스트에서 하나를 선택하게 한다. 그렇지 않으면 상을 정하는 데 많은 시간을 보내게 될지도 모른다.

전략적인 보드게임

- 목적 : 충동성 감소, 사회성 증진, 실행 능력 향상
- 장기, 체스, 뒤집기, 오목, 체커, 도둑잡기 게임, 아낄란티스를 가다, 윷놀이 등

보드게임, 게임 놀이 등은 자신의 순서를 기다리고, 말을 움직이기 전에 생각하고, 상대의 움직임에도 집중해야 한다. 치료자는 게임 시 아동의 언어적·비언어적 행동과 말을 쓰는 패턴을 관찰하면서도 자신의 의지대로 이기거나 질 수 있을 만큼 게임과 친숙해야 한다. 게임 전 누가 어떤 말을 선택할지, 누가 먼저 할지를 정하는 다양한 방법을 알아 두는 것도 도움이 된다. 하지만 치료 초기나 지는 것을 못 견디는 아동일 경우 아동에게 먼저 선택권을 주는 것이 좋다. 주의력결핍과잉행동장애 아동은 청각적 정보의 처리가 어려우므로, 치료자는 게임을 하는 동안 아동의 행동을 보면서, 치료자를 보고 있을 때 또는 정보를 줄 것임을 환기시킨 뒤 전달할 수 있도록 해야 한다. 이해하였는지 다시 말해보게 하는 것도 좋다. 그리고 치료자는 자신의 차례에서 말을 움직이는 방법, 전략(예 : "먼저 한번 둘러봐야겠네. 선택하기 전엔 늘 두세 수 앞을 봐야지. 나이트가 여기로 가면 너의 비숍이 나를 공격

할 수 있으니 이쪽을 가는 게 좋겠군")에 대해 소리 내어 이야기하는 게 좋다. 그래야 아동이 압박감 없이 잔소리로 여기지 않고 전략적인 방법을 배우게 될 것이다. 아동은 차례 지키고 기다리기, 말을 움직이기 전에 둘러보기, 움직이고 난 뒤 상대의 움직임도 추측해 보기 등을 배우기 시작할 것이고 자기 통제력이 향상될 것이다.

불안한 아동을 위한 놀이치료 기법

아동의 불안은 정상적인 것이며 자연스러운 발달의 한 부분이다. 낯가리기가 시작되면 양육자와 분리되는 것에 대한 불안이 나타나고 점점 나이가 듦에 따라 다양한 불안을 경험하게 된다. 하지만 불안이 지나친 수준으로 나타나면 부모나 아동 자신이 이를 문제로 인식하게 된다. 불안은 신체적 · 생리적 반응과 함께 부정적인 생각이나 지나친 걱정이 생활하는데 불편감을 주거나 사소한 일에 압도되는 느낌을 받고 통제할 수 없다고 생각하게 된다. 머릿속에서 자신이 다칠 것 같다는 생각을 하고 누군가가 옆에 가까이 오면 해를 입거나 조롱당할지도 모른다며 걱정하고 신체가 각성되는 투쟁-도피 반응이 나타난다. 이렇듯 불안은 아동의 생각, 감정, 신체, 행동에 영향을 미친다. 아동의 경우 산만하고 안절부절못하며 조급해하거나 울고 매달리며 덜덜 떠는 행동의 양상을 보인다. 아동의 불안 경로와 원인은 매우 다양하다. 이를 파악한 다음 불안의 원인을 제거해주면 불안은 사라진다. 하지만 원인 혹은 촉발요인이 사라졌을 때도 불안이 여전한 경우가 많다. 그래서 불안을 유지시키는 것이 무엇인지를 살펴보고 생각하는 방식, 두려움에 대처하는 방식, 부모와 상호작용하는 방식 등을 변화시키거나 완화시킨다면 불안이 감소하고 자신의 삶을 통제할 수 있을 것이다. 아동의 불안을 감소시키는 데 도움이 되는 기법을 범주화하면 현실적으로 생각하기, 이완법, 건강한 상호작용 기술, 현실 검증하기, 사회성 기술, 주장하기 등으로 나눌 수 있다. 다음은 불안을 다루기 위한 기법들이다.

나의 걱정은?

아동은 자신의 부정적인 감정을 불편하고 불쾌하게 여기지만 그 감정에 이름을 붙일 생각을 못 한다. 이는 어릴 때 부모가 자녀의 정서를 언어화해주는 공감 반응을 통해 배울 수 있다. 아동은 막연한 불쾌감의 실체를 몰라 더욱 더 힘들어한다. 그러한 아동에게 걱정하는 모습이 그려진 상황 카드를 보여주고 이럴 땐 어떤 기분이 들지에 대해 이야기를 나눈다. 그리고 기분이 안 좋을 때가 언제인지 생각해보게 한다. 사람마다 걱정거리는 다르다. 걱정의 모습이 다른 것이다.

아동에게 동그란 원이 그려진 종이를 주고 그 원에 내가 생각하는 걱정이 어떤 모습인지 그려 보라고 한다. 그리고 '나의 걱정'에 이름을 붙여준다. 이 활동은 걱정을 시각화하는 데 도움이 된다. 걱정이 눈에 보이면 막연했던 것이 조금은 구체적인 것이 되어 내 안에 있는 것이 아니라 만질 수 있고, 마주할 수 있고, 이야기를 나눌 수도 있고, 멀리 가버리라고 말을 할 수도 있다.

배변 문제를 가진 여섯 살 난 지훈(가명)이는 동그란 원 안에 똥을 그리고 엑스를 그렸다.

> 치료자 : 이 그림에 대해 이야기해줄래?
>
> 아동 : 이건 똥이에요.
>
> 치료자 : 그렇구나. 우리 똥에게 이름을 붙여줄까?
>
> 아동 : (한참을 고민한 뒤) 동동이요.
>
> 치료자 : 동동이구나. (그림을 보고) 동동아 안녕! 만나서 반갑다.
>
> 아동 : 동동이는 내 배 속에 있는데…잘 안 나와요. 가끔 날 아프게 하고… 엄마를 화나게 해요.
>
> 치료자 : 엄마를 화나게 한다고?
>
> 아동 : 밥을 못 먹게 하니까요. 동동이가 나와야 배가 고프고 그래야 밥을 먹을 수 있어요. 안 나오고 내 배 속에서 계속 있어요.
>
> 치료자 : (그림을 가리키며) 동동이는 어떻게 하고 싶은가?
>
> 아동 : 아마도. 유산균 먹고 채소를 먹으면 되고 물도 많이 마시고…(생각을 하는 듯 잠시 조용) 늘 물 많이 마시고… 채소도 먹을 거예요.

불안 위계 리스트

불안이 높은 아동은 놀이치료실과 치료자가 안전하다는 것을 알더라도 쉽게 뭔가를 선택하거나 만지지 않는다. 허락을 구하기도 하고 눈치만 보기도 한다. 어린 아동일 경우 반복적인 놀이를 통해 아동이 불안해하는 요소를 찾을 수 있다. 학령기 아동이라 하더라도 자신을 표현하는 언어 능력이 부족할 수 있으므로 놀이를 잘 관찰하는 것이 필요하다. 하지만 자신의 증상이 불안이라는 것을 알고 이를 극복하기를 원한다면 '나의 걱정 리스트'를 작성하는 것이 도움이 된다. 나의 걱정 리스트를 작성한 뒤 우선순위를 정하는 '불안 위계 리스트' 작업을 실시한다. 1~5단계로 나누는데, 1단계는 아동이 거의 불안을 느끼지 않는 상황이고, 5단계는 아동이 가장 큰 불안을 느끼는 상황이 될 것이다. 각 단계에서 아동의 신체가 어떻게 느끼고 반응하는지 확인하고, 어떤 생각이 드는지도 확인한다. 단계 옆에는 불안의 정도에 따라 1~10의 점수를 주도록 한다. 이 '불안 위계 리스트'는 수정이 가능하며 치료의 진척을 확인할 수 있는 잣대로 사용될 수 있다.

감정 일기 쓰기

매일 자신의 감정에 대한 일기를 쓰는 것은 자신의 감정이 무엇 때문인지를 알아차리는 데 도움이 된다. 감정을 자각하는 것만으로도 감정이 조절되고 행동의 조절도 따라 온다. 감정 일기를 쓸 때는 사건과 그 사건에 대한 나의 생각, 그때 나의 감정, 행동, 신체 반응까지 함께 적으면 훨씬 더 도움이 되기도 한다. 하지만 처음부터 사고와 감정, 행동을 구분하기는 어렵기 때문에 "오늘 친구가 놀려서 속상했다. 오늘은 우울한 하루였다"처럼 감정을 인식하고 명명해주는 것부터 시작하는 것이 도움이 될 것이다.

예)

○○○○년 ○월 ○일 감정 일기

오늘 친구가 놀렸다. 그때 '사람은 모두 나를 싫어하는 게 분명해'(사고)라는 생각이 들었고, 기분은 슬펐고 화가 났다(감정). 그래서 울었고(행동), 눈물이 나고 얼굴이 빨개졌고 숨이 찼다(신체 반응). 오늘은 힘들고 슬픈 하루였다.

생각 바꾸기

아동에게 여러 개의 상황이 적힌 활동지(〈표 10-2〉)를 주고 도움이 되지 않는 생각과 도움이 되는 생각을 적게 한다. 이때 글을 읽고 쓰지 못하는 아동에게는 상황 카드를 보여주고 치료자가 말풍선을 그려 넣어 대신 적어주어도 좋다.

아동마다 의뢰되는 문제는 다양하며, 각각의 발달사, 양육환경이 다르고 개인차도 있다.

표 10-2 생각 바꾸기 활동지

<h2 style="text-align:center">생각 바꾸기</h2>

다음의 상황에서 도움이 되지 않는 생각이나 부정적인 생각을 찾아보고, 그 생각을 도움이 되는 적절하고 긍정적인 생각으로 바꿔 보세요.

1. 새 학년이 되었는데 같은 반에 아는 사람이 아무도 없다.
도움되지 않는 생각 :
도움되는 생각 :

2. 내일 영어 단어 시험을 친다.
도움되지 않는 생각 :
도움되는 생각 :

3. SNS 단체 채팅방에 내가 글을 썼는데 읽고도 답을 달아주지 않는다.
도움되지 않는 생각 :
도움되는 생각 :

그러므로 위에 소개한 기법을 사용할 때는 아동의 상황에 맞게 적절하게 사용할 수 있다.

분노 조절이 어려운 아동을 위한 놀이치료 기법

분노는 인간이 가지고 있는 기본적이고 자연스러운 감정이다. 그러나 분노를 표현하는 행동의 빈도, 강도, 지속 시간이 지나치거나 자신과 타인에게 해를 끼치는 공격적 행동으로 표현되어 문제가 된다. 촉발 사건에 대해 분노의 감정을 느낄 때 대부분의 아동은 이와 관련된 왜곡된 사고를 하고 있다. 또 화나고 공포스럽게 하는 외부의 촉발 사건에 대처하는 능력이 부족하다. 이렇게 분노를 적절히 해결하지 못하고 공격적인 방법으로 표출하는 아동의 경우 정서를 조절하는 능력이 부족하고 자신과 타인, 상황을 이해하는 능력도 부족하다. 이런 아동을 위하여 자신의 감정을 알아차리고 화가 나는 상황에 대한 이해를 돕고, 적절하게 감정을 다루고, 생각을 변화시킬 수 있는 놀이치료 기법이 필요하다.

매달린 풍선 치기

- 목적 : 분노 이완하기
- 준비물 : 천장에 매달린 풍선

놀이치료자와 아동은 풍선을 분다. 아동에게 풍선에 자신이 싫어하는 것을 그리거나 자신을 화나게 하는 것에 대해 이야기한 후 그것을 상징하는 그림을 그리게 한다. 사람이 될 수도 있고, 물건이나 음식일 수도 있다. 풍선을 매달고 왜 싫은지, 어떻게 되면 좋겠는지 등을 큰 소리로 말하면서 치게 한다. 풍선을 치기 전에 싫은 것에 대해 말을 하다보면 비지시적인 시간으로 변환되기도 한다. 풍선 안에 싫어하는 것을 그리거나 적어서 넣은 뒤 풍선을 불고 치거나 터트리기도 한다. 여건이 된다면 물풍선을 불어 던지거나 놀이용 달걀(속에 물과 고무 노른자가 있는 고무로 된 달걀)을 사용해도 좋다.

> 치료자 : 오늘은 풍선 치기를 할 거야. 풍선은 네가 싫어하는 것이 되고, 그걸 매달아 샌드백처럼 칠 거야. 치기 전에 싫어하는 것에 관해 이야기하고 기분이 나아질 때까지 쳐보는 거야.
>
> 아동 : (즉각적으로) 민식이요.

치료자 : 민식이가 싫구나.

아동 : 그 애는 지저분하고 냄새가 나요. 놀이터에 그 애가 나타나면 다들 싫어해요.

치료자 : 그 애가 지저분하고 냄새가 나서 싫구나.

아동 : 다른 애들도 다 싫어해요. 그래서 내가 '집에 가'라고 했더니 우리 엄마한테 가서 고
   자질했어요.

치료자 : 고자질까지 해서 더 싫었구나.

아동 : 네. 엄마한테 혼날까 봐… (걱정되었구나?)… 네. 엄마는 늘 친구랑 사이좋게 지내
   라고 하거든요. 그런데 그 애와는 도저히 친해질 수 없어요. 그 애는 정말 이상해요. 병
   균이 득실거릴 것 같아 옆에 있다가 나까지 전염되면 어떡하나 화가 나서 미칠 것 같아
   요. 전염되면 죽잖아요.

치료자 : 아… 친구에게 좋지 않은 병균이 있고 그 병균이 너에게 옮아서 나쁜 일이 벌어질
   것 같은 생각이 들어 매우 괴로웠구나. 죽을 수도 있을 것 같다는 생각이 자꾸 들어 화
   가 나는구나. 참 힘들었겠다.

아동 : 네. 그래서 그 녀석을 때려주고 싶어요. 그 병균 다 때려줄 거예요.

치료자 : 아하… 그 녀석의 병균을 때려주면 좋겠다.

아동 : (풍선에 악마같이 생긴 병균을 빨간색으로 그림) 와~ 진짜 나쁘게 생겼다.

치료자 : 그 병균이 친구한테서 떨어지게 때려주자. 그럼 병균도 없어지고 친구에게도 좋
   고 너에게도 좋겠네.

아동 : 아악. 퍽퍽 (소리를 내면서 때림) 그 애도 그 병균 때문에 괴롭겠죠? 좀 씻고 다니면
   좋겠는데…

치료자 : 그럼 친구에게 '집에 가' 대신에?

아동 : 깨끗하게 씻고 오면 좋겠다고 말해봐야겠어요.

분노 조절 훈련 프로그램

다음의 기법은 '청소년의 분노 조절 훈련프로그램(김용태, 박한샘, 강신덕, 1995)'에 소개된
것을 발췌하여 아동에게 사용할 수 있도록 하였다.

나의 느낌 알아차리기 아동에게 자신이 알고 있는 감정에 관한 표현들을 모두 적어보고, 그
감정을 표정으로 그려 보게 한다. 다음으로 신체 언어를 소개하고 자신이 주로 사용하는 신
체 언어를 찾아보도록 한다. 화를 냈을 때 긍정적인 면과 부정적인 면을 적어보게 한다.

화가 난 상황 이해하기   내가 주로 분노를 일으키는 상황을 탐색한다. 이를 행동화라고 표현하기도 하는데 매일 행동화가 일어나는 시간과 구체적으로 어떤 행동을 하는지를 기록하는 활동지를 작성한다.

이해하기 : 자신의 변화에 대한 인식하기-신체 변화, 행동, 사고, 결과   화가 날 때 우리 몸에 일어나는 신체적인 변화를 탐색한다. '얼굴이 화끈거린다. 숨이 가빠진다. 주먹이 쥐어진다. 가슴이 답답하다. 인상을 쓴다. 심장이 빨리 뛴다. 머리가 아프다. 말문이 막힌다 등'의 예를 들어주고 자신의 신체 변화에 관해 이야기한다. 다음으로 화가 날 때 어떻게 행동하는지를 찾아본다. '방에 처박혀 있다. 마구 욕을 한다. 주먹질한다. 큰 소리로 울어버린다. 고함을 친다. 물건을 던지거나 부순다. 잠을 잔다' 등 자신의 행동에 관해 이야기한다. 어떤 행동을 하는지를 찾으면서 생각도 함께 탐색해 본다. 그리고 그런 행동을 하고 나면 자신과 타인에게 어떤 결과가 생기는지에 대해 이야기를 나눈다.

실행하기 : 분노 조절 방법 배우기   분노 조절 방법으로 화 다루기, 생각 변화시키기, 행동 변화시키기를 연습해 본다. 감정이나 신체 반응을 바꾸기는 힘들기 때문에 생각이나 행동을 변화시키기를 통해 감정을 조절하는 방법을 익히는 것이다.

〈화 다루기〉

- 지연 작전 : 화가 난 상황을 잠시 피한다. 심호흡한다. 눈을 감고 구구단을 외운다. 긴장된 근육을 이완시킨다.
- 화난 감정을 차분하게 들여다보기 : 생각할 수 있는 조용한 장소를 찾아서 가능한 한 가장 편안한 자세를 취한다. 화난 감정을 직면한다. 화난 감정을 충분히 느낀다. 편안한 물건을 안고 화난 감정을 받아들인다.
- 화난 이유 생각하기 : 화가 날 수 있음을 인정하고 받아들인다. 화가 난 이유를 차분히 생각해 본다. 화나게 한 잘못된 생각이 무엇인지 곰곰이 생각해본다.

〈생각 변화시키기〉

- 생각이 우리 행동에 미치는 영향에 관해 이야기 나누기
- 우리가 흔히 가지고 있는 합리적이지 못한 생각들(비합리적 사고 리스트)을 읽어보고

고르기
- 합리적 사고에 관해 이야기 나누기
- 비합리적 사고 리스트의 예를 합리적 사고로 바꾸어 보기
- 내가 가지고 있는 합리적이지 못한 생각(당위적 사고, 이분법적 사고, 극단적 사고) 알아보기
- 나의 당위적 사고, 이분법적 사고, 극단적 사고를 합리적 사고로 바꾸기

〈행동 변화시키기〉
- 내가 할 수 있는 방법 적어보기
- 다른 사람과의 관계 속에서 행동 변화시키기-화난 감정 전달하는 방법(나 전달법) 익히기, 입장 바꿔 생각하기, 상대방 입장 들어보기

놀이치료의 주제

놀이 주제는 아동이 놀잇감을 통해 표현하는 아동의 내적이고 감정적인 역동이다. 아동은 특정한 놀이 행동을 반복하거나 다른 형태의 놀이를 하지만 비슷한 의미를 갖거나 또는 이야기나 사건을 반복적으로 말함으로써 감정적인 경험을 하게 된다(Giordano, Landreth, & Jones, 2005). 놀이에서 아동이 선택하는 장난감은 '단어'이고, 놀이는 '언어'이다. 그렇다면 놀이치료에서 표현된 '주제'는 아동이 그 언어에 부과한 의미라고 할 수 있다(Ray, 2010). 그 의미를 이해하기 위해서 치료자는 아동에 대한 충분한 사례 분석이 선행되어야 할 것이며, 치료자 자신의 문제가 개입되지 말아야 할 것이다. 또한 아동의 놀이를 약간 뒤에서 따를 수 있는 능력이 필요하다. 아동과 한 공간에서 놀이를 할 때 치료자는 선입견이나 정형화된 관점이 아닌 개방적이고 다차원적인 관점으로 다양한 가능성을 열어두어야 하며 이를 위해 슈퍼비전이나 자문이 필요하다.

놀이 주제는 아동이 자신의 경험에 부여한 의미를 소통하고자 하는 일관성 있는 은유이다. 이 은유적 표현이 얼마나 자주 반복되어 나타나는지, 얼마나 강한 강도로 드러나는지, 아동의 초기 발달, 성격 특성, 삶에서 일어난 중요한 사건 등을 통해 놀이를 이해하는 맥락으로 아동의 놀이 주제를 가정할 수 있다(Ray, 2010). 예를 들어 여자아이가 아기 인형에게

밥을 차려 주는 역할놀이를 한다. 이 놀이에서 아이는 엄마처럼 행동하지만 그 행동에 어떤 의미를 부여했는지는 설명하기 어렵다. 단지 인형에게 밥을 차려 주는 행동이 엄마의 행동을 모방하는 것인지 친구와 어린이집에서 놀았던 경험을 재연한 것인지는 알 수 없다. 그런데 밥을 차려 주면서 "다 먹지 않으면 밖에 나가 놀 수 없어. 밥을 다 먹지 않으면 나쁜 아이야"라고 한다면 치료자는 아동이 통제적인 모와의 상호작용에서 받았던 부정적인 피드백으로 인해 자신이 나쁜 아이가 될까 봐, 그로 인해 사랑받지 못할까 봐 두려워하는 불안이 표현되었다고 할 수 있고 이를 놀이 주제라 생각할 수 있다. 다른 예로 반복적으로 밥을 챙겨주고 먹고 싶은 것이 무엇인지 물어보는 무엇이든 다 만들어 주는 아동이 있다. 이 아동에게는 연년생 동생이 있고 동생 출산 후 산후우울증을 겪고 있는 엄마에게서 돌봄과 사랑, 관심을 받고 싶은 마음이 표현된 놀이라고 짐작할 수도 있다. 그리고 이 놀이의 주제를 '양육'이라고 할 수 있는 것이다. 이처럼 단순한 역할놀이라고 할 수 있는 이 놀이를 통해 치료자는 놀이 행동 이면의 의미를 파악함으로써 아동을 더 잘 이해할 수 있다.

놀이 주제 활용

치료자는 앞에서 살펴본 여러 가지 주제를 파악하고 이를 통해 아동에 대한 이해가 보다 깊어질 수 있다. 아동에 대한 깊은 이해는 아동을 진심으로 수용하는 데 도움이 될 것이며, 아동에게 적절한 치료전략을 세워 반응하고 개입할 수 있게 된다. 주제를 파악했다면 치료자는 아동에게 아동 놀이의 내용 반영하기, 감정 반영하기, 의사결정 촉진하기, 의사결정에 대한 책임 되돌려 주기, 자발성 촉진하기, 존중감 키우기, 관계 촉진하기, 의미 반영하기 등으로 제공한다. 이를 통해 아동이 가진 어려움이 있다는 것과 그것을 치료자가 알고 이해하고 있다는 것을 통해 변화가 일어날 것이다. 특별한 주제에 치료자가 아동에게 적절히 반응을 맞추는 것은 아동의 감정을 수용한다는 것을 표현하는 것이다. 감정의 수용과 반응을 통해 아동은 안정감을 느끼고 자신의 문제를 교정할 수 있게 되는 것이며, 치료자의 관심을 표현하는 것이 아니라 아동의 결핍을 채울 수 있게 되어 성장한다.

　놀이 주제는 부모 상담에서도 활용할 수 있다. 놀이 주제는 부모가 자신의 아이를 이해하는 데 도움이 되는 유용한 도구가 된다. 그리고 부모는 아동의 놀이에 나타난 여러 가지 주제에서 핵심적인 주제를 선별할 수 있도록 치료자를 돕는다. 치료자는 부모와 함께 아동의 놀이 주제를 나누는 것은 아동의 비밀을 보장하면서도 부모가 아동을 이해하도록 돕는다. 또한 놀이 주제를 통해 아동의 발달이나 치료에 대한 진전을 알 수 있게 한다. 아동의 놀이 주제는 부모, 특히 주 양육자의 삶과도 연결되어 있다. 예를 들어 모가 어린 시절의 경험으로 인해 의존 욕구가 강하다면 모는 자신의 의존성을 방해하거나 강화하게 되는 양육 태도를 보이게 될 것이고 이는 아동에게 큰 영향을 미쳤을 것이다. 만약 불안정 애착유형을 가진 양육자라면 자신의 아이와 자신도 불안정 애착 관계가 될 가능성이 커질 것이기 때문이다. 또한 놀이 주제를 이해하고 그 주제를 통해 아동의 놀이 행동을 관찰하게 되면 놀이치료 진전에 도움이 된다. 놀이 주제는 아동의 미해결된, 충족되지 못했던, 외상적 경험에 대한 아동의 내면세계에 대한 표현을 해석하는 것이기에 이를 알아주고 힘들었음을 반영해주면 아동의 내면세계는 조금씩 변하게 되고 자신, 타인, 세상을 보는 관점이나 내면적 서술이 달라진다. 그러면서 놀이의 주제가 긍정적인 변화를 보인다.

주제에 대한 작업은 반드시 이루어져야 하는 필수적인 요소는 아니다. 앞에서 말했듯 놀이가 어제 경험한 것의 단순한 재연이거나 미해결된 문제가 아닌 최근에 발생한 문제로 인해 나타나는 현상일 수도 있다. 그래서 치료자는 아동의 놀이를 객관적인 시각으로 볼 필요가 있다. 주제는 인지적인 작업이라 아동과 '함께 있음'에 방해가 되어 아동과의 관계를 놓쳐버리는 위험에 빠질 수 있다. 따라서 주제를 파악하는 작업은 녹화된 동영상을 보거나 회기를 정리할 때 자문을 받거나 슈퍼비전이 병행되어야 한다.

놀이 주제 분석

Ray(2010)는 아동중심 놀이치료를 기반으로 한 놀이 주제 분석을 소개한다(〈표 10-3〉). 아동의 세계를 이해하는 데 도움이 되는 내면적 서술을 주제별로 기술하였다. 놀이치료자가 만나는 아동의 놀이를 통해 아동의 가치관, 자기 개념, 대인관계 개념 등을 찾아서 서술할 수 있다면 주제를 이해하고 아동의 세계를 이해할 수 있을 것이다.

표 10-3 Ray의 놀이 주제

주제	내면적 서술
관계	우리가 연결되어 있다는 것은 내게 중요해요. 나는 당신/다른 사람과 관계를 맺고 싶어요.
힘/통제	안전감을 느끼기 위해 나는 내 환경을 통제해야만 해요. 나의 가치를 나타내기 위해서는 당신과 다른 사람을 통제해야 해요.
의존	나 혼자서는 아무것도 할 수 없어요. 할 수 있는 능력이 없어요. 다른 사람이 나를 도와주어야 해요.
복수	내가 가치 있다는 것을 느끼기 위해서 나는 다른 사람을 아프게 해야 해요. 나에게 상처를 입히는 사람에게 앙갚음을 해줘야 해요.
안전/보안	안전하게 머무르려는 방법을 찾아야만 해요. 모든 것을 안전하게 만드는 것은 내게 달려 있어요.
숙달	유능감을 느끼기 위해 뭔가를 성취해야만 해요. 가치롭기 위해서는 일을 잘해야 해요.
양육	나는 다른 사람을 돕고자 (뭔가) 주기를 원해요. 관계를 형성하기 위해 다른 사람을 돌봐주고 싶어요. 다른 사람에게 베푸는 것은 내 자신에게 베푸는 것이라고 느껴져요.
애도/상실	내게 중요한 대상이나 사람을 잃어버려서 상처를 받았어요. 내게 중요한 대상이나 사람을 왜 잃어버렸는지 알고 싶어요.
유기	혼자 버려졌어요. 나는 혼자예요.
보호	사람이나 무언가로부터 자신을 스스로 보호해야 해요. 사람이나 무언가로부터 다른 사람을 보호해야 해요.
분리	내게 중요한 사람이나 무언가로부터 분리되어서 상처를 받았어요. 내게 중요한 사람이나 무언가로부터 왜 분리되어야 했는지 알고 싶어요.
보상	나는 상황이 어떻게 하면 더 좋아지게 할 수 있는지 알 수 있어요. 나는 상황이 더 나아지게 하는 방법을 만들 수 있는 능력이 있어요.
혼란/불안정	내 주위 환경 때문에 혼란스러워요. 어떻게 하면 내 환경이 질서를 갖게 될지 모르겠어요. 나의 통제 밖이에요.
완벽주의	가치 있으려면 모든 것을 잘해야 해요. 만약 실패라도 하게 된다면 나는 완벽한 실패자예요.
통합	나는 어떻게 선과 악이 함께 공존하는지 봐요. 내 인생의 여러 부분이 어떻게 어우러지는지 이해할 수 있어요.

(계속)

절망/무망감	포기했어요. 더는 나에게 (혹은 다른 사람에게) 나아질 것은 아무것도 없어요. 나를 도와줄 사람이 아무도 없어요.
무능감	나를 돌볼 능력이 없어요. 다른 사람이 나를 돌봐주어야만 해요.
불안감	나는 세상과 나의 세계가 두려워요. 무가치해질까 봐 두려워요.
자급자족	아무도 필요 없어요. 내가 혼자 할 수 있어요.

출처 : Ray (2010).

Benedict와 Hastings(2002)에 의하면 아동을 이해하기 위해 아동의 놀이를 분석하고 놀이의 주제를 찾으려고 시도한 최초의 이론은 정신분석이론이며 이를 세밀화한 대상관계 놀이치료에 놀이 주제를 포함하였다(〈표 10-4〉). 대상관계 놀이치료에서 놀이 주제를 분석하는 것은 아동의 표상적 세계를 은유적으로 표현한다고 여겼으며 아동의 세계로 들어가기 위해 주제를 다루었다(Green, Crenshaw, & Langtiw, 2009). 또한 그들은 어떤 주제가 아동의 생각, 감정 또는 경험을 표현하는지를 찾아 아동을 괴롭히는 생각과 정서 문제에 대한 가설을 세우고, 놀이의 은유를 통해 아동의 문제에 개입할 방법을 찾고, 치료자가 아동의 경험을 더 잘 파악하고, 패턴에서 나타나는 주제를 인식함으로써 아동이 직접 표현할 수 없는 외상이나 스트레스를 확인하고 치료하는 데 도움이 된다고 말한다(McClintock, 2009).

표 10-4 Benedict의 놀이 주제

I. 공격성	1) 착한 사람 vs. 나쁜 사람(good guy vs. bad guy)
	2) 일반적인 공격성(general aggression)
	3) 비행 행동(delinquent acts)
	4) 공격으로 인한 죽음(death as a result of aggression)
	5) 자연적인 죽음(natural death)
	6) 삼키기(devouring)
	7) 약자를 이기는 강한 인물(powerful figure overcoming weaker figure)
	8) 강한 자에게 도움 청하기(seeking or consulting a power figure)

II. 애착과 가족	9) 항상성(constancy)
	10) 분리놀이(separation Play)
	11) 재결합(reunion)
	12) 양육(nurturing play)
	13) 자기 양육(self-nurturing)
	14) 부정적 양육(failed Nurturance)
	15) 방임 또는 자기학대(neglect, punishment or abuse of the self)
	16) 잠자기(sleeping)
	17) 사고팔기(store and shopping)
	18) 어른행동(adult Activities)
III. 안전	19) 화재(burning)
	20) 매장과 익사(burying or drowning)
	21) 망가진 놀이(broken play)
	22) 수선(fixing play)
	23) 수선 실패(failure to fix)
	24) 자기수선(self fixing)
	25) 다리 놓기(bridge building)
	26) 불안정 놀이(instability play)
	27) 정리하기(cleaning play)
	28) 엉망진창(messing play)
	29) 분류놀이(sorting play)
	30) 위험(danger)
	31) 안전 놀이(containing & Protective play)
	32) 구조 놀이(rescue play)
	33) 도망(escape)
IV. 탐색과 숙달	34) 탐색(exploration)
	35) 숙달(mastery play)
	36) 실패(fail)
	37) 성적인 활동(sexual activities)
	38) 치료자를 향한 성적인 활동(sexual behaviors directed at therapist)
	39) 성적인 이야기(sexual talk)
	40) 성적인 호기심(sexual curiosity)

출처 : 김다정(2019).

놀이 주제에 또 다른 접근은 Erikson의 심리사회적 발달단계에 맞춰 놀이 주제를 분류한 것이다(〈표 10-5〉; Wilson & Ryan, 2005). Erikson의 이론을 근거로 제시하면서 긍정과 부정의 양극에서 아동마다 특정 주제가 존재한다고 보았으며, 심리·사회적 발달단계별로 주를 이루는 주제가 있고, 그 주제의 하위 주제가 있다고 하였다. 이는 아동마다 다를 수는 있지만, 애착 이론과 관련 있는 일부 주제는 일반화될 수 있다고 가정한다.

표 10-5 Wilson과 Ryan의 놀이 주제

심리사회적 발달단계	주제
1단계 신뢰감 대 불신감	친밀한 관계 내 애착 발달과 성장하고 있는 아동 • 신뢰 : 안전/보호, 양육, 편안함, 구조, 애착, 탐험, 조율, 재탄생, 충만, 만족, 충분, 희망 • 불신 : 관계의 거부나 거리, 혼돈, 관계의 양면성, 초기 관계에서의 학대/외상, 중요한 다른 것들의 죽음/파괴/자아의 상실, 죽음, 공허감, 절망
2단계 자율성 대 수치심	타인과의 관계를 통한 자기 가치 인식 및 자의식 발전 • 자율성 : 힘, 숙달, 완성감, 만족감 • 수치심 : 통제/희생, 약함/무력감, 한계 시험, 공격성, 과도한 준수 및 인정 추구, 반항 및 지배/항복
3단계 주도성 대 죄책감	자신, 타인, 환경, 문화와 관련된 선악의 가치와 도덕, 양심의 발달 사회적 관계 내에서 주도성 발휘, 새로운 활동과 역할 시도, 책임감 발달 • 주도성 : 선량함(예 : 정신적·도덕적 편견에 관한 문제), 치유, 도움, 나이 적절한 위험 감수, 사회적 규제(사회 규칙의 일반적인 준수), 신체적 대상에 대한 존중, 성인 역할의 탐구 등 • 죄책감 : 상처/자아 및 타인 손상, 재산/물건 손상, 사회 규칙 위반, 사악함에 대한 집착, 자신의 안전에 대한 우려, 몰래 하기와 속임수 등
4단계 근면성 대 열등감	자신과 타인을 위한 근면성 발달 관심사 공유, 문제 해결, 협력, 성취, 배움, 사회적 관계, 학업, 여가 활동 등을 통한 자기 능력 및 기술 발달 • 근면성 : 우정, 끈기, 학습, 기술과 성취에 대한 사회적 인식의 즐거움, 자기 성취 대한 즐거움, 동료와 어른과의 관심 공유 등 • 열등감 : 사회적 규칙과 기대에 대한 지나친 순응, 일에 대한 끈기 부족, 승리에 대한 집착, 동료와 성인의 소외, 협동하거나 도움을 요청할 수 없는 능력, 낮은 자존감, 지나친 수용, 높은 인정 추구 등

놀이치료 종결하기

초등학교 4학년인 태윤이(가명)는 만 4세부터 언어치료를 받았지만 언어가 늘지 않고, 다른 사람의 눈치를 보고, 물건을 어디에 두었는지 기억하지 못하거나 부모나 선생님의 반복적인 지시가 있어야 과제 수행이 가능하여 놀이치료에 의뢰되었다. 태윤이는 만 6세경 경계선 지적기능과 주의력결핍과잉행동장애 진단을 받으면서, 약물치료, 언어치료, 놀이치료를 병행하였다. 2학년 말이 되자 지적기능이 평균 범주에 속하는 것으로 평가되면서 언어치료를 종결하였다. 초등학교 3학년 중반 무렵 TV 프로그램에서 본 주의력결핍과잉행동장애에 대해 정보를 치료자에게 설명하고, 자신의 장점과 주의력결핍과잉행동장애로 인한 불편감을 치료자에게 이야기하기 시작하였다. 그리고 집에서 동생과 놀기 위해 보드게임 만들기, 슬라임 만들기 등 생산적이고 건설적인 놀이가 나타났으며, 학업에 대한 동기가 높아지고, 방과 후에 집 주변에서 또래들과 자전거를 타기 시작하고, 부모에게 자신의 의사를 구체적으로 전달하고, 장난기가 많아지고, 또래 친구들과 노는 시간을 위해 놀이치료 시간을 변경하거나 빠지기 시작하였다. 이 시점에 치료자는 모와 아동의 주의력결핍과잉행동장애 행동양상과 가정, 학교생활에 대한 평가를 하고, 종결에 대해 합의한 후 아동과도 종결을 준비하기로 하였다. 종결과정에서 자신의 성장에 대해 태윤이는 학업이나 배우는 것이 재미있고, 자신의 성실한 면을 치료자에게 자랑하였다. 그리고 친구와의 관계에 대해 가끔 다투기도 하지만 갈등을 해결하는 것이 어렵지는 않으며, 자신과 잘 통하는 3명의 친구가 있어 즐겁다고 하였다. 그리고 종결 제안에 대해 기뻐하며, 처음 치료자와 만났던 때를 회고하고, 자신의 노력에 대해 스스로 뿌듯해하면서도 치료자를 만나지 못하는 것에 대한 아쉬움도 표현하고 시간이 되면 만나러 오겠다고 이야기하였다.

놀이치료자로서 내담 아동의 주호소 문제가 소거되고, 아동의 심리 내적인 성장을 확인하며 종결을 한다는 것은 참으로 기쁘고 뿌듯한 일이다. 위 사례의 아동이 동생과 놀기 위해 보드게임을 만든 것처럼 종결단계에서 아동의 놀이는 발달 수준에 적합하고 실생활과 연관된 것으로 아동이 현실에서 적응적, 능동적, 창의적인 자신을 발현할 수 있는 준비가 되어 있음을 나타낸다. 종결이란 놀이치료가 끝이 났다는 것 이상의 개념을 의미하며 그 과정을 중요하게 다루어 내담 아동의 독립을 준비하는 시간이다.

놀이치료에서 종결은 내담자인 아동의 의견이 먼저 존중되어야 하지만 부모와 치료자도 함께 종결 시기를 결정하는 데 참여하며, 종결에 대해서 평가할 때에도 부모의 의견이 반영된다. 내담 아동은 종결 무렵이 되면 보편적인 발달경로의 이행과 성숙을 이루고 자신의 연령에 적합한 발달과 능력을 활용하여 일상생활에서의 변화를 보이고, 놀이 주제의 변화가 나타난다. 종결은 놀이치료 과정 동안 신뢰롭고 애정적이며 안정적인 관계를 맺어왔던 놀이치료자와 관계가 종료됨을 의미한다. 아동은 놀이치료 과정에서 자신에 대한 믿음과 신뢰를 얻고, 스스로 자립할 수 있는 능력이 길러지고 이를 밑거름으로 특별한 관계를 맺었던 치료자와 이별을 경험하게 된다. 그리고 종결과정에서 아동은 자신을 이해하고 변화된 행동을 훈련하고 연습하는 일련의 과정 안에서 자신의 성장을 위한 치료 과정을 마무리하는 경험을 한다. 종결에서 일어나는 합의 과정은 삶에서 경험하는 의사결정 과정과 유사한데 이는 치료의 종결이 세상을 살면서 경험하는 수많은 이별의 재경험을 의미한다. 아동은 심리적 독립을 하고 문제 해결능력의 성장과 함께 발달과정에서의 마무리와 다음 단계를 준비하는 작업을 익히게 된다.

치료종결 시기를 어떻게 알 수 있는가

치료자는 내담 아동의 주호소 문제가 해결되고, 아동이 스스로 문제를 해결하고 발달적으로 적합한 행동양상을 보일 때 치료를 종결하는 단서로 인식한다. 놀이에서 종결 무렵이 되면 아동은 자동차, 동물, 곤충 등의 놀잇감에서 사람이 등장하고, 이 놀잇감의 관계 속에서

대화가 나타나는 자신의 연령에 적합한 일상 놀이가 증가하고, 발달과정에 적합한 놀이에 더 열중한다. 아동은 반복적이고 공격적인 놀이의 주제가 서서히 감소하고, 초기에는 내담 아동이 영웅이 되어 위험에 처한 사람들을 구하는 놀이에서 후반에는 내담 아동 본인이 다른 사람을 구하거나 다른 등장인물들이 서로 협력하고 협조하는 갈등을 극복하는 놀이가 나타난다. 아동은 표지판을 만들어 위험을 감지할 수 있게 하여 안전하지 않았던 외부 환경을 극복하고자 하는 안전과 관련된 놀이가 등장하기도 한다. 이런 놀이 주제의 변화와 함께 놀이에 임하는 아동의 태도도 변화한다. 이는 놀이의 가장 기본적인 요소인 즐거움이다. 아동은 보드게임에서 승패에 집착하지 않고 게임의 스릴을 즐기고, 실패나 좌절감을 받아들이고, 놀이를 있는 그대로 즐기는 태도를 볼 수 있다.

종결의 단서로 정서적인 변화가 나타난다. 아동에게서 이완되고 편안한 표정 등의 심리적인 안정감을 엿볼 수 있으며, 블록 만들기 놀이에서 블록이 잘 꽂히지 않거나 블록이 부서져도 "아! 다시 하면 돼요. 이렇게 바꿔서 꽂으면 돼요"라고 적응적이고 건강한 긍정적 자아를 나타내는 활동을 보인다. 아동은 유쾌한 정서가 늘어나고, 획득한 자신감을 토대로 새로운 도전과 일상에서 성공 경험이 많아지고, 실패를 하더라도 자신이 해결하려고 노력하고 있다는 것에 대해 기뻐한다. 아동은 자신의 행동에 대한 통찰이 증가하면서 충동적인 행동을 조절하려는 태도가 보이고, 자신의 감정을 언어적으로 표현하는 변화가 나타난다. 아동은 치료자뿐 아니라 부모에게 자신의 감정이나 원하는 것을 언어적으로 표현하는 일상의 변화도 확인할 수 있다. 또한 가정 이외에도 아동은 초기에는 정서적인 어려움 때문에 연령에 맞지 않는 부적절한 행동을 보였으나 일상생활이나 학교생활에서 자신의 연령에 적절한 적응하는 모습이 나타난다. 아동은 학교, 학원 등의 일상생활을 편안하게 받아들이면서 긍정적으로 적응한다. 치료자와의 관계 경험을 반복하면서 외부에서의 성인과 또래관계에서도 편안함을 볼 수 있다. 종결 시점이 되면서 아동은 치료자와 놀이실에서 만나는 것보다 외부에서 친구와 노는 것을 더 좋아한다. 그 시점이 되면 아동은 치료 시간에 친구와 약속을 잡기도 하고, 치료 때문에 친구와 함께 하지 못하는 것에 대한 불만을 표현하기도 하고, 친구의 상황을 이해하고 공감하는 태도가 나타난다.

종결단계에서 내담 아동의 진전을 점검할 수 있는 것 중의 하나인 아동중심 놀이치료에서 사용하는 진보 워크시트를 10회기 단기 놀이치료 사례를 적용하여 〈표 11-1〉과 같이 제시한다. 진보 워크시트는 치료자가 한 양식으로 여러 회기를 평가하도록 돕는다. 치료자는

표 11-1 놀이치료 진보 워크시트

아동/연령   이○○/11세   놀이치료자   이○○   첫 회기 날짜   2021. 9. 10
오늘 날짜   2021. 12 .15   회기# : 총 10기

회기 내 진보 평가

		←		→				
공격적	1, 2	4	3, 5, 9	6, 7, 8	10			공격적 행동 없음
자기주도적 놀이	1, 2, 3, 4, 5, 8	6, 7, 9, 10						놀이를 시작할 때 치료자를 의존함
낮은 에너지				7, 9	6, 8, 10	3, 5	1, 2, 4	높은 에너지
지속적인 놀이행동		9, 10		7, 8	6	4	1, 2, 3, 5	지속적인 놀이를 하지 못하고 놀이 장면을 이어 가지 못함
파괴적	1, 2, 3	4, 5		6, 7	8, 9, 10			건설적
헝클어 놓음	1, 2, 3	4, 5		6, 7, 8,		9, 10		정돈됨
말이 많음	1, 2, 3, 4, 5, 6	7, 8, 9, 10						많이 없음
제한에 적절히 반응함	9, 10	7, 8	1, 6		4, 5		2, 3	제함을 어김
놀이에 치료자를 포함함		1	8, 9, 10	2	5	3, 4	6, 7	혼자 놀기
치료자와 언어로 대화함	8	10	7, 9	4, 5, 6	1, 2, 3			말이 없거나 치료자와의 상호작용 없이 서술적으로 이야기함
놀이에 주제가 나타나고 의미가 있어보임	1, 2, 3, 5, 9, 10	4, 6, 8	7					놀이가 기계적이고 의미가 없음
감정이 관찰되지 않음				4	5, 6, 10	7, 8, 9	1, 2, 3	감정의 강도가 표현됨
긍정적인 감정(웃음, 미소, 만족함)			6, 7, 9, 10	8	4	5	1, 2, 3	부정적 감정(분노, 울음, 슬픔)
연령에 적합한 놀이	1, 2, 3, 4, 5 ,7	8, 9, 10					6	퇴행적인 놀이

숙련 놀이		9, 10		6, 7, 8		4, 5	1, 2, 3	숙련 놀이 없음
좌절을 견디기 어려움	1, 2, 3	4	5, 8	6, 9	7, 10			높은 수준의 좌절 견디기
놀이가 어려울 때도 계속 시도함		10	6, 7, 9	4, 5, 8			1, 2, 3	놀이가 어려워질 때 포기함

출처 : Ray (2010).

여러 회기를 평가함으로써 시간이 진행됨에 따라 놀이치료에서 나타난 아동의 진보적인 방향을 볼 수 있다.

놀이치료에서 종결을 결정하는 데 부모의 변화를 확인하는 것 또한 중요하다. 부모는 치료 초기에 도무지 이해가 되지 않았던 아동에 대해 이해가 증가하면서 아동을 공감하는 태도가 나타난다. 치료 과정 동안 체득한 공감, 지지, 제한 설정 등의 양육기술을 가정이나 일상에서 아동이 문제행동이나 정서적 어려움을 표현할 때 적절히 사용하는 것이 가능해지고, 부모의 양육태도가 아동에게 미치는 영향에 대한 통찰력이 증가됨을 볼 수 있다. 아동의 변화와 부모의 변화는 톱니바퀴와 같아서 부모-자녀 관계는 종결로 가는 중요한 열쇠라고 할 수 있다. 종결시점이 되면 아동이 변화하면서 부모가 편안해지고 아동에 대한 이해를 바탕으로 일관되고 안정적인 양육을 하는 경우도 있고, 반대로 부모가 아동에 대한 이해가 증가하고 일관되고 안정된 양육을 하면서 아동이 안정감을 가지는 경우도 있다. 이런 변화는 부모-자녀 관계의 개선뿐만 아니라 부모의 양육에 대한 자신감 증진으로 나타난다. 부모는 또한 아동과 함께하는 시간이 즐겁고 그 과정 중에 일어나는 갈등이나 문제에 대한 성공적인 대처와 자신감을 보인다. 아동의 문제를 해결하기 위해 놀이치료를 시작하였지만 종결기에 아동이 변화하면서 내담 아동의 집안 전체 분위기가 바뀌고, 가정 안에서 갈등이나 문제가 생겼을 때 가족구성원이 함께 해결할 수 있는 역량이 증가한다.

종결을 어떻게 하는가

종결은 종결 단서들을 인식한 치료자가 제안할 수 있고, 내담 아동이나 부모가 종결을 제안할 수 있다. 치료자는 종결을 제안할 때 먼저 아동의 주호소 문제 해결과 치료 목표 달성,

놀이 주제, 일상생활의 변화, 부모의 변화와 일상생활 대처, 부모의 자원과 역량, 치료에 대한 부모 만족도를 탐색해야 한다. 종종 치료자는 역전이가 생기거나 치료의 진전이 더딜 때 치료의 종결에 대한 욕구가 일어날 수 있다. 이때 치료자는 객관적인 평가 자료나 종결 준비 목록을 만들어 타당한 근거를 바탕으로 종결을 준비해야 한다.

간혹 내담 아동이 종결을 제안하는 경우가 있는데 대부분 초등학교 고학년이나 청소년이다. 이들은 가정에서 부모와 이야기하고 난 후에 치료자에게 종결을 제안하기도 하지만 대부분은 부모가 종결을 제안한다. 놀이치료에서는 부모가 아동을 놀이치료에 의뢰하고, 정보를 제공하고, 비용을 지불하며, 치료 일정과 과정을 결정하는 경우가 대부분이다. 부모는 의뢰 사유가 해결되었다고 생각이 들 때 종결을 제안하지만, 치료에 대한 불만, 부모의 개인적인 문제, 아동에 대한 전이 감정, 비용에 대한 어려움, 이사 등과 같은 다양한 이유로 종결을 제안할 수 있다.

치료자는 종결 회기를 시작할 때 초기에 가지고 온 아동의 주호소 문제에서 변화된 아동의 모습을 설명하며 정서적으로 지지한다. 다음은 아동에게 종결에 대한 정보를 이야기하는 예시이다.

> "네가 처음 선생님을 만났을 때 너의 생각을 다른 사람들에게 전달하는 것이 어렵고, 그 모습을 보고 친구가 무시하는 것 같아서 속상하다고 하였는데, 학기 초에 새로운 친구들을 만나서 친해지고, 가끔 다툼이 생길 때 너와 친구의 의견을 조율하는 자신에 대해 뿌듯하고 스스로 너의 성장을 확인하는 모습이 대견하구나. 이제 선생님한테 네가 친구와 자전거 타고 놀기 위해 치료를 하루 쉬고 싶다고까지 하는 것을 보니 대부분의 시간을 즐겁고 만족스럽게 보내는구나. 그래서 우리가 언제까지 만나면 될지 이제 생각해보면 좋을 것 같아. 네 생각은 어때?"

치료자는 어린 아동이나 발달장애 아동의 경우에는 아동이 이해할 수 있는 수준으로 종결을 제안해야 한다. 특히 발달장애 아동의 경우에는 아동이 이해할 수 있는 수준의 언어로 내용을 단순화하고 종결 날짜를 시각화하고, 여러 회기 반복하여 종결에 대해 이야기하여 아동이 종결에 대해 인식할 수 있도록 한다.

"네가 이제 '좋아요', '싫어요' 이야기할 수 있구나. 어른에게 도움도 요청할 수 있구
나. 화가 나도 이렇게 다시 할 수 있구나. 네가 많은 것을 혼자서 할 수 있게 되었구나.
이제 우리는 세 번 더 만나고 마지막 놀이시간을 가질 거야."

치료종결을 제안 후 치료자는 우선 부모와 종결에 대해 합의를 하고 그 내용을 아동에게
설명한다. 그다음 치료자는 아동과 부모와 종결을 위한 치료의 성과, 긍정적 감정, 종결 후
예상되는 이슈에 대한 대처방안을 함께 모색하고 치료자, 내담 아동, 부모가 종결에 합의하
게 된다. 그런 다음 종결 횟수를 결정하는 종결 합의 과정을 진행한다.

아동이 종결에 대해 쉽게 수용하는 경우도 있지만 관계의 어려움이 있었던 아동의 경우
종결에 대한 아쉬움을 표현하는 경우가 많다. 치료자는 그동안 신뢰롭고 애정적이며 안정
적인 관계를 맺어 온 치료자와의 이별에 대한 아동의 감정을 다루어 안정적이고 건강한 상
실을 경험하게 해야 한다. 아동은 치료실에 더 이상 못 온다는 생각에 불안해하며 일시적으
로 치료를 거부하거나 퇴행 행동이 나타나기도 하기 때문에 치료자는 아동의 이러한 감정
을 다루어주어야 한다. 아동과 마찬가지로 부모 역시 종결에 대한 불안을 보일 수 있다. 치
료자는 부모가 독립할 수 있도록 부모의 감정을 공감하고, 치료 과정 동안 보여왔던 부모의
노력을 격려하여 충분히 스스로 자녀를 양육할 수 있음을 지지해 주어야 한다. 그리고 내담
아동과 부모에게 종결 후에도 다시 만날 수 있으며 추후 상담에 대해 설명한다.

치료자는 마지막 회기의 3~4회기 전부터 아동에게 종결에 대해 알린다. 아동에게 더 긴
시간은 다가오는 분리에 대해 불안감을 증가시킬 우려가 있고, 특히 연령이 어린 아동, 발
달장애 아동은 긴 시간에 대해 혼란스러움을 느낀다. 반면 너무 짧은 시간은 아동으로 하여
금 정서적 분리에 대하여 준비할 시간을 주지 못한다. "알았어요"라고 대답하고 다시는 종
결에 대해 묻지 않거나 마지막 회기에 슬픔이나 아쉬운 표현 없이 그저 간단하게 손을 흔들
며 치료자에게 인사를 하기도 하는 아동의 반응은 가끔 단순하여 치료자를 놀라게 하기도
한다. 하지만 이러한 반응은 발달적으로 적절하다. 이것은 아동이 독립할 준비가 되었음을
나타내는 것이다.

종결 회기에 '종결 파티'나 '종결 선물'을 하는 경우가 있는데 사실 치료자와 내담 아동에
게 종결 회기는 그 자체만으로도 이별의 의미가 있는 시간이다. 특히 초보 놀이치료자일 때
의례적으로 종결 파티나 선물을 제공하는 경우가 많은데 치료자는 종결 시 파티나 선물을

제공해야 한다면 그 의미를 되짚어 볼 필요가 있다.

　놀이치료의 종결이 항상 치료자, 부모, 아동과 합의 과정을 거쳐 적절하게 이루어지는 것은 아니다. 부모에 의해 원치 않게 종결하게 되거나 사전 예고 없이 갑작스럽게 종결하게 되는 경우, 상황상 단기치료를 할 때에도 깊이 있게 종결을 다루도록 해야 한다. 가능하다면 치료자는 갑작스러운 종결로 내담 아동에게 미칠 수 있는 부정적 영향에 대해 설명하고 최소한의 종결 회기를 가질 수 있도록 해야 한다. 만약 종결 회기를 가질 수 없다면 전화를 활용하여 아동의 종결을 다룰 수 있을 것이다. 내담 아동이 자신의 잘못으로 종결을 하게 된다고 생각할 수 있으므로 반드시 종결하는 이유를 설명하고 아동이 부모나 치료자에게 수용받는 느낌을 갖도록 하는 것이 중요하다.

　치료 과정 동안 내담 아동의 삶을 이해하고 공유하고 강한 정서적 유대를 경험한 치료자에게도 종결은 중요한 의미가 있다. 내담 아동과 힘든 시기를 보내며 도움을 주고받는 좋은 양육자에서 더 이상 필요없는 존재로 여겨지는 것은 치료자에게 있었던 상실 경험을 연상시킬 수 있다. 치료자는 자신이 가진 이러한 문제들을 직면하고 개인 상담이나 슈퍼비전을 통해 자신의 문제를 해결해야 할 것이다.

종결 회기를 위한 놀이치료 활동

종결을 준비하는 시간이 제한될 때 구조화된 기법을 사용하는 것도 유용하다. 계획된 종결과 같이 치료 과정 중에 작업한 내용에 대해 아동, 부모와 함께 이야기하고, 치료에서 아동의 성과, 이별하는 것에 대한 느낌, 상실 주제를 다루기 위해 구조화된 기법을 이용한다. 아동이 치료 과정에서 배운 것을 내면화하도록 돕고, 치료에 대한 상징물로 간직할 수 있는 무언가를 만드는 작업을 하는 것도 도움이 된다. 치료자는 종결과정에 아동을 적극적으로 참여하도록 하고 종결을 긍정적인 경험으로 재구성하여 아동이 이전에 겪었던 상실 경험과 이 의미 있는 종결을 구별할 수 있게 도와야 한다.

　치료자, 내담 아동, 치료자가 합의한 종결에서도 구조화된 기법을 사용할 수 있는데, 이는 헤어지는 과정에서 아동 자신이 적극적인 참여자라는 메시지를 전달하고 아동에게 작별을 준비할 기회를 준다. 구조화된 활동은 아동이 다가오는 종결을 실감하게 하고, 새로 발견된 지식, 이해, 기술을 자기 것으로 만들고 통합할 수 있도록 돕는다. 또한 아동의 성취를 강화하고 자부심을 불어넣는다. 다음은 놀이치료 기법(Schaefer & Cangelosi, 1993)에 나오는 종결회기를 위한 활동들이다.

달력 만들기　종결 날짜가 정해져 있는 경우 종결에 참여하고 준비할 수 있도록 돕는 활동으로 아동과 함께 달력 같은 것을 만들 수 있다. 이런 접근은 발달장애 아동이나 어린 아동에게 유용하고, 마지막 치료 회기까지 남은 날짜를 아동에게 상기시켜 주기 위한 것으로 주 단위로 만들어 사용한다.

사진 찍기　상실의 주제를 다루는 활동으로 놀이실이나 치료자와 아동이 함께 사진 촬영을 할 수도 있다. 시각화되고 구체적인 사진은 외상적 상실의 경험을 가진 아동뿐 아니라 발달장애 아동의 내면화의 과정을 촉진하는 데 유용하다.

치료실 장면 그리기　아동이 기억하기 원하는 치료실 장면을 생각하도록 유도한 후 그것을 그리게 하는 방법이 있다. 이것은 치료 과정 동안의 아동의 내적 경험에 대해 서로가 이해할 수 있게 해주고 무엇이 가장 아동에게 중요하였고 도움이 되었는지를 표현하도록 촉진해 줄 수 있다.

손 그리기　아동의 손을 그리고, 그 옆에 치료자의 손을 그린다. 그림을 2개 복사하고 아동과 치료자 각각 두 장의 그림을 나누어 간직한다. 이런 실제적인 '기념물'은 아동이 치료자를 기억하고 싶거나 지지가 필요할 때 언제든지 꺼내서 볼 수 있다.

기억 상자 만들기　기억 상자를 만드는 것도 효과적이다. 아동은 상자를 골라서 장식하고 특별한 교훈이나 느낌, 대처기술, 추억을 묘사하는 그림을 그리거나 원하는 단어를 잡지에서 오려서 채워 넣는다. 비슷한 방법으로 콜라주가 사용될 수 있다.

갑옷 그림, 종이봉투 기법　갑옷 그림, 종이봉투 기법은 아동이 자신을 이해하고, 습득한 지식과 기술을 통합하는 활동으로 유용하게 쓰일 수 있다. 4~6개 부분으로 나누어진 갑옷 그림은 아동과 치료 과정 동안 다루었던 주제, 교훈, 획득된 대처기술 등을 다룰 수 있다. 주제를 먼저 의논한 다음, 아동은 이와 관련된 이슈나 교훈을 묘사하는 그림을 그린다. 이런 과정을 통해 아동은 자신이 대처기술을 내면화하였고, 원한다면 언제든지 사용할 수 있다는 것을 깨닫게 되고, 치료에서 아동이 배워 온 것에 대해 아동과 치료자가 자연스럽게 대화를 나눌 수 있도록 한다. 종이봉투 기법은 아동에게 장식할 수 있는 봉투를 주고, 아동의 감정, 문제, 좌절, 좋음과 싫음을 다룰 때 배웠던 기법이나 대처기술을 잡지를 오린 것이나 글 또는 그림으로 표현해 보도록 하는 것이다. 완성하면 봉투에 담아 집으로 가져가게 한다. 이 봉투는 아동의 외적 창조력과 내적 이해 및 지식에 대한 기념물이 된다. 콜라주도 유사한 방식으로 사용될 수 있다.

놀이치료자는 객관적인 평가에서 특정한 증상이나 행동이 사라지거나 보통의 범주에 속할 때 치료의 종결을 생각한다. 아동이라는 대상의 특성, 발달, 아동의 놀이에 대한 이해와 치료 과정에서 나타나는 놀이 주제의 의미를 파악하는 것이 놀이치료 종결의 시작점이다. 치료자가 종결을 알아차리는 것은 한순간에 일어나는 일이 아니다. 치료자가 내담 아동의 변화를 이해하고 내담 아동과 부모와 함께 의논하는 과정에서 이루어진다. 이 과정에서 종결의 단서들이 보이더라도 치료자는 섣불리 종결 절차를 밟지 말고 종결 과정을 이해하기 위한 신중한 태도를 가져야 한다. 이 시간 동안 치료자는 종결 이후의 내담 아동의 삶을 고민하고, 경험이 더 많은 치료자에게 조언을 구하고 수퍼비전을 받으며 종결에 대한 객관적인 정보를 수집하여 임상가로서 전문적이고 안정적인 종결이 되도록 해야 할 것이다. 종결은 놀이치료 회기, 가정, 그리고 학교에서 아동에 대한 총제적인 개념화를 모두 종합하는 전인적인 면을 다룬다.

부모 상담

초보 놀이치료자에게 가장 힘든 부분 중의 하나는 부모 상담이다. 놀이치료는 아동을 대상으로 하지만 놀이치료에 의뢰되고 놀이치료 시작에서부터 종결까지 부모의 의사결정이 중요하기 때문에 부모의 협조는 필수적이다. 놀이치료자는 놀이치료에 부모를 참여시키고, 놀이치료 과정의 부모 상담에서 무엇을 다루어야 하는지에 대한 이해가 있어야 한다. 특히 초보 놀이치료자의 경우 부모 상담의 경험 부족과 부모의 부정적 정서에 대한 대처가 미숙하고, 치료자로서의 낮은 효능감 때문에 부모 상담에 대한 어려움과 부담을 느끼는 경우가 많다. 또한 발달장애 아동과 같이 아동에게 개인적인 특별한 이슈가 있는 경우 부모가 아동의 문제를 인정하고 수용하기까지 오랜 기간이 걸리는 경우가 많기 때문에 부모 상담에 대한 부담감은 더욱 커진다.

놀이치료에서 부모 상담은 놀이치료라는 과정이 어떻게 효과적으로 아동을 도와줄 것인가에 관련된 치료자와 부모 간의 이해 증진과 협조에 초점이 맞추어진 작업이다. 즉, 부모 상담의 목적은 아동의 부적응 행동이나 심리적 어려움은 부모와 밀접한 관련이 있기 때문에 아동의 치료 효과를 높이기 위해 부모를 지지적인 협력자 역할을 하도록 하는 것이다.

놀이치료실에 오기까지 부모는 아동의 문제가 해결되리라는 희망을 품기도 하지만 화를 내거나 저항하기도 하며 불안하고 걱정하기도 한다. 부모가 어떠한가와 관계없이 놀이치료를 하려면 부모의 동의가 필요하고, 부모가 놀이치료를 지지하고 치료에 참여한다면 부모의 아동에 대한 이해의 폭이 증가되고, 치료의 효과는 극대화될 것이다.

부모 상담의 시작

부모와의 첫 만남은 대부분 전화로 상담 약속을 정하고 부모는 아동에 대한 문제와 부모의 대처 방법에 대한 자세한 이야기를 하려고 한다. 이때 치료자는 부모를 공감해야 한다. 간혹 전화 면담에서 부모는 아동의 문제를 어떻게 다루어야 할지에 대한 정보를 묻기도 하는데 치료자가 부모나 아동을 만나거나 관찰하지 않은 상태에서는 정보가 부족하므로 조언을 하는 것은 주의해야 한다.

아동이 놀이치료에 의뢰되면 치료자는 먼저 부모와 면담을 통해 많은 정보를 얻게 되고 부모가 놀이치료를 잘 이해할 수 있도록 한다. 아동의 의뢰 사유, 정서적·행동적 상태, 생육사나 가족의 역동, 가족력 탐색, 또한 부모의 원가족에 대한 탐색을 통해 아동에게 미치는 모든 환경적 영향을 파악한다. 아동 문제의 원인에 대한 보다 심층적인 이해를 바탕으로 부모의 놀이치료 참여를 이끌어낼 수 있는데 이는 질문보다 라포 형성을 통해서 이루어진다. 초기 면접에서 분명한 공감을 표현하는 것은 결정적인 역할을 하기 때문에 치료자는 부모의 반응 밑에 깔려있는 의미를 파악하고 아동으로 인한 어려움에 민감하고 반응적으로 대하는 것은 중요한 전략이다. 치료자는 부모의 감정을 반영하면서 상담을 시작해야 한다.

부모의 감정을 공감하고 수용하는 것은 라포를 형성하는 데 효과적이다. 치료자는 부모가 아동을 설명하기 위해 사용하는 언어가 구체적으로 어떤 의미인지 물어봐야 한다. 예를 들어, 만약 부모가 "유치원에서 다른 친구들을 밀고, 물어요"라고 한다면 "걱정이 많이 되시겠어요. 어떤 상황에서 아이가 다른 친구를 밀거나 물었나요?"라고 구체적으로 확인해야 한다. 치료자는 부모가 사용하는 단어와 내용을 구체화함으로써 아동의 문제에 대한 부모 인식을 더 잘 알게 되고, 언어발달이 느린 아동은 행동으로 자신의 의사를 표현하기도 하기 때문에 부모는 치료자의 질문에 재진술하는 과정에서 아동의 행동에 내포되어 있는 의미를 파악할 수 있다. 치료자는 첫 면담에서 반영하기와 공감하기 기법을 사용하여 라포를 형성하고, 질문-반응-반영의 순환을 통해 의미 있는 많은 정보를 확보할 수 있다.

놀이치료에 대해 설명하기

놀이치료에서는 부모의 협조가 필수적이기 때문에 부모에게 놀이치료가 무엇인지를 이해시키는 것은 치료자가 해야 할 가장 중요한 일 중 하나다. 부모는 육아서, 인터넷, 미디어 등의 여러 매체를 통해 놀이치료에 대한 정보를 얻고, 놀이치료에 대해 '노는 것, 스트레스 해소, 심리적 안정감, 놀이하는 방법을 가르치는 것' 등으로 인식하는 경우가 많다. 만약 부모가 놀이치료가 무엇이고 놀이치료가 아동에게 어떻게 적용되고 어떤 효과가 있는지에 대한 이해가 부족하다면 놀이치료에 대해 신뢰감을 갖지 못하고 부정적인 감정이 생길 수 있다. 치료적 동맹자로서의 부모역할에 영향을 줄 수도 있다.

치료자는 초기면접에서 놀이치료와 놀이치료의 목적을 설명하고 비밀 유지와 정보 공유, 부모로서 준비해야 할 것이 무엇인지를 적절히 안내한다면 부모는 치료자를 신뢰하고, 훌륭한 협력자가 될 것이다. 다음은 부모에게 놀이치료를 안내하는 예시이다.

> "아이가 학교에서 적응하지 못해서 걱정이 크시죠. 커가면서 대부분의 아동은 적응상의 어려움을 겪습니다. 아동 때문에 겪는 어려움을 언어로 다 표현하시기가 난감하신 것처럼 아이는 내부에서 일어나는 감정이나 자신이 생각하는 것을 언어로 어떻게 표현해야 하는지 잘 모르기 때문에 행동으로 나타냅니다.
>
> 놀이치료는 아동이 말로 표현하기 어려워하는 것을 놀이를 통해 표현할 수 있습니다. 아동은 자신을 이해해주는 치료자에게 자신이 어떻게 느끼는지를 말하거나 놀이를 하며 편안함을 느낍니다. 왜냐하면 놀이를 하면서 자신을 표현하였기 때문입니다. 놀이치료는 아동을 위한 것으로 놀이하는 방식이나 놀이치료실에서 하는 일은 매우 중요합니다. 놀이치료에서 아동은 건설적인 방식으로 자신의 사고와 감정을 표현하는 법, 행동을 통제하는 법, 의사를 결정하는 법, 책임을 수용하는 법을 배웁니다."

부모가 아동에게 놀이치료에 대해 다음과 같이 설명하도록 안내한다.

> "네가 학교에서 잘 지내지 못하는 것 같아서(또는 문제와 연관된 기타 일반적인 설명을 해 줄 수도 있다) 엄마가 너를 도와주고 싶은데 엄마도 잘 몰라서 너와 같이 전문가 선생님한테 도움을 받으려고 가는 거야. 엄마도 공부하고, 너도 거기 있는 놀이 선생님과 함께 지내는 시간이 도움이 될 거야."

놀이치료에 대해 설명한 후 부모에게 비밀 보장에 대해 아래의 예와 같이 설명한다.

"놀이치료는 아동에게 특별한 개인적인 시간이에요. 아동이 부모에게 보고해야 할 필요를 느껴서는 안 됩니다. 놀이치료에서 보인 아동의 전반적인 특성을 어머님과 이야기 할 수 있지만 아동이 한 말이나 행동을 구체적으로 말할 수는 없어요. 만일 어머님께서 상담하러 와서 나눈 이야기를 나중에 남편 분이 알고 있다면 어떻겠어요. 놀이치료는 비밀이 보장되는 시간이기 때문에 치료가 끝난 후 아동에게 "어땠니?" 또는 "재미있었니?"라고 묻지 말아주세요."

놀이치료가 끝난 후 아동에 대한 부모의 반응을 다음과 같이 안내한다.

"놀이치료실에서 물, 물감, 모래 등 다양한 매체를 사용하기 때문에 더러워져도 괜찮은 옷을 입혀 주세요. 옷에 물감이 묻어 있어도 놀라거나 "조심하지"라며 비난하지 마세요. 그러면 아동이 옷이 더러워질까 봐 잘 놀지 못할 수도 있어요. 그리고 아동이 그림 같은 자신이 만든 작품을 집에 가져갈 수도 있는데 만약 어머님께서 그 작품을 칭찬한다면 어머님을 위해 또 만들어야 한다고 생각할지도 모릅니다. 그냥 작품을 보고 "색종이로 만들었구나"라고 이야기 해주세요."

놀이치료 회기 후 부모 상담

일반적으로 놀이치료는 아동 40분, 부모 10분으로 총 50분의 시간이 소요된다. 놀이치료가 시작되면 부모는 10분의 상담을 통해 치료 과정에 참여하게 된다. 치료자는 아동과 아동 행동에 영향을 미치는 요인들 그리고 아동 놀이에 숨겨진 의미에 대해 더 많은 정보를 얻고, 부모에게 여러 가지 제안이나 과제를 내줄 수도 있다. 또 치료 목표를 달성하는 데 부모의 책임을 증가시킨다. 매주 10분간의 부모 상담은 한 주 동안의 주요 사건 공유, 회기 놀이 공유, 과제 확인 및 제시의 세 가지 단계로 구성된다.

먼저 한 주 동안의 주요 사건을 공유할 때 치료자는 부모의 이야기를 듣고 아동이 왜 그런 행동을 하였는지 부모와 같이 탐색해봄으로써 아동에 대한 이해를 높일 수 있고, 부모는 아동을 이해하는 방법을 습득하게 된다. 만약 부모가 한 주 동안 자녀와 있었던 사건 때문에 슬프거나 화가 나 있다면 그 회기 이전에 전화하도록 해야 한다. 부모가 부모 상담을 하고 나와서 혼란스러운 모습을 보이면 아동은 부모 상담이 '고자질'이나 부정적 방법으로 자신에 대해 보고하여 아동을 처벌하는 시간으로 생각할 수 있다. 치료자는 주요 사건에서 부모-자녀 관계의 긍정적·부정적 측면을 함께 나누도록 격려하고 부모를 지지하고 수용하고 경청해야 한다.

회기 놀이 공유 시 치료자는 부모에게 놀이에서 나타난 아동의 심리·정서적 상태 및 특징을 설명한다. 반복적으로 유지되고 되풀이되는 놀이 행동은 아동의 긴장, 불안, 안정감 등의 심리상태를 나타내기도 하고, 아동의 놀이 내에서 어떤 주제를 암시하기도 한다. 치료자는 이 놀이 뒤에 숨겨진 의미를 찾아가면서 아동이 세상을 이해하는 방식을 이해하게 된다. 이렇게 이해된 놀이 주제와 세상을 이해하는 아동의 방식은 부모 상담에서 부모와 공유할 수 있는 의미 있는 정보를 제공하고, 관련된 적합한 과제를 부모에게 제시하는 데 기초가 된다. 발달이 늦거나 장애가 있는 아동의 경우에 치료자는 놀이에서 나타나는 현재 아동의 신체적·인지적·정서적·사회적 영역 발달 수준을 파악하고, 아동이 놀이 경험을 어떤 방식으로 조직화하여 경험하고 있으며 이를 토대로 아동의 현재 문제행동과 일상생활과 연결해 봄으로써 부모의 아동에 대한 이해 증진과 아동 발달 수준에 적합한 양육기술을 가르쳐야 한다. 또한 치료자는 발달이 늦거나 장애가 있는 아동의 부모에게 발달을 방해하고 있는 요소를 알리고, 아동의 장애를 수용하고 그 특성을 이해할 수 있도록 도와야 한다. 놀이 주제를 찾고, 근본적인 이슈를 해석하는 것은 매우 복잡한 일이다. 치료자가 아동에 대한 이해나 반복된 놀이나 행동을 이해할 수 없다면, 부모에게 아동의 놀이 행동을 명확히 설명하는 데 도움이 될 만한 질문을 할 수도 있다.

과제는 치료자가 놀이치료실에서 관찰하고 이해한 아동의 심리상태, 놀이 주제, 아동의 내적 세계 등과 부모가 이야기한 집에서의 유사한 생활을 바탕으로 하여 제시한다. 치료자는 부모가 양육기술을 습득하도록 돕기 위해서 반영적 경청, 격려, 제한 설정을 부모의 수준을 고려하여 세분화하고 점진적으로 과제로 제시할 수 있다. 또 부모와 자녀의 관계를 증진하기 위한 과제로 아동과 함께하는 놀이 활동을 제시할 수 있고, 발달이 늦은 아동을 위해서 각 발달 영역을 촉진할 수 있는 다양한 놀이 활동을 제시할 수도 있다.

매주 회기마다 부모를 만나는 것이 이상적이다. 이 시간은 대부분 아동의 놀이치료 이후 10분이 되는데 상황에 따라 시작 전에 시간을 가질 수도 있다. 그러나 부모 이외의 친인척이나 활동보조 도우미 선생님이 오는 경우에는 매 회기 부모 상담이 불가능하다. 이럴 경우 치료자는 전화 통화를 하거나 전체 회기에서 몇 주마다 한 번씩이라도 부모를 만나도록 노력해야 한다. 초기 몇 회기가 지난 후에도 10분간의 면담이 부족하면 그 이유를 탐색하고 그 문제를 더 다루어야 한다. 그리고 치료자는 근원적인 가족체계 문제인지 살펴보아야 한다. 부모는 가족체계에 대한 통찰력이 증가하고, 저항이 감소되고 부모의 근원적인 문제 인식이 증가하면서 치료를 더 신뢰하게 된다.

또 아동 문제의 원인이 부모 자신의 문제나 부부관계의 문제라고 판단되면, 이 이슈가 부모 상담 10분의 주제로 많은 시간을 소요하게 될 때 치료자는 부모 자신을 위한 개인 상담이나 부부 상담을 권유할 수 있고, 가족의 역기능이나 가족 구성원 간의 관계에 문제가 있어서 가족 전체의 상담이 필요할 경우 가족치료를 제안할 수 있다. 그리고 부모가 양육기술에 대한 지식과 실행이 부족한 경우에는 부모역할 훈련을 제안할 수 있다.

부모교육 및 훈련

치료자는 부모교육 및 훈련 프로그램에 대한 지식을 갖고, 부모의 양육기술을 증진시키고 아동의 성장과 발달을 올바르게 이해하도록 도와야 한다. 반영적 경청, 격려, 제한 설정은 부모 양육기술 훈련에 지속적으로 사용되고 있으며, 치료자에게도 부모 상담 시 중요한 기법이다. 다음에서 반영적 경청, 격려, 제한 설정과 부모 훈련 프로그램에 대한 간단한 설명을 살펴보자.

반영적 경청

자녀에 대한 진정한 경청은 자녀가 말하고 있는 것뿐 아니라 말하지 않는 것의 숨겨진 감정까지도 함께 확인하는 것을 말한다(Guerney, 1988). 자녀의 말을 경청할 때 부모는 자녀의 감정을 인식하여 알고 있음을 자녀에게 알려주는 것이 필요하다. 이것은 자녀와 자녀의 감정에 대한 수용이자 인정이기도 하다. 부모는 자녀에게 거울과 같은 존재로, 자녀가 자신을 좀 더 명확하게 볼 수 있게 해주며 자신의 감정과 스스로에 대해 좀 더 이해할 수 있도록 하는 역할을 한다. 반영적 경청은 아동이 느끼는 감정과 의미를 알고 아동이 이해받고, 수용

표 12-1 반영적 경청의 예시

	아동			부모	
	엄마! 애들이 저랑 안 놀아줘요(소리를 지르며).			친구들과 놀고 싶은데, 친구들이 안 놀아줘서 화가 났구나.	
지각한 현실	아이들이 나와 놀아주지 않는다.	언어적 표현 → 비언어적 표현	아동이 지각한 현실	아이들이 나와 놀아주지 않는다.	
의도	아이들과 놀고 싶다.	번역·해석	아동의 의도	아이들과 놀고 싶다.	
기분	화가 난다.		아동의 기분	화가 난다.	

되었다고 느낄 수 있도록 말로 표현해주는 것을 말한다.

반영적 경청은 아동이 자신을 보다 명확하게 볼 수 있도록 하는 일종의 거울 역할을 한다. 반영적 경청은 언어적·비언어적인 행동 모두를 포함하는 역동적인 과정이다. 반영적 경청은 공감적 반응을 포함하고 있는데, 이것은 아동의 경험을 인정하고 수용하는 것을 의미한다. 이것은 어떤 새로운 내용이나 의견을 전하는 것이 아니며, 조언을 해주는 것도 아니다. 다시 말해서 반영적 경청은 아동에게 자신의 감정 및 의도에 대해 피드백을 주는 것을 의미한다.

격려

격려는 자녀의 자아 존중감을 키우는 핵심적인 요소가 될 수 있다. 하지만 격려는 섬세한 기술이 요구된다. 격려의 가장 중요한 한 가지 원칙은 자녀의 성격과 개인적인 특성이 아닌 자녀의 노력과 성취에 대해서만 격려하는 것이다. 다음은 아들러가 이야기한 격려의 예이다(Kottman & Meany-Waleu, 2016).

- 아동의 능력에 대한 신념 보이기

  "혼자서 그걸 알아냈구나.", "줄넘기 하는 법을 배웠구나. 지난주에는 줄이 발에 걸렸는데 이번 주에는 걸리지 않고 줄넘기를 하는구나."

- 노력 인정하기

  "와! 스스로 할 수 없을 거라고 생각했지만 시도를 해 봤구나.", "네가 원하는 대로 줄이 똑바르지 않아서 실망한 것처럼 보이네. 네가 원하는 대로 되지 않을 때도 있지. 그래도 괜찮아."

- 강점과 자산에 집중하기

  "무엇을 하겠다고 결정하고 나면 쉽게 포기하지 않는구나.", "물감을 가지고 무엇을 하고 싶은지 정확하게 알고 있구나.", "자기 자신을 확실히 알고 있네. 무엇을 할지 결정할 때 스스로 원하는 바를 잘 알고 있는 것 같구나."

제한 설정

제한 설정은 아동의 욕구를 이해하고 수용하고 의사소통을 촉진하고, 제한을 분명히 하고, 수용 가능한 대안 행동을 제시하기 위해 A-C-T 단계를 실시한다(Landreth, 2012).

1단계 : 아동의 감정, 소망, 욕구을 인정하라(Acknowledge, A)

아동의 감정이나 원망에 대한 이해를 언어화하는 것은 아동의 동기를 수용하고 있음을 전하는 것이다. 이것은 중요한 단계인데, 아동이 놀이 활동으로 표현된 감정을 가지고 있으며, 이 감정은 수용 가능하다는 사실을 인식하는 것이기 때문이다. 감정에 대한 공감적 이해를 말로 표현하는 것은 감정의 강도를 약하게 만든다. 이것은 특히 화가 났을 경우에 더 그러하며 아동의 행동을 수정하기 위해 필요한 모든 것이다. 감정은 일어난 즉시 반영되어야 한다.

2단계 : 제한을 전달하라(Communicate, C)

제한은 구체적이어야 하며, 정확히 무엇을 제한하는지를 분명히 설명해야 한다. 무엇이 적절하고 적절하지 않은지, 또는 무엇이 수용 가능하고 불가능한지에 대해 아동의 마음속에 의심이 없어야 한다. 모호한 또는 불분명한 제한은 아동이 책임을 받아들이고 책임지는 능력을 방해한다. 따라서 "텔레비전 너무 많이 보면 안 돼"와 같은 진술은 부적절하다. 그러한 설명은 분명하지 않으며, 특히 어떤 것을 '조금'하고 있다고 생각하는 아동에게는 더욱 그렇다. 부모는 이 단계를 항상 순서대로 지킬 수는 없다. 아동이 망치를 창문에 던지려고 하는 긴박한 상황에서는 우선 "창문에 망치를 던져서는 안 돼"라고 말하고 나서 "망치를 창문에 던지고 싶어 하는구나"라고 반영한다. 이 예에서는 감정이 분명하지 않으므로 아동의 바람을 반영하였다.

3단계 : 수용할 수 있는 대안 목표 정해주기(Target, T)

아동은 자신이 느낀 것을 표현할 수 있는 방법을 항상 알 수 있는 것은 아니다. 그 순간에 아동은 자기를 표현할 한 가지 방법만을 생각할 수도 있다. 이 단계의 제한 설정 과정에서 부모는 아동이 하려는 원래 행동 대신 할 수 있는 대안을 제시한다. 이것은 아동에게 여러 가지 대안을 제시하는 것이다. "식탁은 올라가는 곳이 아니야. 네가 의자나 쇼파 위에 올라서는 것을 선택할 수 있어"라고 대안을 정해 준다. 아동의 이름을 부르는 것은 아동의 주의를 집중하는 데 도움이 된다.

부모 훈련 프로그램

부모-자녀 관계치료

CPRT(Child Parent Relationship Therapy, 부모-자녀 관계치료)는 1980년대 후반 Landreth와 Bratton에 의해 개발되었으며 부모를 치료의 동반자로 훈련하여 놀이 회기에 대한 직접적인 설명과 시범을 보여주는 접근방법으로 부모-자녀 놀이치료를 10회기로 구조화한 것이다. CPRT는 부모에게 아동중심 놀이치료 기술과 기본 원칙, 반영적 경청, 아동의 감정을 인식하고 그에 대하여 반응을 보여주는 일과 치료적 제한 설정, 아동의 자아존중감 형성을 도와주는 일을 가르쳐 주고, 특별히 선별한 놀잇감을 가지고 부모가 일주일에 1회씩 자녀에게 놀이 회기를 구조적으로 실시하는 것이다.

치료놀이

치료놀이(Theraplay)는 놀이를 통해 부모-유아, 부모-아동의 관계를 보다 구조화시키고 집중적이고 적극적으로 접근하게 하는 단기 치료기법이다(Booth & Jenberg, 2010). 치료놀이의 기본 목표는 공감적 분위기를 조성하여 건강한 부모-자녀관계를 만드는 것이며, 구성요인은 구조화, 도전, 몰입, 양육, 즐거움으로 되어 있다. 즐거움은 특정한 영역이라고 하기보다는 전체적으로 즐겁고 자발적이며 명랑한 분위기에서 진행된다는 것이다. 치료놀이는 이러한 요인 중에서 하나 이상의 구성요인의 즐거운 활동에 초점을 맞추고 아동과 놀이치료자, 궁극적으로 아동과 부모 사이의 능동적이고 정의적인 관련성을 창출하는 것이다. 치료놀이 부모훈련은 부모-아동의 상호작용을 MIM으로 평가하고 이를 바탕으로 아동과 치료자는 치료놀이를 실시한다. 해석치료자는 부모와 치료놀이 회기를 관찰하면서 부모 교육 및 부모 상담을 진행한다. 그리고 부모는 치료놀이를 아동과 직접 실시할 수 있도록 훈련 과정을 가진다.

안정성의 순환개입

애착이론을 기반으로 한 COS(The Circle of Security Intervention, 안전성의 순환개입)는 Powell, Cooper, Hoffman, Marvin(2014)에 의해 개발되었으며, 아동의 탐구심과 자율성을 촉진시키는 부모의 중요한 능력을 발달시키기기 위해 부모에게 자녀와 안정애착을 맺는 방법을 훈련한다. COS는 양육자가 아동의 욕구를 인식하고, 부모의 반응이 아동의 욕구와 만나는지 아닌지에 대한 인식을 증가시켜 아동의 정서적 욕구에 좀 더 적절히 대응하고, 좀 더 빠르게 반응하도록 돕는다. COS는 20회기 집단치료 프로그램으로 소개 및 안정성 순환의 이론을 안내하기(1~2회기), 사용되지 않던 양육능력을 발견하기 위해 낯선상황절차(Strange Situation Procedure, SSP) 사정을 통해 편집된 비디오 검토하기(3~8회기), 내적작동모델과 제한된 순환에 대해 인식하기(9회기), 더 안정적 전략을 위한 고정핀을 확인하기와 SSP 사정을 통해 편집된 새로운 비디오 검토하기(10~15회기), 마지막 검토를 위해 수정된 낯선 상황 기록하기(16회기), 행동에서 긍정적 변화를 축하하기 위해 수정된 SSP를 통해 편집된 비디오 검토하고 축하 졸업(17~20회) 등으로 진행된다.

반응성 교수 부모 교육

RT(Responsive Teaching, 반응성 교수) 부모 교육은 반응성 교수 중재를 바탕으로 김정미와 Mahoney(2013)가 개발한 부모 교육 프로그램으로 아동의 발달과 사회적·정서적 기능을 향상시키는 것이다. RT 부모 교육은 가족-중심적 접근을 근간으로 아동의 발달과 부모의 심리적 안정을 촉진하여 궁극적으로 아동의 발달 촉진과 부모의 효능감을 높이는 것이다. RT 부모 교육은 세 가지 모형으로 진행될 수 있다. 반응성 상호작용 이해모형은 총 3회기로 부모를 대상으로 반응성 상호작용에 대한 이론적 이해를 중심으로 진행되고, 반응성 상호작용 실행 모형은 총 6회기이며 1~3회기는 반응성 상호작용 이해모형의 내용으로 구성되고 4~6회기부터는 부모-아동 간의 실제적인 RT 실행과 지도 및 피드백으로 진행된다. 그리고 반응성 상호작용 토론 모형은 반응성 상호작용이해 모형의 내용을 기본으로 하며, 부모 분석과 적용에 관한 개별적인 심층토론을 중심으로 진행된다.

까다로운 부모와의 상담

치료자는 놀이치료에 협조적인 부모를 만나기도 하지만 날카롭고 예민하거나 아동의 상황을 인정하지 않고 저항적인 부모 등 다양한 감정 상태의 부모를 만나게 된다. 이런 까다로운 유형의 부모를 상담할 때 치료자는 더 많은 에너지를 소모하게 된다.

아동의 치료에 제한적 또는 거부적인 부모가 저항이나 화를 보인다면, 부모의 감정을 반영해주는 것이 부정적 감정이나 저항감을 사라지게 하는 데 도움이 된다. 부모는 그들의 부정적인 감정을 치료 과정이나 치료자 또는 아동의 행동이나 문제에 투사할 것이다. 저항이 더 강한 부모는 이 시기가 더 길어질 수도 있다. 치료자와 치료 과정은 이들 부모에게 주요 비난의 대상이 된다. 치료의 초기 몇 회기에서 부모는 치료가 아동에게 도움이 될 수 있다는 확신을 할 수 없기 때문에 이런 감정에 대한 반영이 도움이 된다. 치료자와 치료 과정에 대한 부정적인 의심을 포함하여 부모의 감정에 대한 반영은 부모가 안정감을 느끼게 하고 위협을 덜 느끼게 도와줄 수 있다. 특히 치료자는 라포와 신뢰를 쌓기 위한 관계 형성에 많은 시간을 할애해야 하며 부모를 위한 시간과 관심을 주요 목표로 두는 것이 좋다.

저항적인 부모를 문제에 직면시키는 것은 어려운 일이다. 하지만 부모를 치료에 참여적으로 만들기 위해 직면이 필요할 때도 있다. 직면은 부모가 자녀에 대한 부모의 생각과 태도를 점검해 보고자 할 때 도움이 된다. 치료자가 부모의 부정적인 감정을 충분히 공감 및 수용해야 부모와 협조적인 관계가 형성되어 부모의 언어적 표현과 비언어적 표현 사이에서의 불일치를 직면시킬 수 있다. 치료자는 직면이 부모의 불리한 특성이나 부정적인 훈육 기술을 지적하는 것이 아니라는 사실을 알고 있어야 한다. 저항적인 부모는 자신이 부모로서 가지고 있는 힘과 긍정적인 특성을 확인하는 것을 도전으로 받아들일 수 있다. 치료자는 저항적인 부모의 긍정적인 특성을 알아차리는 현명함이 있어야 하고, 부모로 하여금 치료자가 하는 말을 받아들일 수 있도록 구조화하는 능력이 있어야 한다. 만약 치료자가 부모의 긍정적인 특성과 자질, 부모의 양육기술을 찾아낼 수 있다면 저항적인 부모는 자신에 대한 충분한 인식을 할 수 있으며, 차후에 치료자의 제안과 개입을 보다 더 수용하게 될 것이다.

저항적인 부모와 상담할 때 치료자는 부모에게 최대한 다가가도록 노력해야 하고, 놀이 치료 과정에 부모가 참여할 수 있도록 해야 한다. 치료자가 저항적인 부모에게 개입할 때 다양한 준비가 되어 있을수록, 아동과 부모의 치료는 성공적일 가능성이 크다. 치료자는 아동의 치료에 저항적인 부모를 참여시킬 수 있는 관계형성 기술을 잘 사용해야 할 것이다. 치료자는 부모의 감정을 계속 반영하면서, 부모의 기저에 깔려있는 말로 표현하지 못한 욕구를 알아내고 파악해야 한다.

그리고 아동의 장애로 인해 저항적인 부모와 상담할 때 치료자는 부모의 마음의 감정을 반영하고, 정서적 위안을 제공할 뿐만 아니라 자녀의 특성 및 심리상태를 이해하도록 돕고, 자녀와 소통할 수 있는 방법과 문제행동 대처 기술 등의 자녀에 대한 교육 및 양육 방법에 대한 정보를 제공해야 한다. 그리고 장애에 대한 치료적 접근의 전문적인 지식을 갖고 자녀에게 제공되는 다른 치료적 개입의 효과나 필요성도 안내해 줄 수 있어야 한다. 그리고 부모 상담을 통해 장애 아동의 가능성에 대한 믿음과 긍정적인 자세를 가질 수 있도록 도와야 할 것이다.

치료자도 저항적인 부모와의 상담이 끝나면 힘이 빠지고 좌절감을 느끼고 어떤 경우에는 직업을 바꾸어야 하는 것이 아닌가 하는 정도의 부정적 감정을 경험할 수도 있다. 저항적인 부모과 상담을 할 때 치료자는 자신의 감정과 반응을 다스리도록 자기 자신을 돌봐야 한다는 생각을 잊어서는 안 된다.

참고문헌

국립국어원(2021). www.korean.go.kr

김다정(2019). 놀이 관찰평가에 나타난 내담아동의 놀이주제 분석. 명지대학교 대학원. 박사학위논문.

김승국, 김옥기(1995). 사회성숙도검사. 서울: 중앙적성출판사.

김용태, 박한샘, 강신덕(1995). 청소년의 분노조절 훈련프로그램. 청소년상담연구, 23.

김정미, Mahoney, G. (2013). 영유아 반응성 상호작용 중심 RT부모교육. 서울: 창지사.

김정미, 곽금주(2006). 취학전 아동과 부모 간의 상호작용 행동 평가를 위한 K-MBRS와 K-CBRS의 타당화 연구. 한국심리학회지: 발달, 19(4), 21-37.

김정미, 성옥련, 현명호(2002). 부모-아동 상호작용 행동 평정척도(MBRS & CBRS)의 타당도 연구. 한국심리학회지: 임상, 19(4). 895-904.

김정미, 신희선(2010). K-CDI 아동발달검사 · 전문가 지침서. 서울: 인싸이트.

김정미, 제럴드 마호니(2013). 부모-아동 상호작용 행동 평가, K-MBRS & K-CBRS. 서울: 학지사.

김태련, 박랑규(2007). 심리교육 프로파일 개정판 지침서. 도서출판 특수교육.

문수백(2016). 한국판 아동 시지각발달검사-3 전문가 지침서. 서울: 인싸이트.

문수백(2016). 한국판 아동 시지각발달검사-3 전문가 지침서. 서울: 인싸이트.

박창옥, 최효영, 이성희(2010). 신체접촉 집단놀이가 유아의 정서지능에 미치는 영향. 유아특수교육연구, 10(4),1-17.

발달재활서비스 자격관리사업(2021). https://www.broso.or.kr

방기연(2002). 상담 수퍼바이저 교육에 대한 고찰. 연세교육연구, 15(1), 119-131.

방기연(2011). 상담 수퍼비전의 이론과 실제. 서울: 양서원.

방희정, 남민, 이순행(2019). K-Bayley-Ⅲ 한국형 베일리 영유아 발달검사. 서울: 인싸이트.

송영혜(2002). 놀이치료자 훈련 모형 개발을 위한 고찰. 정서학습장애 연구, 18(2), 1-14.

송영혜(2019). 놀이치료 개론(개정판). 서울: 에버그린 북스.

송영혜, 김현희(2002). 부모-아동 자유놀이 평가 모형. 한국아동심리재활학회지: 놀이치료 연구, 6(1), 29-44.

송영혜, 서귀남(2002). 구조화된 부모-아동 상호작용 평가 모형. 한국아동심리재활학회지: 놀이치료 연구, 6(1), 45-58.

송영혜, 서귀남, 김현희(2002). 부모-아동 상호작용 평가. 제 6회 놀이치료 심화과정 자료집. 한국아동심리재활학회.

신희선, 한경자, 오가실, 오진주, 하미나(2002). 한국형 Denver II 검사지침서. 서울: 현문사.

유엔아동권리협약 한국NPO연대(2006). 유엔아동권리협약 이행보고서와 권고문 I. 유엔아동권리협약 한국NPO연대 자료집 2.

윤치연(2016). 아동심리평가. 서울: 학지사.

이소현, 윤선아, 신민섭(2019). K-CARS 2 한국판 아동기 자폐 평정 척도 2 전문가 지침서. 서울: 학지사.

이영애(2004). 아동중심 놀이치료 장면에서의 객관적인 놀이관찰도구 개발 연구. 숙명여자대학교 대학원 박사학위논문.

이행숙(2012). 아동중심놀이치료에서의 아동과 치료자 반응 관찰척도개발 및 적용. 명지대학교 대학원 박사학위논문.

임용택(2003). 접촉치료놀이활동이 자폐성 장애유아의 사회적 상호작용에 미치는 효과. 공주대학교 특수교육대학원 석사학위논문.

정종진(2003). BGT 심리진단법. 서울: 학지사.

최은실(2001). 초보상담자의 반응 부담이 내담자 상태 알아차림에 미치는 영향. 서울대학교 대학원 석사학위 논문.

한국아동심리재활학회(2018). http://www.playtherapy.or.kr

한국아동심리재활학회(2021). http://www.playtherapy.or.kr

황순택, 김지혜, 홍상황(2015). 바인랜드 적응행동척도 2판 검사요강. 대구: 한국심리주식회사.

American Psychiatric Association. (2013). *Diagnostic and statistical manual of mental disorders* (5th ed.). Washington, DC: American Psychiatric Association.

Association for Play Therapy. (1997). A definition of play therapy. *The Association for Play Therapy*

Newsletter, 16(1). 7.

Barkey, R. A. (2006). *Attention-deficit Hyperactivity Disorder: A handbook for and diagnosis treatment*(3rd ed). New York: Guilford.

Bayley, N. (2005). *Bayley Scales of Infant and Toddler Development,* Third Edition(Bayley-III). NCS Pearson.

Bender, L. (1946). *Bender Motor Gestalt Test: Cards and Manual of Instruction.* New York: American Orthopsychiatric Association.

Benedict, H. E., & Hastings, L. (2002). *Object-Comprehensive Handbook of Psychotherapy, p`sychodynamic/object relations.* New York: Wiley.

Bernard, J. M., & Goodyear, R. K. (1992). *Fundamentals of Clinical Supervision. Needham Heights.* MA: Allyn & Bacon.

Booth, P. B., & Jernberg, A. M. (2010). *Theraplay : Helping Padrents and Children Build Better Relationships Through Attachment-Based Play.* New york : John Weley & Sons.

Brody, V. A. (1993). The dialogue of touch: Developmental play therapy. *International Journal of Play Therapy, 7*(1), 25-47.

Caplan, R., Guthrie, D., Fish, B., Tanguay, P. E., & David-Lando, G. (1989). The Kiddie Formal Thought Disorder Scale (K-FTDS): Clinacal Assessment, Reliability, and Validity. *Journal of American Academy of Child Psychiatry, 28*, 408-416.

Chazan, S. E. (2002). Profiles of Play. 유미숙, 이영애, 윤소영 역 (2012). 놀이 프로파일. 서울: 시그마프레스.

Corey, G. (1996). *Theory and Practice of Counseling and Psychotherapy.* Wadsworth: Brooks/Cole.

Corey, G., Corey, M. S., & Callanan. P. (1998). *Issues and Ethics in the Helping Professions* (5th ed.). Pacific Grove, CA: Brooks/Cole.

Corey, M. S., & Corey, G. (2005). *Becoming a Helper.* 이은경, 이지연 역(2011). 좋은 상담자 되기. 서울: 센게이지러닝.

Corsini, R. J., & Wedding, D. (2000). *Current Psychotherapies.* Itasca. Illinois: Peacock Publishers, Inc.

Dawes, R. M. (1994). *House of Cards: Psychology and Psychotherapy Built on Myth.* New York: Free Press.

Frankenburg, W. K., & Dodds, J. B. (1990). *Denver Developmental Screening Test II.* Denver:

Denver Developmental Materials, Inc.

Gehring, T. M. (1998). *The Family System Test*. Seattle: Hogrefe & Huber Publishers.

Giordano, M., Landreth, G. L., & Jones, L. (2005). *A Practical Handbook for Building the Play Therapy Relationship*. Maryland: Jason Aronson.

Gitlin-Weiner, K., Sandgrund, A., & Schaefer, C. (2000). *Play Diagnosis and Assessment* (2nd ed.). New York: John Wiley & Sons.

Goldsmith, R., & Feryd, J. J. (2005). Awareness for emotional abuse. *Journal of Emotional Abuse*, (1), 95–123.

Green, E. J., Crenshaw, D. A., & Langtiw, C. L. (2009). Play theme-based research with children. *The Family Journal, 17*(4), 312–317.

Guerney, B. G., Guerney, L. F., & Stover, L. (1972). Facilitative therapist attitudes in training parents as psychotherapeutic agents. *The Family Coordinator, 21*, 275–278.

Guerney, L. (1988). *Parenting: A Skills Training Manual* (2nd ed.). State College, PA: Institute for the Development of Emotional and Life Skills.

Harvey, S. A. (1994). Dynamic play therapy: Expressive play intervention with families. In K. O'Connor and C. Schaefer (Eds.), *Handbook of Play Therapy: Vol. 2*, Advances and Innovations. New York: Wiley.

Irwin, E. (1985). Puppets in therapy: An assessment procedure. *American Journal of Psychotherapy, 39*(3), 389–400.

Jongsma, A. E., Peterson, L. M., & McInnis. W. P. (2000). *The Child Psychotherapy Treatment Planner* (2nd ed.). New York: John Wiley & Sons.

Knell, S. M. (1993). *Cognitive-Behavioral Play Therapy*. Hillsdale, NJ: Aroson.

Kottman, T. (1995). *Partners in Play: An Adlerian Approach to Play Therapy*. Alexandria, VA: American Counseling Association.

Kottman, T., & Meany-Walen, K. (2016). *Partner in Play: An Adlerian Approach to Play Therapy*, (3rd ed.). Alexandria, VA: American Counseling Association.

Landreth, G. L. (2002). *Play Therapy: The Art of the Relationship* (2nd ed.). New York: Brunner-Routledge.

Landreth, G. L. (2012). *Play Therapy: The Art of the Relationship* (3rd ed.). New York : Taylor & Francis.

Landreth, G. L., & Bratton, S. C. (2006). *Child Parent Relationship Therapy*(CPRT): *A 10-Session Filial Therapy Model*. 김양순 역(2008). 놀이치료를 통한 부모-자녀 관계치료: 10세션 부모-자녀 놀이치료 모델. 서울: 학지사.

Leitenberg, H., Greenwald, E., & Cado, S. (1992). A retrospective study of long term methods of coping with having been sexually abused during childhood. *Child Abuse & Neglect, 16*, 399-407.

Lifter, K. (1996). Assessing play skills. In M. Mclean, D. B. Bailey, Jr., & M. Wolery (Eds.), *Assessing Infants and Preschoolers with Special Needs*(2nd ed., pp. 435-461). Englewood Cliffs, NJ: Merrill.

Mahoney, G. (1999). Family/ Child curriculum : *A relationship foccused approach to parents education/ early Intervention*. Tallmadge, OH: Family Child Learning Center.

Mahoney, G., & Wheedn, C. A. (1999). Effects of teacher style on the engagement of preschool aged children with special learning needs. *Journal of Developmental and Learning Disorders 2*(2), 293-315.

Mahoney, G., Finger, I., & Powell, A. (1985). Relationship of maternal behavior style to the development of organically impaired mentally retarded infants. *American Journal of Mental Deficiency, 90*, 296-302.

Marschak, M. (1960). A Method for evaluating child-parent interactions under controlled conditions. *Journal of Genetic Psychology, 97*, 3-22.

Matheny, A. P., Jr. (1986). Injuries among toddlers: Contributions from child, mother, and family. *Journal of Pediatric Psychology, 11*, 163-175.

McClintock, C. (2009). *Play therapy behavior and themes in physically abused, sexually abused, and nonabused children. unpublished doctoral dissertation*. Texas: Baylor University.

Mogford, K. (1979). The Observational Play Repertoires. In J. Newson, and E. Newson (Eds.), *Toys and Playthings in Development and Remediation*(pp. 172-189). London: George Allen and Unwin.

Mueller, E., & Tingley, E. (1990). The Bears' Picnic Children's representations of themselves and thir families. In I. Bretherton & M. W. Watson (Eds.), *Children's Perspectives on the Family, New Directions for Child Development, No. 48*(pp. 48-65). San Francisco: Jossey-Bass.

Newland, L. A., Roggman, L. A., Boyce, L. & Cook, G. (1998). Mother-infant social play related ti infant language and play at 11 and 14 manths. *Presentation at the International Conference on Infant Studies*. Atlanta: GA.

O'Connor, K. J. (2000). *The Play Therapy Primer*(2nd ed). New york : John Weley & Sons.

O'Connor K., Schaefer, C. E., & Braverman, L. D. (2016). *Handbook of Play Therapy*(2nd ed.). 송영혜, 김귀남, 강민정 역 (2015). 놀이치료 핸드북, 제2판. 서울: 시그마프레스.

O'Connor, K. J. (1991). *The Play Therapy Primer: An Integration of Theories and Techniques*. New York: Wiley.

O'Connor, K. J., & Ammen, S. (1997). *Play Therapy Treatment Planning and Interventions: The Ecosystemic Model and Workbook*. Cambridge: Academic Press.

Powell, B., Cooper, G., Hoffman, K., & Marvin, B. (2014). The Cycle of Security Intervention: Enhancing Attachment in Early Parent-Child Relationships. 유미숙, 신현정, 김세영, 홍라나 역(2018). 부모교육서: 안정성의 순환개입. 서울: 시그마프레스.

Power, T. J., & Radcliffe, J. (1989). The relationship of play behavior to cognitive ability in developmentally disabled preschoolers. *Journal of Autism and Developmental Disorder, 19*, 97-107.

Ray, D. C. (2010). *Advanced Play Therapy: Essential Conditions, Knowledge, and Skills for Child Practice*. 이은아김, 민성원 역(2016). 고급놀이치료: 아동상담 임상을 위한 필수조건, 지식 그리고 기술. 서울: 시그마프레스.

Rogers, J., & Takata, N. (1975). The play history as assessment tool. Unpublished manuscript, University of North Carolina: Chapel Hill.

Ross, P. (1977). A diagnostic technique for assessment of parent-child and family interaction patterns. The family puppet technique. *Family Therapy, 4*(2), 129-142.

Russ, S. (1993). *Affect and Creativity: The Role of Affect and Play in the Creative Process*. Hillsdale, NJ: Erlbaum.

Schaefer C. E., & Cangelosi, D. M. (1993). *Play Therapy Techniques*. 이순행, 김은하, 주현숙, 박유미, 전경숙, 이유진 역(2009). 놀이치료기법. 서울: 시그마프레스.

Schaefer, C. E. (1993). *Therapeutic Power of Play*. Northvale: Jason Aronson Inc.

Schopler, E., & Reichler, R. J. (1979). Individualized assessment of autistic and developmentally disabled children: Vol. 1. Psychoeducational Profile (PEP). TX: PRO-ED.

Schopler, E., Van Bourgondien, M. E., Wellman G. J., & Love S. R. (2010). Childhood Autism Rating Scale, second Edition (CARS-2). California: Western Psychological Services.

Smith, D. T. (1997). Utilizing electron technologies for efficacious short-term therapy with young children with developmental disabilities. Presentation given at the 18th annual international conference on MR/DD for the National Institute for people with Disabilities. New York: NY.

Smith, G. M. (1985). The collaborative drawing technique. *Journal of Personality Assessment, 49,* 582–585.

Sparrow. S. S., Balla D. A., & Cicchetti, D. V. (2005). *Vineland Adaptive Behavior Scales*(2nd ed.). MN: Pearson Education, Inc.

van der Kolk, B. A., & Fisler, R. (1994). Childhood abuse & Neglect and loss of self–regulation. *Bulletin of Menninger Clinic, 58,* 145–168.

VanFleet, R., Sywulak. A. E., & Sniscak, C. C. (2010). *Child-Centered Play Therapy.* New York: The Guilford Press.

Welfel, E. R. (2002). *Ethics in Counseling and Psychotherapy: Standards, Research, and Emerging Issues* (2nd ed). Pacific Grove, CA: Brooks/Cole.

Westby, C, E., (1991). A scale for assessing children's pretend play. In C. E. Schaefer, K. Gitlin, & A. Sandgrund (Eds.), *Play Diagnosis and Assessment* (pp. 131–161). New York: Wiley.

White, S. (1988). Should investigatory use of anatomical dolls be defined by the courts. *Journal of Interpersonal Violence, 3,* 471–475.

Wilson, K., & Ryan, V. (2005). *Play therapy: A Non-Directive Approach for Children and Adolescents.* Oxford: Jordan Hil.

찾아보기

지은이

서귀남

대구대학교 대학원 재활심리전공 재활심리학 박사
한국아동심리재활학회 놀이상담심리 교육수련감독전문가
한국아동심리재활학회 교육연수위원장
젠아이아동가족상담센터 슈퍼바이저
대구대학교 재활심리학과 교수

김현희

대구대학교 대학원 재활심리전공 재활심리학 박사
한국아동심리재활학회 놀이상담심리 교육수련감독전문가
한국아동심리재활학회 이사
우리소아청소년발달연구소 연구원
젠아이아동가족상담센터 슈퍼바이저
대구대학교 재활심리학과 겸임교수

강민정

대구대학교 대학원 재활심리전공 박사수료
한국아동심리재활학회 놀이심리상담사 1급
한국아동심리재활학회 이사
울산 강민정아동가족상담센터 소장
대구사이버대학교 놀이치료학과 외래교수

이명성

대구대학교 대학원 재활심리전공 박사수료
한국 Art&Play치료학회 수련감독전문가
한국아동심리재활학회 이사
포항한상담센터 소장
대구대학교 재활과학대학원 외래교수